SIGAMOS

LECTURAS LITERARIAS Y CULTURALES

LYDIA VÉLEZ ROMÁN

California State University, Fullerton

Boston   Burr Ridge, IL   Dubuque, IA   Madison, WI   New York   San Francisco   St. Louis
Bangkok   Bogatá   Caracas   Lisbon   London   Madrid
Mexico City   Milan   New Delhi   Seoul   Singapore   Sydney   Taipei   Toronto

McGraw·Hill

A Division of The McGraw·Hill Companies

This is an  **book**

Sigamos
Lecturas literarias y culturales

This book is printed on acid-free paper.

1 2 3 4 5 6 7 8 9 0 VNH VNH 9 0 0 9 8 7

ISBN 0-07-053814-X

Publisher: Thalia Dorwick
Developmental editor: Jennifer Valko
Marketing manager: Cristene Burr
Project manager: Michelle Lyon
Production supervisor: Richard DeVitto
Text designer: Diana Jean Parks
Cover designer: Amanda Kavanagh
Art editor: Suzanne Montazer
Editorial Assistant: Christine Kmet
Compositor: Black Dot Graphics
Typeface: Garamond
Printer: Von Hoffman

The cover artist is Gabriela Rosado, *Desierto en azules*, 1995, acryllic on cloth, courtesy of the artist.

Gabriela Rosado nació en la Ciudad de México en 1966. Realizó estudios en el Instituto Nacional de Bellas Artes con conocidos maestros mexicanos y obtuvo una licenciatura en artes plásticas en 1990. Gabriela Rosado ha coordinado exposiciones de arte y ha hecho diseño de escenografía e ilustraciones para libros.

    Desierto en azules es un cuadro representativo de las características que más se han admirado en la obra de Gabriela Rosado: la riqueza del color y la textura. Sus pinturas comunican un mundo personal que sorprende por su fuerza evocadora y su intimismo.

Library of Congress Cataloging-in-Publication Data

Vélez Román, Lydia.
    Sigamos : lecturas literarias y culturales / Lydia Vélez Román.
      p. cm.
    English and Spanish.
    Includes index.
    "FBI book."
    ISBN 0-07-053814-X (alk. paper)
    1. Spanish language—Readers. I. Title.
PC4117.V45 1998
468.6'421—dc21
                                          97-33072
                                           CIP

http://www.mhhe.com

CONTENTS ●

PREFACE FOR INSTRUCTORS

The voyage that you and your students will undertake with the guidance of *Sigamos: Lecturas literarias y culturales* is based on many years of teaching experience with and study of the extraordinary cultures that comprise the Hispanic world. This text invites students to continue the journey begun during the first year of Spanish-language study . . . and perhaps to some day visit the places and people who populate the text. **¡Bienvenidos!**

ORGANIZING PRINCIPLES OF THE READER

Over the years, students in Spanish language courses have expressed two principal concerns: 1) that sometimes topics in texts are not very motivating; and 2) that the transition to second-year Spanish from the first-year level is too abrupt. These concerns have guided the preparation of *Sigamos: Lecturas literarias y culturales.*

Readings have been carefully selected to convey a full and accurate image of the aspirations, **alegrías**, and daily life of the people who make up the diverse Hispanic cultures. The reader explores the differences that make Hispanic American countries and Spain unique, while revealing the similarities that unite the two areas into a fascinating community. Many of the readings and activities have been tested in the classroom and have helped students reflect on topics relevant to their own experiences. Finally, the reader bridges the gap between first- and second-year Spanish by providing a content-based, student-centered approach to the teaching of language at the intermediate level.

To accommodate differences in student learning styles, *Sigamos* incorporates a variety of activities to develop listening, speaking, reading, and writing skills introduced during the first year of college or high school Spanish. The reader emphasizes communication skills and promotes critical thinking, key components for the study of any subject. Furthermore, it facilitates and reinforces students' abilities to recognize concepts from many disciplines. Carefully guided activities are clear, relatively simple, and fun to do.

The *Sigamos* readings were selected with the view that a great deal of language acquisition can be achieved through reading enjoyable literature. Selections from outstanding authors of the Hispanic literary world are included to develop students' motivation and enthusiasm for reading in a second language. These readings have not been edited, although some have been shortened. Also, given that the United States is home to the fifth largest number of Spanish speakers in the world, Chapters 11 and 12 include Spanish-language works by authors living in the United States. In this way, *Sigamos* brings together the works and cultural expression of Hispanic, Spanish, and American writing in Spanish.

Sigamos also includes many fine art photographs with thought-provoking captions to immerse students further in the chapter topics and provide additional in-depth study of Hispanic cultures. These photos set the stage for the lesson themes and the readings that follow. Each chapter includes two readings to allow the instructor to assign both or one for classroom study, depending on the needs of the class. New vocabulary is highlighted in the readings, and practice exercises and activities have been prepared specifically for each reading. With the exception of the **Reading** and **Writing Strategies** sections, text material is presented entirely in Spanish. Writing exercises are incorporated at the end of every chapter.

We are convinced that *Sigamos* is an accessible and enjoyable text for students. It is a text that will help ease the transition from first-year to second-year Spanish, while simultaneously challenging and stimulating students' intellectual development.

FEATURES AND ORGANIZATION OF THE READER

The reader has the following features.

- Progressively challenging readings provide in-depth discussions on a variety of topics.
- Ample guided study is provided prior to each reading. Pre-reading and post-reading activities make *Sigamos* an accessible and enjoyable text for students.
- A variety of genres is included: poems, short stories, newspaper articles, and excerpts from plays and essays. These readings introduce the student to the essence of contemporary Hispanic culture.
- The reader uses authentic Spanish language.
- It contains up-to-date cultural information.
- Ample vocabulary acquisition activities are included as well as a variety of activity formats: interactive exercises, personalized activities, and so on.
- Colorful fine art pieces and other illustrations provide additional subtopics to activate conversation in class.

Sigamos is organized with a preliminary chapter and six units of two chapters each that parallel the structure and themes of the *Sigamos* core language text. Each chapter is organized with the following sections:

Primera lectura
Paisajes y curiosidades
Segunda lectura
Lápices veloces

What follows is a brief description of these sections, as well as of other elements of the units and chapters.

- The **Unit Opening** page includes an attractive color photograph related to the chapter theme. It is accompanied by engaging questions that will be meaningful to students.
- The **Chapter Opening** page consists of additional photos and related questions to facilitate communicative proficiency about topics of interest to students.
- **Reading Strategies** sections provide suggestions about how students should approach the readings and how they can become more fluent readers in Spanish.
- **En síntesis** provides a biographical note about the author of each reading and brief comments about the content of the reading.
- **Antes de leer: ¡Conversemos!** are questions that will stimulate student discussion about the major themes in the readings.
- **Vocabulario de la lectura** lists are organized by semantic functions. They precede the readings, and it is recommended that students scan them before starting to read. Practice activities with the reading vocabulary follow in **Después de leer** sections. Vocabulary words appear in boldface type the first time they appear in the reading as well as in the practice activities.
- **Lectura** introduces the readings, which are all by well-known Hispanic authors. Through the readings, students will become acquainted with major themes, cultural issues, and social values of the Spanish-speaking world.
- **Después de leer** sections offer post-reading activities. They begin with **Comentemos,** which is made up of two types of activities. First, **Comprensión** sections guide students toward an understanding of the reading by helping them to identify its major points. Then, **En otras palabras sections,** which

encourage oral expression, help students relate the readings' themes to their own experiences and previous knowledge.

Vocabulario en contexto sections provide practice with the **Vocabulario de la lectura.** Students can write their own personal vocabulary in the **Mis propias palabras** boxes that accompany this section.

- **De tertulia** sections are always group activities. They help students relate the reading topics to their own experiences and often lead into a writing activity.

- **Lápices veloces** sections end each chapter. They contain a **Writing Strategies** box that helps students prepare for the writing activity that follows. Writing activities are always related to the reading topics and often provide the opportunity of students to use grammar presented in the corresponding chapter of the core language text in the *Sigamos* program.

- **Paisajes y curiosidades** is a short informative reading about aspects of the Hispanic culture related to the readings or the chapter topic. The **Charlemos** activity that follows will spark discussion.

- **Notas culturales** throughout the text further heighten students' cultural awareness about places, people, and traditions in the Hispanic world.

ACKNOWLEDGMENTS

I would like to thank the excellent staff at McGraw-Hill, whose valuable efforts made this project possible. In particular, thanks to Peggy Henderson for her constant encouragement; to Laura Chastain, for her careful and thoughtful reading of the first and second drafts of the reader; to Suzanne Montazer for her creative supervision of the design of this text as well as all aspects of the photographs and drawings; to Jennifer Valko for help with countless details; and to Michelle Lyon for her careful supervision of the overall production process. My deep gratitude goes to my editor, Thalia Dorwick. You have helped to make my dreams about this text come true.

I would also like to express gratititude to Pedro R. Monge-Rafuls, Karen Christen, and Marina Llorente, who in different ways helped me prepare some of the material included in *Sigamos*.

I also wish to thank my students over many wonderful years of teaching for their participation in this reader. You all helped to lead me on my camino by selecting some of the readings and by testing many of the accompanying activities.

My deepest thanks go to my family members. Each of them, in their special ways, contributed to the success of this project. To my husband, James L. Dietz, a rich source of information of all kinds; to Ilia, my daughter, for her intuitive and knowledgeable feedback; and to Jaime, my son, for keeping me up to date about contemporary issues and mentally alert by dragging me to soccer games in the middle of important tasks. To all of you: **Sigamos, siempre, sigamos.**

● PREFACE FOR STUDENTS

In Spanish-speaking countries, people frequently say **¡Sigamos!** to invite others to accompany them on a project, in a conversation, or in the making of plans. Since you are now embarking on your second year of college- or university-level studies in Spanish, the title of this program extends the same invitation to you: **¡Sigamos!** Let's continue to develop knowledge of the Spanish language and the culture(s) of Spanish-speaking countries.

Not everyone in the class will have the same preparation as you. Some students will have had several years of high school Spanish. Others may be native speakers of Spanish or have lived abroad in Spanish-speaking countries. Some may have studied in grammar-based programs. Others will come from a program that emphasizes communicative competence. Whatever your preparation, you will find that the *Sigamos* program provides enrichment activities that meet your needs. The language text, *Sigamos: Lengua y cultura* incorporates a wealth of vocabulary building activities, listening practice, grammar explanations, short readings, cultural information, and other activities that have been designed specifically to promote proficiency and communicative competence in Spanish. In *Sigamos*: *Lecturas literarias y culturales,* the reader text, you will find many engaging literary and cultural readings as well as accompanying activities that will help you build your vocabulary in Spanish and become a better reader and writer in that language.

HOW *SIGAMOS* WAS DEVELOPED

This program grew out of suggestions collected over many years from other second-year students, who were asked what topics they would most like to discuss and learn more about. The authors kept lists of the students' ideas and incorporated as many of them as possible into the design of this program. The interests were far-ranging, including ecology, computers, social problems, community service, literature, and dance, to name only a few. Perhaps those interests are similar to your own.

Not only did the authors listen to the positive suggestions of their students, but they also included several compositions written by them as readings in the core language text. In each case, the student writer is identified with a brief biographical note. These compositions may well inspire you to be more creative with your own speaking and writing in Spanish. The *Sigamos* reader includes readings to which intermediate students like you have responded with enthusiasm. We hope that your taste in reading will be similar to that of our students through the years.

THE DESIGN OF THE PROGRAM

Sigamos is a carefully coordinated program that includes the core language text, a literary/cultural reader, tapes for listening practice at home and in class, a **Cuaderno de ejercicios,** and videotaped interviews with representative Spanish speakers. Each of the program elements follows the same structure, so that it will be easy for you to move among components.

SIGAMOS: LENGUA Y CULTURA

The language text contains a preliminary chapter **(Capítulo preliminar)** that offers a review of first-year Spanish material. It is also designed to help you become acquainted with your class-mates and give a mini view of the way the following chapters are organized.

The main body of the text is made up of six units, each containing two chapters. Each chapter follows an identical structure, although the contents and activities are quite varied. Here is a brief description of each feature.

- The **Unit Opening** page starts you thinking about the content of the unit.
- The **Chapter Opening** page zeroes in on the theme of the chapter.
- The **Encuentros culturales I** and **II** headings divide the chapters into two parts.
- **Encuentros culturales I** begins with a **Los nuevos amigos** section, coordinated with a tape, that introduces you to one or more members of the global Hispanic community.
- **Encuentros culturales II** is a letter, **Nuestros amigos nos escriben**, from one of the people you "met" on the tape in **Los nuevos amigos.**
- **Vocabulario de la lectura** prepares you for the readings presented in the **Ambiente cultural** sections.
- **Ambiente cultural** provides historical, cultural, and social information about the Spanish-speaking world. It is in this section that you may find the writings of other intermediate-level Spanish students.
- **Estructura verbal** sections review verb conjugations and usages, provide new information about the Spanish verb system, and encourage you to use grammar actively, to communicate with your classmates.
- **Vocabulario del tema** provides more vocabulary specifically related to the chapter theme.
- **Punto gramatical** sections provide information about specific grammar points in Spanish, followed by activities for using that information.

- **Rodeo de cognados** is designed to help you develop your detective skills in determining the meaning and usage of cognate words.
- **Temas y diálogos** is a synthesis section that includes a variety of activities related to the chapter topic, culture, vocabulary, and grammar.

In addition, occasional **Notas culturales** boxes provide details about Hispanic people and cultures that will make the readings and taped passages more meaningful. **Mis propias palabras** boxes provide you with a place to write down key words that you, yourself, need most to discuss each reading or topic.

Each of the six units closes with a **Foro animado** section. This feature is designed to help you discuss the unit topic in more detail. The headings **Práctica** (exercises), **Charlemos** (group work), and **Entre nosotros** (partner/pair activities) appear throughout most sections of the text, offering an abundance of opportunities for you to practice Spanish in different ways.

SIGAMOS: LECTURAS LITERARIAS Y CULTURALES

The reader text follows a similar organization. The **Capítulo preliminar** will help you get started with reading real literature in Spanish and give you a preview of the features of the rest of the book. Following the preliminary chapter, six units, each containing two chapters, make up the book. Like the core language text, each chapter follows an identical structure, although, as with the language text, the contents and activities vary. Unit opening and chapter opening pages present attractive photographs and engaging questions on topics of interest.

Each chapter contains two readings, **Primera lectura** and **Segunda lectura.**

- **Primera lectura** offers a useful reading strategy (**Reading Strategies**).

- Both readings begin with **En síntesis** sections that orient you to the content of the reading and tell you a bit about the author. In **Antes de leer: ¡Conversemos!**, you will start to talk about the topic of the reading. If you study the **Vocabulario de la lectura** before trying the readings, you will probably find that the selections will be easier for you.
- **Después de leer** activities will help you talk about the reading, both your comprehension of it (**Comprensión**) as well as your opinions about it (**En otras palabras**). **Vocabulario en contexto** activities will help you practice vocabulary from the reading.
- **De tertulia** activities offer the chance to talk with other students in groups about the readings' content.

In the middle of each chapter, a section called **Paisajes y curiosidades** offers cultural information about the chapter's topic. As in the grammar text, **Charlemos** sections throughout offer opportunities for conversation, and **Notas culturales** provide additional information to help you appreciate aspects of the readings.

Finally, at the end of each chapter, **Lápices veloces** offer suggestions for becoming a better writer in Spanish (**Writing Strategies**). These sections will also give you the chance to try your hand at some creative writing.

¡SIGAMOS EL CAMINO HASTA LOGRAR EL ÉXITO!

On your road to continued success with Spanish, you will encounter in the *Sigamos* texts a variety of activity types designed to increase your proficiency with the language. Some are traditional and serve as quick checks on your understanding of a topic or reading. Others inspire you to "create" language and develop proficiency. Depending on your learning style, you may prefer the listening activities, the visually related activities, the reading/writing activities, or the oral activities. However, if you allow yourself to be fully engaged in each type of activity presented, you will be able to see, hear, and feel your own progress.

Join your classmates in this exciting overview of Spanish language, culture, history, literature, and current concerns. **¡Sigamos!**

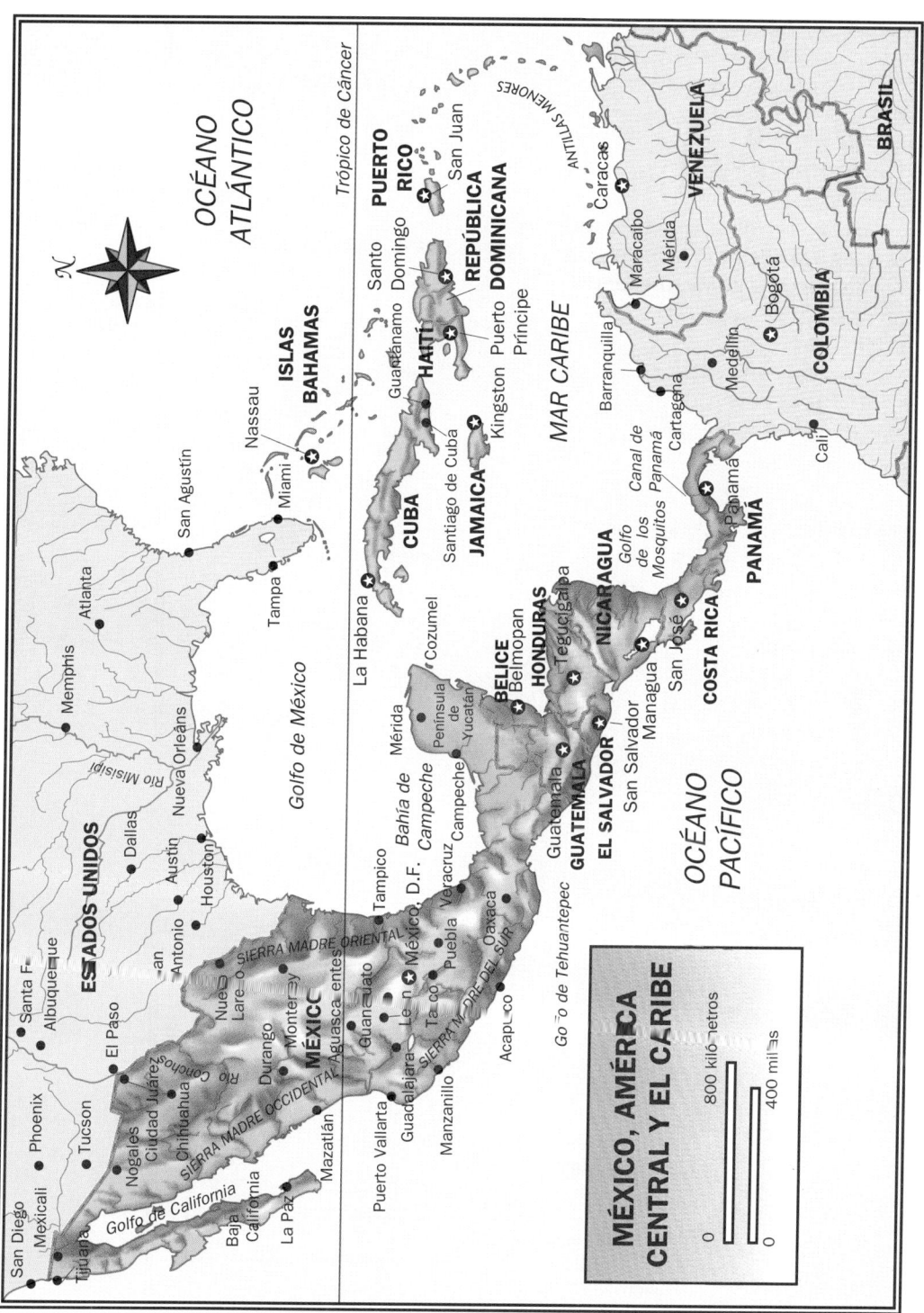

MÉXICO, AMÉRICA CENTRAL Y EL CARIBE

OCÉANO ATLÁNTICO

Trópico de Cáncer

ISLAS BAHAMAS

PUERTO RICO

San Juan

REPÚBLICA DOMINICANA

Santo Domingo

HAITÍ

Puerto Príncipe

Guantánamo

MAR CARIBE

ANTILLAS MENORES

VENEZUELA

Caracas

BRASIL

Maracaibo

Mérida

Bogotá

COLOMBIA

Medellín

Barranquilla

Cartagena

Cali

Nassau

Miami

San Agustín

CUBA

La Habana

Santiago de Cuba

Kingston

JAMAICA

Golfo de México

Tampa

Atlanta

Memphis

ESTADOS UNIDOS

Nueva Orleans

Río Misisipi

Canal de Panamá

Golfo de los Mosquitos

Panamá

PANAMÁ

BELICE

Belmopan

Cozumel

Mérida

Península de Yucatán

HONDURAS

Tegucigalpa

NICARAGUA

San José

COSTA RICA

Managua

San Salvador

EL SALVADOR

Guatemala

GUATEMALA

Tampico

Bahía de Campeche

México, D.F.

Veracruz

Campeche

Puebla

Oaxaca

OCÉANO PACÍFICO

Acapulco

Golfo de Tehuantepec

SIERRA MADRE ORIENTAL

SIERRA MADRE DEL SUR

León

Guanajuato

Taxco

Aguascalientes

Monterrey

Nuevo Laredo

San Antonio

Austin

Houston

Dallas

El Paso

Ciudad Juárez

Chihuahua

Río Conchos

Durango

SIERRA MADRE OCCIDENTAL

MÉXICO

Manzanillo

Guadalajara

Puerto Vallarta

Mazatlán

La Paz

Golfo de California

Baja California

Tijuana

Mexicali

San Diego

Phoenix

Tucson

Nogales

Santa Fe

Albuquerque

Laredo

0   800 kilómetros

0   400 millas

XVI CAPITULO

MAR CARIBE

OCÉANO ATLÁNTICO

Maracaibo

Barranquilla

PANAMÁ

Caracas

GUYANA

VENEZUELA

Georgetown

Medellín

Río Orinoco

Paramaribo

Panamá

Cayena

Bogotá

SURINAME

GUYANA FRANCESA

Cali

COLOMBIA

Quito

Ecuador

ECUADOR

Río Amazonas

Guayaquil

Belém

Manaus

PERÚ

BRASIL

CORDILLERA DE LOS ANDES

Recife

Cuzco

Lima

La Paz

Brasília

Arequipa

BOLIVIA

Sucre

PARAGUAY

Antofagasta

Río de Janeiro

Trópico de Capricornio

CHILE

Asunción

San Miguel de Tucumán

São Paulo

OCÉANO PACÍFICO

La Serena

Córdoba

Rosario

OCÉANO ATLÁNTICO

Valparaíso

URUGUAY

Santiago

ARGENTINA

Concepción

Buenos Aires

Montevideo

Río de la Plata

Bahía Blanca

Puerto Montt

Bariloche

Chiloé

AMÉRICA DEL SUR

Islas Malvinas

Estrecho de Magallanes

0	1500 kilómetros

0	1000 millas

Punta Arenas

Tierra del Fuego

Cabo de Hornos

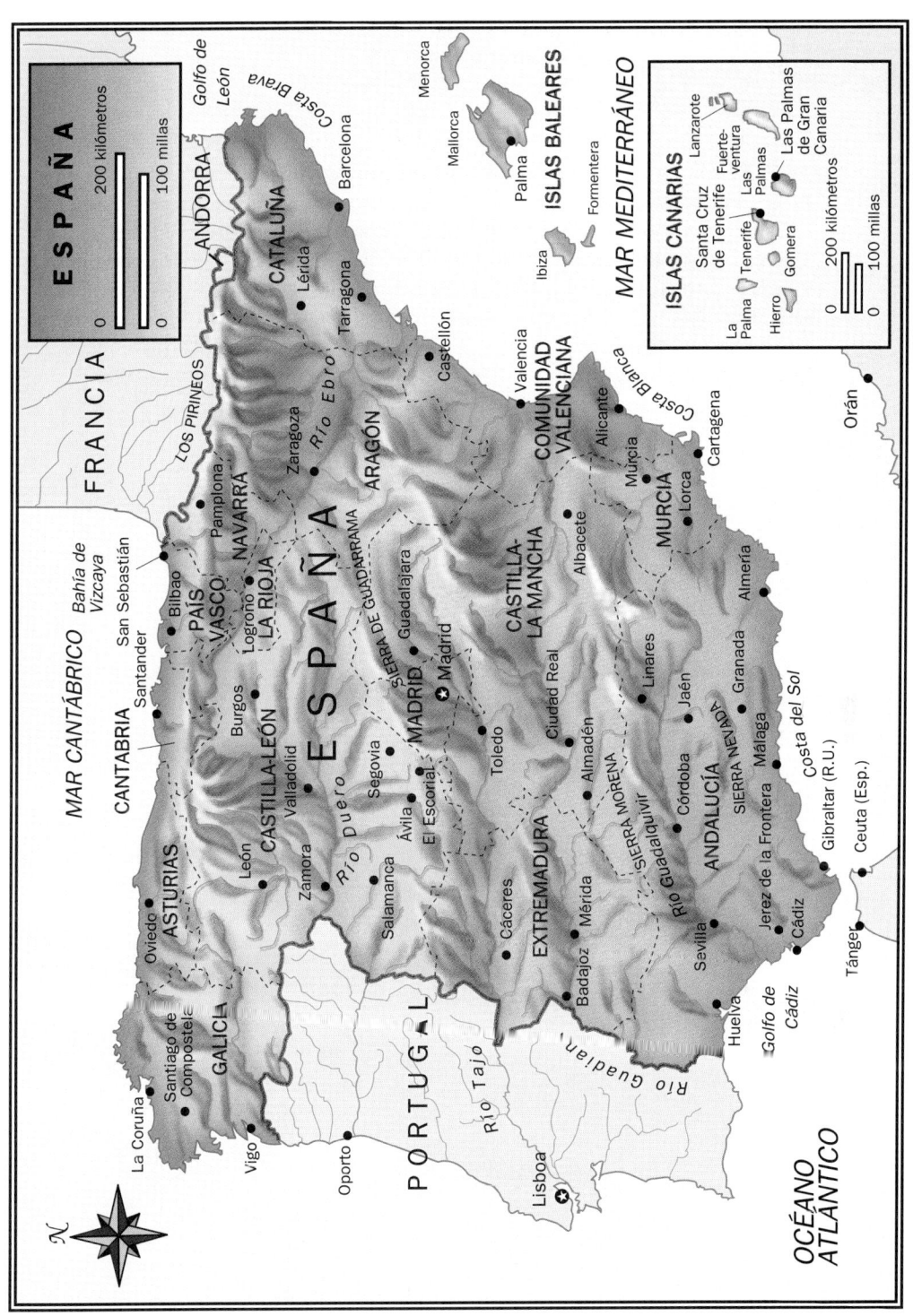

ESPAÑA

200 kilómetros
100 millas
0
0

FRANCIA

Golfo de León

MAR CANTÁBRICO

Bahía de Vizcaya

ANDORRA

Costa Brava

Barcelona

CATALUÑA

Lérida

Tarragona

Río Ebro

Castellón

Valencia

COMUNIDAD VALENCIANA

Costa Blanca

Alicante

Murcia

MURCIA

Lorca

Cartagena

Orán

Zaragoza

ARAGÓN

LOS PIRINEOS

Pamplona

NAVARRA

Bilbao

San Sebastián

Santander

PAÍS VASCO

Logroño

LA RIOJA

SIERRA DE GUADARRAMA

Guadalajara

MADRID

Madrid

CASTILLA-LA MANCHA

Albacete

Ciudad Real

Linares

Jaén

Granada

Almería

SIERRA NEVADA

Costa del Sol

Málaga

Gibraltar (R.U.)

Ceuta (Esp.)

Tánger

CANTABRIA

Burgos

CASTILLA-LEÓN

Valladolid

Segovia

Ávila

El Escorial

Toledo

Río Duero

León

Zamora

Salamanca

ASTURIAS

Oviedo

Santiago de Compostela

La Coruña

GALICIA

Vigo

Oporto

PORTUGAL

Río Tajo

Lisboa

Río Guadiana

Cáceres

EXTREMADURA

Mérida

Badajoz

SIERRA MORENA

Almadén

Córdoba

ANDALUCÍA

Río Guadalquivir

Sevilla

Jerez de la Frontera

Cádiz

Huelva

Golfo de Cádiz

OCÉANO ATLÁNTICO

E S P A Ñ A

ISLAS BALEARES

Menorca

Mallorca

Palma

Ibiza

Formentera

MAR MEDITERRÁNEO

ISLAS CANARIAS

Lanzarote

Fuerte-ventura

Las Palmas de Gran Canaria

Las Palmas

Santa Cruz de Tenerife

Tenerife

La Palma

Gomera

Hierro

200 kilómetros
100 millas
0
0

N

● ABOUT THE AUTHOR

Lydia Vélez Román is a lecturer at California State University, Fullerton, where she teaches undergraduate courses in Spanish language, literature, and Latin American culture. She received her Ph. D. in Spanish American Literature from the University of California, Irvine, in 1986. Dr. Vélez Román has published numerous articles, short stories, and a book of poems called *Osadía de los soles truncos* (Editorial Betania, 1991). She was twice recognized as Teacher of Distinction by the Fullerton Institute of Religion (1992, 1993) and received a Meritorious Performance and Professional Promise Award from her university in 1988.

¡A CONOCERNOS!

Las Meninas[1] (1656) de Diego Velázquez, España. A la gente de
todos los tiempos le ha gustado retratarse[2] o tomarse fotos. Así
dejan testimonio de su presencia en el mundo y sus descendientes
los pueden conocer. ¿Ha visto Ud. fotos de algunos de sus
antepasados? ¿Qué sabe de ellos?

---

[1]Las... *Ladies in Waiting*   [2]*to have portraits of themselves made*

PRIMERA LECTURA

Soliloquio del solterón (selección)
Roberto Arlt (1900–1942)

READING STRATEGIES_____

Skimming and Scanning   Skimming is a technique readers use to get a sense for the general content of what they are reading. To skim for general meaning, you run your eyes quickly over the material, looking for the main ideas. Scanning is the technique readers use to locate specific information in a text.

You should skim each reading in this text before you start to read it more closely. It is also a good idea to quickly skim the exercises in the **Comentemos** section before starting to read. This will alert you to the main ideas and important information in the reading and make it seem easier. Remember that the words that appear in boldface in the reading are defined for you in **Vocabulario de la lectura.**

You should also consider the title of a reading to be an important part of the reading itself. Titles serve to capture the reader's attention, but they also often suggest the main idea of a reading. Thus, if you understand what the title means, you can often predict the reading's content.

The title of this reading selection is **Soliloquio de un solterón.** **Soliloquio** is a literary term that indicates a conversation one has with oneself, that is, one that happens in one's mind (although in a play a soliloquy is spoken). **Un solterón** is an older man who has never been married. Thus, the title of this reading leads you to expect that the main character, an unmarried man, will have a conversation with himself.

EN SÍNTESIS

Roberto Arlt nació y vivió en la Argentina. Durante su corta vida llegó a publicar cuatro novelas, dos libros de cuentos y numerosos artículos periodísticos. Los temas de sus escritos son muy variados; tienen que ver con la vida diaria y los problemas sociales. A veces sus reflexiones son bastante filosóficas. Su gran pasión fue lograr una comunicación profunda con la gente a su alrededor para evitar, de esta manera, la soledad.

La selección «Soliloquio del solterón» fue tomada de un libro suyo titulado *Cronicón de sí mismo*[1]. La persona que habla acaba de despertarse y de inmediato comienza a reflexionar sobre el mundo y la gente.

[1] Cronicón... *Chronicle of One's Self*

ANTES DE LEER: ¡CONVERSEMOS!

Con un compañero / una compañera, converse sobre los siguientes temas.

1. Por lo general, ¿cómo te sientes cuando te despiertas? ¿Qué es lo primero que piensas?
2. ¿Qué imagen crees que tus amigos tienen de ti? ¿Cómo crees que te describen?
3. ¿Cómo te describes a ti mismo/a?

VOCABULARIO DE LA LECTURA

Sustantivos		**Verbos**	
el archipreste	archpriest (*priest of preemi-nent rank, within the Catholic Church*)	**atenerse (a)**	to abide (by)
		convencer	to convince
		enterarse (de)	to find out (about)
el arzobispo	archbishop (*over priests, within the Catholic Church*)	**gorrear**	to take advantage of (*others*)
el caparazón	cover, shell	**gozar**	to enjoy, experience
las cenizas	ashes		pleasure
la colcha	quilt or bedspread	**resentirse (ie, i)**	to be resentful
el rastro	trail, trace	**Adjetivos**	
el reparo	doubt, hesitancy		
el roce	social contact	**agrio/a**	pessimistic
la tortuga	turtle	**honrado/a**	honest, honorable
el trato	relationship, interaction	**servicial**	cooperative

LECTURA *Soliloquio del solterón (selección)*

Me miro el dedo gordo[1] del pie, y **gozo.**

Gozo porque nadie me molesta. Igual que una **tortuga**, a la mañana, saco la cabeza debajo del **caparazón de mis colchas** y me digo, sabroanmente, moviendo el dedo gordo del pie:

5 —Nadie me molesta. Vivo solo, tranquilo y gordo como un **archipreste** glotón.

Mi camita es honesta, de una plaza y gracias.[2] Podría usarla sin **reparo** ninguno el Papa o el **arzobispo**. . . .

---

[1]dedo... *big toe*   [2]de... *a single, thank you*

Soy dulcemente egoísta, y no me parece mal.

10   Trabajo lo indispensable[3] para vivir, sin tener que **gorrear** a nadie, y soy pacífico, tímido y solitario. No creo en los hombres, y menos en las mujeres, mas[4] esta convicción no me impide buscar a veces el **trato** de ellos, porque la experiencia se afina[5] en su **roce**, y además no hay mujer, por mala que sea,[6] que no nos haga indirectamente algún bien. . . .

15   He tenido varias novias, y en ellas descubrí únicamente el interés de casarse, cierto es que dijeron quererme, pero luego quisieron también a otros, lo cual[7] demuestra que la naturaleza humana es sumamente inestable, aunque sus actos quieran inspirarse en sentimientos eternos. Y por eso no me casé con ninguna.

20   Personas que me conocen poco dicen que soy un cínico; en verdad, soy un hombre tímido y tranquilo, que en vez de **atenerse** a las apariencias busca la verdad, porque la verdad puede ser la única guía del vivir **honrado**.

Mucha gente ha tratado de **convencerme** de que formara un hogar,[8] al final descubrí que ellos serían muy felices si pudieran no tener hogar.[9]

25   Soy **servicial** en la medida de lo posible[10] y cuando mi egoísmo no **se resiente** mucho, aunque me he dado cuenta[11] que el alma[12] de los hombres está constituida de tal manera, que más pronto olvidan el bien que se les ha hecho que el mal que no se les causó. . . .[13]

Si estoy de buen humor, compro un diario y **me entero de** lo que pasa en
30 el mundo, y siempre me convenzo de que es inútil que progrese la ciencia de los hombres si continúan manteniendo duro y **agrio** su corazón como era el corazón de los seres humanos hace mil años. . . .[14]

No tengo parientes, y como respeto la belleza y detesto la descomposición, me he inscripto[15] en la sociedad de cremaciones para que el día que yo
35 muera[16] el fuego me consuma y quede[17] de mí, como único **rastro** de mi limpio paso sobre la tierra, unas puras **cenizas**.

---

[3]lo. . . *just enough*   [4]*but*   [5]se. . . *refines itself, improves*   [6]por. . . *no matter how bad she may be*   [7]lo. . . *all of which*   [8]de. . . *to settle down, establish a home*   [9]ellos. . . *they would be very happy if they hadn't settled down*   [10]en. . . *as much as possible*   [11]me. . . *I have realized*   [12]*soul*   [13]más. . . *they forget the good things people do for them more quickly than (they forget) the bad*   [14]hace. . . *a thousand years ago*   [15]me. . . *I've joined*   [16]para. . . *so that the day I die*   [17]*remains*

DESPUÉS DE LEER

Comentemos

Ⓐ **Comprensión.** Indique si las siguientes oraciones son ciertas (**C**) o falsas (**F**). Corrija las falsas.
1.   _____   Al solterón le gusta estar solo.
2.   _____   A él no le gusta ser egoísta.
3.   _____   Le gusta trabajar sin descanso.

4. _____ Esta persona es pacífica, tímida y solitaria.
5. _____ A veces le gusta comunicarse con la gente.
6. _____ Siempre está acompañado de mujeres.
7. _____ Al solterón le molesta la verdad.
8. _____ Se disgusta cuando le piden un favor.
9. _____ Nunca lee el periódico.
10. _____ La única señal que él desea dejar de su vida son unas pocas cenizas.

B **En otras palabras.** En parejas o con la clase, conversen sobre los siguientes temas.

1. El solterón acaba de despertarse y comienza a reflexionar sobre sí mismo. ¿Hay algo que les guste a Uds. de él? Explíquense.
2. ¿Qué cosas no les gustan a Uds. del solterón?
3. Las siguientes son dos de las declaraciones que hace el solterón. ¿Piensan Uds. como él o piensan diferente? Explíquense.
   a. «la naturaleza humana es sumamente inestable»
   b. «es inútil que progrese la ciencia de los hombres si continúan manteniendo duro y agrio su corazón»
4. El solterón quiere dejar sólo sus cenizas como señal de su paso por el mundo. ¿Qué prefieren dejar Uds.? ¿Les gustaría dejar un retrato?

Vocabulario en contexto

MIS PROPIAS PALABRAS

Escriba una lista de otras palabras que podrían ayudarlo/la a conversar sobre la lectura. Utilice un diccionario si es necesario.

A Seleccione las palabras o frases entre paréntesis que mejor reemplacen la palabra o las palabras **en negrilla**.

1. Una persona **agria** no puede conservar a sus amigos. (optimista / pesimista)
2. Nadie puede vivir solo; por eso es importante tener **trato** con otras personas. (negocio / relaciones)
3. Es probable que **un archipreste**, por su alta posición, tenga muchísimas amistades. (un presidente / un religioso importante)
4. Es natural que **las cenizas** de los seres queridos sean tratadas con mucho respeto. (los recuerdos / los restos)
5. **Gorrear a** los amigos es algo deshonesto. (Abusar de / Maltratar a)
6. Hay quienes desaparecen sin dejar **rastro** y por eso es difícil encontrarlos. (amigos / señales)
7. Para llegar a conocer a una persona, hay que **tener roce** con ella. (enojarse / relacionarse)
8. Si Ud. no respeta a los demás, tiene que **atenerse a** las consecuencias. (dedicarse / sufrir)
9. Una persona **honrada** es admirada por todos. (egoísta / honesta)
10. Estamos **convencidos** de que, para una persona honorable, su reputación es lo primero. (confundidos / seguros)

_____

_____

_____

_____

_____

_____

B   Los siguientes son algunos de los pensamientos del solterón tal y como aparecen en la lectura. Reescríbalos en la forma en que Ud. los expresaría.

MODELO: «la verdad puede ser la única guía del vivir **honrado**»→
La verdad puede ser la mejor norma para vivir honestamente.

1. «Igual que **una tortuga,** a la mañana, saco la cabeza debajo d**el caparazón** de mis **colchas**...»
2. «Mi camita... Podría usarla sin **reparo** ninguno el Papa o el **arzobispo.**»
3. «Soy **servicial** en la medida de lo posible...»
4. «Trabajo lo indispensable para vivir, sin tener que **gorrear** a nadie,...»
5. «mi egoísmo no **se resiente** mucho»
6. «compro un diario y **me entero de** lo que pasa...»

Nota cultural

En la Plaza de España, en Madrid se encuentra este monumento a don Quijote y Sancho Panza, dos de los personajes más famosos de la obra maestra *Don Quijote de la Mancha,* del escritor español Miguel de Cervantes Saavedra (1547– 1616). Don Quijote simboliza a la persona idealista y Sancho a la realista. ¿Con cuál de estos personajes se identifica Ud.? ¿ o cree que tiene algo de ambos?

DE TERTULIA

A **Los colores y la personalidad.** Hay quienes aseguran que existe una relación estrecha entre los colores y nuestra personalidad. Se afirma que el color que preferimos refleja algo de nuestra manera de ser, sentir o pensar. A ver si esto es cierto. Primero, escoja el color que a Ud. le gusta más. Luego determine si el grupo de características que aparece al lado del color describe su personalidad.

B **Los colores y Uds.** En parejas, converse sobre los resultados de su prueba. ¿Hay alguna relación entre su color favorito y la manera como Uds. se ven a sí mismos/as? Dígale a su compañero/a cómo es su personalidad. También dígale a su compañero/a las cualidades que le gustan más a Ud. de su propia personalidad y las que le gustan menos.

C **Entrevista.** En parejas, lean la siguiente entrevista. Luego escriban preguntas originales para los números 5, 6 y 7. Después, háganse las preguntas.

1. ¿Cómo te llamas?
2. ¿Qué haces regularmente después de levantarte?
3. ¿Qué cosas buenas has hecho en la vida? ¿Qué cosas malas has hecho?
4. ¿Qué cualidades te describen a ti?
5. _____
6. _____
7. _____

PAISAJES Y CURIOSIDADES

Las Meninas

A la edad de veinticinco años, Diego Rodríguez de Silva y Velázquez fue nombrado pintor de la corte del rey Felipe IV.* Allí pintó uno de los cuadros más famosos del mundo, *Las Meninas.* Cuando Velázquez pintó esta obra, no sabía que, mucho tiempo después, su cuadro sería objeto de gran admiración. Son muchos los artículos que se han publicado y las conferencias que se han dictado en el mundo sobre *Las Meninas.*

Uno de los detalles más originales de este cuadro es el autorretrato del pintor, quien establece un diálogo con el observador/la observadora. El Rey Felipe y la Reina Mariana se ven reflejados en el espejo. Pero en el cuadro, es la princesa Margarita el verdadero centro de aten-

ción de toda la corte. Algunos críticos opinan que el pintor trató de captar un momento íntimo de la familia real. Otros, por el contrario, creen que quiso hacer una crítica de ella.

---

*Felipe IV (1605–1665), King of Spain, Naples, and Sicily (1621–1665), and King of Portugal (as Felipe III, 1621–40). Spain continued to decline during his reign.

CHARLEMOS

1. ¿Cómo se ve el pintor a sí mismo en este autorretrato? ¿Es posible determinar si se ve feliz o infeliz? ¿Qué opina Ud?
2. Si Ud. pudiera pintar, ¿le gustaría hacerse un autorretrato?
3. ¿Qué otros cuadros famosos conoce Ud.? ¿Cuál de ellos le gusta más?
4. ¿Qué arte le parece más interesante, la pintura o la fotografía? ¿Por qué?

1. violeta: Ud. es activo/a, sociable, romántico/a.
2. amarillo: Ud. es pasivo/a, persistente, defensivo/a, y tiene mucha estimación propia.
3. azul oscuro: Ud. es dedicado/a, amoroso/a y fiel, pero es impaciente.
4. gris: Por lo general, Ud. es relajado/a, desinhibido/a y agradable.
5. negro: Ud. se siente inhibido/a cuando está en grupos.
6. pardo: Ud. posee el poder de atraer a la gente.
7. verde: Ud. es seguro/a, autoritario/a y feliz.
8. rojo: Ud. es sereno/a, tranquilo/a y sabe disfrutar del silencio.
9. blanco: A Ud. no le gusta perder el tiempo. Ama profundamente y le gusta la franqueza.

LÁPICES VELOCES

WRITING STRATEGIES

Know Your Topic   One of the best ways to create a clearly written composition is to write about a topic you know well. In the following activity, you will write about something you know quite well: yourself. Follow the outline to create a brief two-paragraph description of yourself. Then give your description an appropriate title.

¿Cómo es Ud.? ¿Cómo lo/la ven los otros?

Párrafo 1: Primero, haga una descripción de su físico. Después, diga algo de su personalidad. Luego, indique algunas de las cosas que le gustan y otras que le disgustan.

Párrafo 2: Indique cómo creé que la gente lo/la describe a Ud.

La Plaza de las Tres Culturas, en la Ciudad de México. Este monumento, muestra el respeto y admiración de los mexicanos por la diversidad de sus culturas. En la Plaza están representadas las culturas europeas, indígenas y negras. ¿Hay allí alguna escultura o monumento semejante en la ciudad donde Ud. vive? ¿Qué representa? ¿Hay allí algún lugar especial al cual a Ud. le guste ir? ¿Por qué le gusta?

EL COLORIDO
DE LAS CULTURAS

CAPÍTULO 1

LA DIVERSIDAD CULTURAL

Viva la vida (1994) de Gregory Mejía, mexicoamericano. Esta pintura representa la diversidad cultural de los hispanos que viven en los Estados Unidos. ¿Ha visitado Ud. alguna ciudad de Norteamérica predominantemente hispana? ¿Qué ciudad hispana de este país le gustaría visitar?

PRIMERA LECTURA

Al colegio (Estampa) (Parte 1)
Carmen Laforet (1921–)

READING STRATEGIES

Cognates   Many words in English and Spanish share the same Latin origin. Therefore, it is sometimes quite easy to determine the meaning of a word in Spanish just by relating or associating it with a similar word in English. When words in different languages are very similar, they are called cognates. For example, **importancia** (*importance*) and **color** (*color*) are cognates from the following reading. Being aware of cognates can facilitate your comprehension of new words. Try to read the following selection at normal speed, paying attention to cognates.

EN SÍNTESIS

La obra literaria de Carmen Laforet es muy conocida en todo el mundo de habla española. Entre sus novelas más conocidas se encuentran *Nada* y *La mujer nueva,* su novela favorita. En 1956 publicó una antología titulada *Mis mejores páginas* en la cual se incluye «Al colegio». Se ha dividido la narración en dos partes para facilitar su estudio.

En esta narración, Carmen Laforet revela los pensamientos de una madre que lleva a su hija de cuatro años al colegio el primer día de clases. Los incidentes más simples de esta experiencia alcanzan un significado extraordinario: por ejemplo, un apretón[1] de manos entre las dos, una mirada, un comentario de la niña. En la primera parte, la madre reflexiona sobre las ocasiones en que ella y la niña salen juntas. Al leer esta narración, piense cómo son las relaciones entre Ud. y los miembros de su familia.

[1] *presión*

ANTES DE LEER: ¡CONVERSEMOS!

Con un compañero / una compañera, converse sobre los siguientes temas.
1. ¿Qué preparativos haces para el primer día de clases en la universidad?
2. Generalmente, ¿cómo te sientes ese día?

VOCABULARIO DE LA LECTURA

Sustantivos

el apretón	squeeze
el barquillo	ice-cream cone
el frasco	container
las uñas	toe or finger nails

Verbos

colgar (ue)	to hang
crecer	to grow up
desvanecerse	to disappear

emprender	to begin
huir (de)	to flee (from)
quitarse	to take off (*clothing*)
romper	to break up, dissipate

Adjetivos

amical	friendly
cualquier(a)	any other
lento/a	slow
sucio/a	dirty

LECTURA   *Al colegio (Estampa) (Parte 1)*

Vamos cogidas de la mano[1] en la mañana. Hace fresco, el aire está **sucio** de niebla.[2] Las calles están húmedas. Es muy temprano.

Yo **me he quitado** el guante para sentir la mano de la niña en mi mano y me es infinitamente tierno[3] este contacto, tan agradable, tan **amical,** que la
5   estrecho[4] un poquito emocionada. Su propietaria[5] vuelve hacia mí la cabeza, y con el rabillo[6] de los ojos me sonríe. Sé perfectamente la importancia de este **apretón,** sabe que yo estoy con ella y que somos más amigas hoy que otro día **cualquiera.**

Viene un aire vivo y empieza a **romper** la niebla. A todos los árboles de la
10   calle se les caen las hojas, y durante unos segundos corremos debajo de una **lenta** lluvia de color tabaco.

—Es muy tarde; vamos,

—Vamos, vamos.

Pasamos corriendo delante de una fila de taxis parados, **huyendo de** la
15   tentación.[7] La niña y yo sabemos que las pocas veces que salimos juntas casi nunca dejo de coger un taxi. A ella le gusta; pero, a decir verdad, no es por alegrarla[8] por lo que lo hago; es, sencillamente, que cuando salgo de casa con la niña tengo la sensación de que **emprendo** un viaje muy largo. Cuando medito una de estas escapadas, uno de estos paseos, me parece divertido ver la
20   chispa[9] alegre que se le enciende a ella[10] en los ojos, y pienso que me gusta infinitamente salir con mi hijita mayor y oírla charlar; que la llevaré de paseo al parque, que le iré enseñando, como el padre de la buena Juanita,[11] los nom-

---

[1]cogidas... *hand in hand*   [2]*fog*   [3]*tender*   [4]*la... I squeeze it (her hand)*   [5]*Su... It's owner (the owner of the hand = her daughter)*   [6]*corner*   [7]*temptation*   [8]*por... to make her happy*   [9]*spark*   [10]*se... lights up*
[11]*character from a children's story*

bres de las flores; que jugaré con ella, que reiremos, ya que es tan graciosa, y
que, al final, compraremos **barquillos** —como hago cuando voy con ella— y
25 nos los comeremos alegremente.

    Luego resulta que la niña empieza a charlar mucho antes de que salgamos
de casa, que hay que peinarla y hacerle las trenzas[12] (que salen pequeñas y
retorcidas,[13] como dos rabitos dorados, debajo del gorro[14]) y cambiarle el
traje, cuando ya está vestida, porque se tiró encima un **frasco** de leche con-
30 densada, y cortarle las **uñas,** porque al meterle las manoplas[15] me doy cuenta
de que han **crecido...** Y cuando salimos a la calle, yo, su madre, estoy casi tan
cansada como el día en que la puse en el mundo... Exhausta, con un abrigo
que me **cuelga** como un manto;[16] con los labios sin pintar (porque a última
hora me olvidé de eso), voy andando casi arrastrada[17] por ella, por su
35 increíble energía, por los infinitos «porqués» de su conversación.

    —Mira, un taxi. Éste es mi grito de salvación y de hundimiento[18] cuando
voy con la niña... Un taxi.

    Una vez sentada dentro, **se** me **desvanece** siempre aquella perspectiva de
pájaros y flores y lecciones de la buena Juanita, y doy la dirección de casa de
40 las abuelitas, un lugar concreto donde sé que todos seremos felices: la niña y
las abuelas, charlando, y yo, fumando un cigarrillo, solitaria y en paz.

[12]*braids* [13]*twisted* [14]*dos... two little golden tails, under her cap* [15]*mittens* [16]*blanket* [17]*dragged*
[18]*defeat*

DESPUÉS DE LEER
Comentemos

Ⓐ Comprensión. Indique si las siguientes oraciones son ciertas (**C**) o falsas (**F**).
Corrija las falsas.

  1. _____ El día en que se inicia este camino al colegio, hace fresco. Es muy
         temprano.
  2. _____ La madre y la hija van cogidas tiernamente de la mano.
  3. _____ A la madre no le gusta salir con su hija mayor ni oírla charlar.
  4. _____ La madre recuerda con cariño lo que hace después de salir con la
         niña.

Ⓑ En otras palabras. En parejas o con la clase, conversen sobre los siguientes
temas.

  1. La madre de la narración dice que su hija y ella son «más amigas hoy que
      otro día cualquiera». ¿Por qué se siente así la madre? ¿Puede Ud. nombrar
      otras ocasiones que unen padres e hijos de esta manera?
  2. ¿Qué hace la madre para preparar a su hija para sus «escapadas»? ¿También
      se prepara a sí misma? ¿Por qué sí o por qué no?
  3. En las culturas hispanas, la casa de los abuelos es generalmente un lugar
      feliz, como el que describe la narradora: « ...un lugar concreto donde sé
      que todos seremos felices.» ¿Cómo es un lugar feliz para Ud.? Descríbalo.

MIS PROPIAS PALABRAS

Escriba una lista de otras palabras que podrían ayudarlo/la a conversar sobre la lectura. Utilice un diccionario si es necesario.

_____

_____

_____

_____

_____

_____

_____

Vocabulario en contexto

A Llene los espacios en blanco con una palabra de la lista.

apretón, cuelga, desvanece, emprenden, huir, lenta, rompe, sucio

1. Mi mochila _____ de mi silla en el salón de clase.
2. A veces, la lluvia es _____ ; otras veces, cae con fuerza y rapidez.
3. Un viento fuerte _____ el silencio de la tarde.
4. Con frecuencia, cuando los niños _____ un viaje, están ansiosos.
5. El aire _____ contamina la atmósfera.
6. Cuando el sol sale, la neblina se _____.
7. A cualquier persona le gustaría _____ de una situación violenta.
8. Al saludar a otra persona, le damos un _____ de manos.

B Escriba el número de la palabra junto a la definición que le corresponde.

1. **amical**
2. **el barquillo**
3. **crecer**
4. **el frasco**
5. **huir**
6. **quitarse**
7. **las uñas**

a. _____ recipiente para echar líquidos o sólidos
b. _____ irse de un lugar rápidamente para evitar algo
c. _____ cubren la parte final de los dedos
d. _____ con la ropa, antónimo de ponerse
e. _____ amigable
f. _____ algo dulce y frío que se come
g. _____ aumentar de tamaño

DE TERTULIA

A **De niños.** Con un compañero / una compañera, converse sobre los siguientes temas.

1. En las culturas hispanas, generalmente la madre o el padre lleva a sus hijos a la escuela el primer día de clases. ¿Qué opinan Uds. de esta costumbre?
2. ¿Los llevaron sus padres a la escuela primaria el primer día de clases? ¿Por qué sí o por qué no?
3. De niños, ¿pasaban mucho tiempo en casa de algún pariente? ¿Cuál? ¿Por qué pasaban tanto tiempo en ese lugar?

PAISAJES Y CURIOSIDADES

Músicos de ayer y hoy

Hoy en día es muy fácil informarse de lo que está pasando en todo el mundo. En tiempos medievales, sin embargo, no era así. La gente se informaba de las noticias y eventos que ocurrían en regiones distantes por medio de los juglares, los trovadores y los segredes. Éstos eran artistas ambulantes que, además de propagar las noticias, divertían a la gente con sus juegos, poemas, bailes y canciones. Hacia los siglos XIII y XIV, de los segredes surgieron los **soperos**, que eran músicos que daban las noticias y cantaban a cambio de comida o dinero. Como mucha gente les daba sopa, ellos llevaban una cuchara colgada del cinturón. De ahí el nombre de soperos.

En nuestros días, a estos grupos de músicos y cantantes se les llama **estudiantinas** —en España se llaman **tunas**— y están formados por estudiantes universitarios. Ahora su función no es transmitir noticias, sino que en algunos lugares van por el campus universitario dándoles la bienvenida a los estudiantes el primer día de clases. La estudiantina se conoce por su modo de vestir y el tipo de música que tocan y cantan. Además, dan conciertos en los teatros, participan en competencias internacionales de estudiantinas y graban discos para la venta.

Estudiantes en una competencia internacional de estudiantinas.

CHARLEMOS

1. ¿Qué organizaciones estudiantiles conoce Ud.?
2. ¿Qué tipo de organizaciones hacen falta en su universidad?
3. ¿Cómo se informa Ud. de lo que está pasando en el mundo?
4. ¿Qué medios de información existen hoy en día?

SEGUNDA LECTURA

Al colegio (Estampa) (Parte 2)

EN SÍNTESIS

En esta parte de la narración «Al colegio», Laforet cuenta los detalles de este día en particular en que la niña comienza su educación. No es un camino que las separa. Al contrario, es un camino que las une aún más, que las iguala, concluye la madre.

ANTES DE LEER: ¡CONVERSEMOS!

Con un compañero / una compañera, comente por lo menos cuatro problemas que la mayoría de los estudiantes tiene el primer día de clases en la universidad. Después, compartan sus ideas con la clase.

VOCABULARIO DE LA LECTURA

Sustantivos	
la caricia	caress
las mejillas	cheeks (*of the face*)
el montón	lot, great number
el orgullo	pride
la vergüenza	embarrassment

Verbos	
buscar	to search (for)
valerse por sí mismo/a	to help one's self

Adjetivos	
anhelante	yearning, longing
manchado/a	stained, spotted
tentador(a)	tempting

LECTURA   *Al colegio (Estampa) (Parte 2)*

Nota cultural

Madrid es una ciudad muy cosmopolita cuyas calles están animadas hasta las tres de la mañana. Las personas salen para ir a un espectáculo artístico o a uno de los muchos restaurantes, cafés y bares donde se reúnen, a veces, simplemente para charlar. Una de las zonas que atrae más turistas es la Plaza Mayor, donde abundan los restaurantes de comidas típicas.

Pero hoy, esta mañana fría, en que tenemos más prisa que nunca, la niña y yo pasamos de largo[1] delante de la fila **tentadora** de autos parados. Por primera vez en la vida vamos al colegio... Al colegio, le digo, no se puede ir en taxi. Hay que correr un poco por las calles, hay que tomar el metro, hay que caminar largo, en un sitio determinado, a un autobús... Es que yo he escogido[2] un colegio muy lejano para mi niña, esa es la verdad; un colegio que me gusta mucho, pero que está muy lejos... Sin embargo, yo no estoy impaciente hoy, ni cansada, y la niña lo sabe. Es ella ahora la que inicia una **caricia** tímida con su manita dentro de la mía; y por primera vez me doy cuenta de que su mano de cuatro años es igual a mi mano grande; tan decidida, tan poco suave, tan nerviosa como la mía. Sé por este contacto de su mano que le late[3]

15 el corazón al saber que empieza su vida de trabajo en la tierra, y sé que el colegio que le he buscado le gustará, porque me gusta a mí, y que aunque está tan lejos, le parecerá bien ir a **buscar**lo cada día, conmigo, por las calles de la ciudad... Que Dios pueda explicar el porqué de esa sensación de **orgullo** que nos llena y nos iguala[4] durante todo el camino...

20   Con los mismos ojos ella y yo miramos el jardín del colegio, lleno de hojas de otoño y de niños y niñas con abrigos de colores distintos, con **mejillas**

[1]pasamos...*pass by*   [2]yo...*I've chosen*   [3]le...*beats*   [4]que...*that fills us and makes us equal*

que el aire mañanero[5] vuelve rojas, jugando, esperando la llamada[6] a clase.

Me parece mal quedarme allí; me da **vergüenza** acompañar a la niña hasta última hora, como si ella no supiera ya[7] **valerse por sí misma** en este
25 mundo nuevo, al que yo la he traído...Y tampoco la beso, porque sé que ella en este momento no quiere. Le digo que vaya con los niños más pequeños, aquellos que se agrupan en el rincón,[8] y nos damos la mano, como dos amigas. Sola, desde la puerta, la veo marchar, sin volver la cabeza ni por un momento. Se me ocurren cosas para ella, un **montón** de cosas que he tenido
30 que decirle, ahora que ya es mayor, que ya va al colegio, ahora que ya no la tengo en casa, a mi disposición a todas horas... Se me ocurre pensar que cada día lo que aprenda en esta casa blanca, lo que la vaya separando de mí —trabajo, amigos, ilusiones nuevas—, la irá acercando de tal modo a mi alma,[9] que al fin no sabré dónde termina mi espíritu ni dónde empieza el suyo...

35 Y todo esto quizá sea falso...Todo esto que pienso y que me hace sonreír tan tontamente, con las manos en los bolsillos[10] de mi abrigo, con los ojos en las nubes.

Pero yo quisiera que alguien me explicase[11] por qué cuando me voy alejando por la acera,[12] **manchada** de sol y niebla, y siento la campana[13] del
40 colegio llamando a clase, por qué, digo, esa expectación **anhelante,** esa alegría, porque me imagino el aula[14] y la ventana, un pupitre[15] mío pequeño, desde donde veo el jardín, y hasta veo clara, emocionantemente, dibujada en la pizarra con tiza amarilla una A grande, que es la primera letra que yo voy a aprender...

[5]*early-morning*   [6]*call*   [7]como...*as if she didn't already know how*   [8]*corner*   [9]*soul*   [10]*pockets*
[11]alguien...*someone to explain to me*   [12]*sidewalk*   [13]*bell*   [14]*classroom*   [15]*little desk*

DESPUÉS DE LEER
Comentemos

A **Comprensión.** Complete las oraciones.
1. La niña va a un colegio muy lejos de la casa y por eso ella y su madre...
   a. no llevan prisa.   **b.** caminan lentamente.   **c.** van con mucha prisa.
2. Según la madre, las manos de ambas se parecen en que son...
   a. suaves.   **b.** decididas y nerviosas.   **c.** todo lo anterior.
3. La «casa blanca» a que la madre se refiere, es la escuela donde su hija aprenderá...
   a. a acercarse al alma de la madre.   **b.** a hacer amigos.   **c.** todo lo anterior.
4. Al final, la madre se imagina a sí misma... su primer día de clases.
   a. frente a una pizarra.   **b.** frente a una maestra.   **c.** frente a un colegio.

B **En otras palabras.** En parejas o con la clase, conversen sobre los siguientes temas.

1. Comparen su primer día de clases con el de la niña. Expliquen en qué se parecen y en qué se diferencian.
2. Se puede concluir que tanto la madre como la niña inician un camino nuevo en la vida, nuevas responsabilidades, cosas diferentes. ¿Cuáles son algunas de estas diferencias o cosas nuevas?
3. Es obvio que la madre tiene gran influencia en la vida de la hija. Según Uds., ¿cuáles son las dos influencias más importantes, de las personas y grupos que aparecen en los siguientes círculos, que tienen mayor influencia en la niñez? Explique.

Vocabulario en contexto

A Indique la palabra que *no* pertenece a la serie.

1. alegría   felicidad   júbilo   **vergüenza**
2. **buscar**   descubrir   encontrar   reconocer
3. manos   **mejillas**   ojos   traje
4. cuidarse   perderse   protegerse   **valerse**
5. atractivo   persuasivo   repelente   **tentador**

B Busque la definición apropiada para cada palabra de la lista

anhelante, cuidela, manchada, mejillas, montón, orgullo

1. Gran cantidad de algo.
2. Con gran ansiedad.
3. Con zonas de distinto color.
4. Gesto de amor, de cariño.
5. Son parte de la cara.
6. Satisfacción y entusiasmo.

DE TERTULIA

A **Entrevista.** Con un compañero / una compañera, háganse preguntas sobre su primer día de clases en la universidad. Luego, compartan la información con la clase.

1. ¿Qué es lo que les gusta del primer día de clases?
2. ¿Qué cosas son motivos de tensión para Uds. el primer día de clases?
3. ¿Cómo los/las tranquiliza su familia o sus amigos?

B **La unidad familiar.** En la narración «Al colegio», la madre y la hija se sienten más unidas al vivir una experiencia en común. Piensen en algunas actividades o experiencias que mantienen unidas a las familias. ¿Creen que son iguales en todas las culturas?

LÁPICES VELOCES

WRITING STRATEGIES

Brainstorming This technique can be the first step in the writing process. Once you know the general topic of your composition, quickly write down as many ideas or words as you can that come to mind related to your topic. Then select those ideas that are useful for the topic. Don't worry about grammar or spelling while brainstorming; you can make corrections when writing the next draft. Practice this strategy before beginning the following composition.

Describa su primer día de clases. Imagínese que todo está ocurriendo en este momento.

Párrafo 1: Primero, describa lo que ve en el camino y las cosas que piensa. Después, explique cómo se siente.
Puede comenzar con la siguiente oración: **Tengo seis años y hoy es mi primer día de clases. Mi madre (padre) me lleva de la mano. En el camino veo...**

Párrafo 2: Primero, escriba cinco oraciones que describen las cosas que ve al llegar a la escuela y al entrar a su salón de clase. No olvide adornar sus oraciones con los adjetivos apropiados. Escoja un título apropiado para su composición. En clase, intercambie su trabajo con un compañero / una compañera.

CAPÍTULO 2

TRADICIONES Y COSTUMBRES

Cumpleaños de Lala y Tudi, de la artista mexicoamericana Carmen Lomas Garza. Probablemente, la celebración del cumpleaños es la fiesta más popular del mundo. En algunas culturas hispanas se acostumbra romper una piñata,* como parte de la celebración. ¿Cómo celebra Ud. su cumpleaños?

---

*A paper mache figure, usually in the form of an animal or an object, stuffed with candies. At many types of gatherings children, and sometimes adults, tie on a blindfold and take turns trying to break the **piñata** with a stick.

PRIMERA LECTURA

El laberinto de la soledad (selección) (Parte 1)   *Octavio Paz (1914–)*

READING STRATEGIES

The Main Idea If a reading is well organized, you should be able to find its main or central idea easily. A reading will also make a statement or assertion about the central idea or topic; this statement is often called the topic sentence. Here is an example of a topic sentence.

Cultural diversity enhances our national culture in two important ways.

What is the topic? Cultural diversity. What will the reading say or assert about that topic? That is it a good thing.

In a well organized reading, every paragraph will be related to the *main idea or topic* of the reading. That is, each paragraph will develop the main idea in some way.

The following reading has a simple topic sentence. Try to find it. Then look for the main idea in each paragraph of the reading. You may wish to highlight or underline it.

EN SÍNTESIS

Es muy conocido el espíritu gregario de las culturas hispanas, especialmente su amor por las fiestas y las reuniones familiares. El conocido escritor mexicano, Octavio Paz, habla sobre este tema en su libro *El laberinto de la soledad,* del que se incluye la siguiente selección. Paz, prolífico poeta y destacado ensayista, obtuvo el Premio Nobel de Literatura en 1990. Algunos de los temas de su obra son la búsqueda de la identidad personal y colectiva, el amor y la soledad.

En esta selección, Paz describe la alegría y espontaneidad con que los mexicanos celebran sus festividades. Además, destaca la gran variedad de celebraciones que llenan el calendario mexicano. Según Paz, para los mexicanos, fiestear no es sólo una simple diversión; es, además, un acto de purificación. A veces, el tipo de fiesta y la forma de celebrarla reflejan el nivel económico de los participantes.

ANTES DE LEER: ¡CONVERSEMOS!

Con un compañero / una compañera, converse sobre los siguientes temas.

1. Los conciertos al aire libre son muy populares en el verano. ¿Asistes o no? ¿Por qué?
2. ¿Qué tipo de entretenimientos prefieres?

VOCABULARIO DE LA LECTURA

Sustantivos		
el acontecimiento	event	
el ateo	atheist	
el gasto	expense	
el gremio	labor union	
la juerga	carousing	
el recurso	resource	
la ventaja	advantage	

Verbos	
bastar	to be enough
festejar	celebrar

gritar	to scream, shout
honrar	to honor, pay homage
regir (i, i)	to reign, preside over

Adjetivos	
agrio/a	sharp, crisp
asombroso/a	amazing
chico/a	small
enardecido/a	very animated
envilecido/a	vilified, put down
inagotable	infinite
insólito/a	extraordinary, unusual

LECTURA *El laberinto de la soledad (selección) (Parte 1)*

Nota cultural

Como herencia de la tradición religiosa española, cada pueblo de Hispanoamérica tiene un santo patrón o santa patrona que la gente venera con devoción. Generalmente, en honor de este santo o santa se celebra una vez al año una gran fiesta (o feria) que dura nueve días. Además de las celebraciones religiosas, que incluyen procesiones por las calles, hay espectáculos artísticos, comidas típicas y bailes.

El solitario mexicano ama las fiestas y las reuniones públicas. Todo es ocasión para reunirse. Cualquier pretexto es bueno para interrumpir la marcha del tiempo y celebrar con festejos y ceremonias hombres y **acontecimientos.** Somos un pueblo ritual. Y esta tendencia beneficia a nuestra imaginación tanto como a nuestra sensibilidad, siempre afinada y despierta.[1] El arte de la Fiesta, **envilecido** en casi todas partes, se conserva intacto entre nosotros. En pocos lugares del mundo se puede vivir un espectáculo parecido al de[2] las grandes fiestas religiosas de México, con sus colores violentos, **agrios** y puros, sus danzas, sus ceremonias, fuegos de artificio,[3] trajes **insólitos** y la **inagotable** cascada de sorpresas de los frutos, dulces y objetos que se venden esos días en plazas y mercados.

15   Nuestro calendario está poblado de fiestas. Ciertos días, lo mismo en los lugarejos más apartados[4] que en las grandes ciudades, el país entero reza, **grita,** come, se emborracha[5] y mata en honor de la Virgen de Guadalupe[6] o del General Zaragoza.[7] Cada año, el día 15 de septiembre a las once de la

---

[1]afinada... *refined and alert*   [2]se... *can one experience a spectacle resembling that of*   [3]fuegos... *fireworks* [4]los... *the most out-of-the-way places*   [5]se... *gets drunk*   [6]Virgen... *patron saint of Mexico*   [7]General... *Mexican general*

noche, en todas las plazas de México, celebramos la Fiesta del Grito;[8] y una
20 multitud **enardecida** efectivamente grita por espacio de una hora, quizá para
callar mejor[9] el resto del año. Durante los días que preceden y suceden al 12
de diciembre, el tiempo suspende su carrera,[10] hace un alto[11] y en lugar de
empujarnos[12] hacia un mañana siempre inalcanzable[13] y mentiroso, nos
ofrece un presente redondo y perfecto, de danza y **juerga,** de comunión y
25 comilona[14] con lo más antiguo y secreto de México. El tiempo deja de ser
sucesión y vuelve a ser lo que fue, y es, originariamente: un presente en
donde pasado y futuro al fin se reconcilian.

Pero no **bastan** las fiestas que ofrecen a todo el país la Iglesia y la
República. La vida de cada ciudad y de cada pueblo está **regida** por un santo,
30 al que se **festeja** con devoción y regularidad. Los barrios y los **gremios**
tienen también sus **fiestas** anuales, sus ceremonias y sus ferias. Y, en fin, cada
uno de nosotros —**ateos,** católicos o indiferentes— poseemos nuestro Santo,
al que cada año **honramos.** Son incalculables las fiestas que celebramos y los
recursos y el tiempo que gastamos en festejar. Recuerdo que hace años pre-
35 gunté al Presidente municipal de un poblado vecino a Mitla: «¿A cuánto
ascienden los ingresos[15] del Municipio por contribuciones?» «A unos tres mil
pesos anuales. Somos muy pobres. Por eso el señor Gobernador y la
Federación nos ayudan a completar nuestros **gastos.**» «¿Y en qué utilizan esos
tres mil pesos?» «Pues casi todo en fiestas, señor. **Chico** como lo ve, el pueblo
40 tiene dos Santos Patrones.»

Esa respuesta no es **asombrosa.** Nuestra pobreza puede medirse[16] por el
número y suntuosidad de las fiestas populares. Los países ricos tienen pocas:
no hay tiempo, ni humor. Y no son necesarias; las gentes tienen otras cosas
que hacer y cuando se divierten lo hacen en grupos pequeños. Pero un pobre
45 mexicano, ¿cómo podría vivir sin esas dos o tres fiestas anuales que lo

[8]Fiesta... *celebration of the declaration of Mexico's independence*   [9]para... *the better to be silent*   [10]sus-
pende... *interrupts its flow*   [11]hace... *comes to a standstill*   [12]*pushing us*   [13]*out of reach*   [14]*feasting*
[15]*revenues, income*   [16]*be measured*

*En México, una
multitud de fuegos
artificiales llena el
cielo de la noche
del 15 de septiem-
bre en celebración
del grito de
independencia.*

compensan[17] de su estrechez[18] y de su miseria? Las fiestas son nuestro único lujo;[19] ellas sustituyen, acaso con **ventaja,** al teatro y a las vacaciones, al «week end» y al «cocktail party» de los sajones,[20] a las recepciones de la burguesía y al café de los mediterráneos.

[17]lo... *repay him*   [18]*poverty*   [19]*luxury*   [20]*(Anglo-)Saxons*

DESPUÉS DE LEER
Comentemos

A Comprensión. Indique si las siguientes oraciones son ciertas (**C**) o falsas (**F**). Corrija las falsas.
1. _____ El mexicano aprovecha cualquier ocasión para reunirse con los amigos.
2. _____ El amor por las fiestas es una característica exclusiva de los mexicanos.
3. _____ Los mexicanos celebran una gran variedad de fiestas religiosas.
4. _____ La Fiesta del Grito se celebra cada año el 15 de septiembre.
5. _____ Cada ciudad y cada pueblo está regidos por un santo.
6. _____ Los mexicanos gastan pocos recursos en festejar.

B En otras palabras. Termine estas oraciones originalmente y después dígaselas a su compañero/a.
MODELO: Para festejar la despedida de año me gusta... y... →
Para festejar la despedida de año me gusta estar con mis amigos y evitar las bebidas alcohólicas.
1. La fiesta que más me gusta es... porque...
2. Durante las fiestas, mi familia... y...
3. Cuando estoy en una fiesta, me siento... y...
4. El día de mi cumpleaños, mis amigos y yo... y luego...
5. El Día de la Independencia yo... pero...

MIS PROPIAS PALABRAS

Escriba una lista de otras palabras que podrían ayudarlo/la a conversar sobre la lectura. Utilice un diccionario si es necesario.

_____
_____
_____
_____
_____
_____
_____

Vocabulario en contexto

A Indique la palabra que *no pertenece a la serie.*

1. celebrar	**festejar**	fiestear	**gritar**
2. ahorros	compras	consumo	**gastos**
3. federaciones	**gremios**	organizaciones	**recursos**
4. **chico**	chiquito	inagotable	pequeño
5. contento	emocionado	feliz	**envilecido**
6. adorar	amar	**honrar**	rechazar
7. **bastar**	faltar	necesitar	requerir
8. **agrio**	azúcar	dulce	postre
9. **asombroso**	dudoso	fabuloso	maravilloso

B ¿Con qué idea, antónimo o sinónimo asocia Ud. estas palabras?
1. **un acontecimiento**   4. **los gremios**   7. **una juerga**
2. **un ateo**   5. **inagotable**   8. **regir**
3. **enardecido**   6. **insólito**   9. **una ventaja**

DE TERTULIA

Una receta especial para una fiesta... ¡fabulosa! En grupos de cuatro, imagínense que van a celebrar una fiesta. Primero determinen qué tipo de celebración desean y cuál es el motivo de esa celebración. Luego hagan varias sugerencias para que su fiesta sea un verdadero éxito. ¡A gozar!

PAISAJES Y CURIOSIDADES
Hablando de bodas

La celebración de una boda o matrimonio[1] es tal vez la ocasión que reúne con más entusiasmo y alegría a familiares y amigos. No importa la clase social; ésta es siempre un motivo de regocijo.[2] En algunos países hispanoamericanos, la noche anterior a la boda, el novio le lleva una serenata[3] a la novia. Ella, al escuchar las guitarras, debe encender y apagar[4] la luz tres veces; es la señal de que está escuchando. El día de la boda el novio no debe ver a la novia sino hasta el momento en que ella desfila[5] vestida de blanco en la iglesia.

Pero, contrario a la creencia popular, no todos los vestidos de novia son blancos. En México, a causa de[6] la gran influencia de las culturas precolombinas, sobresalen[7] varios tipos de vestidos nupciales indígenas. Sólo uno de éstos es completamente blanco: el de la mestiza de Yucatán. Los demás vestidos son de un impresionante colorido.

Los vecinos se unen a la alegría de los novios el día de la boda de éstos en una comunidad quiché de San Juan Colzal, Guatemala

[1]*marriage ceremony* [2]*celebration, joy* [3]*serenade* [4]*encender... turn on and off* [5]*comes down the aisle* [6]*a... due to, because of* [7]*are of special interest*

CHARLEMOS

Con un compañero / una compañera, converse sobre los siguientes temas.
1. ¿Qué costumbres o tradiciones te llaman la atención respecto a la celebración de las bodas en el país o en la ciudad donde vives?
2. ¿Cómo celebraste tu propia boda o cómo planeas celebrarla?

SEGUNDA LECTURA

El laberinto de la soledad (selección) (Parte 2)

EN SÍNTESIS

En la siguiente parte de la selección de *El laberinto de la soledad*, Octavio Paz define ampliamente cuál es la actitud de los mexicanos hacia las fiestas y la función que éstas tienen en la sociedad mexicana.

ANTES DE LEER: ¡CONVERSEMOS!

Con un compañero / una compañera, converse sobre los siguientes temas.
1. ¿Cómo celebran tú y tu familia las fiestas nacionales?
2. Piensa en algunas fiestas de otras culturas. ¿En cuál de éstas te gustaría participar? ¿Por qué?

VOCABULARIO DE LA LECTURA

Sustantivos			
el desperdicio	waste	negar (ie)	to deny
la licencia	excess, licentiousness; right	silbar	to whistle
		violar	to violate
Verbos			
acabarse	to end	**Adjetivos**	
arrojar	to toss, throw	fortalecido/a	fortified
descargar	to shoot, fire; to give vent (*to feelings*)	vertiginoso/a	giddy
		Adverbios	
imponerse	to impose	penosamente	painfully

LECTURA   *El laberinto de la soledad (selección) (Parte 2)*

En esas ceremonias —nacionales, locales, gremiales o familiares— el mexicano se abre al exterior. Todas ellas le dan ocasión de revelarse[1] y dialogar con la divinidad, la patria,[2] los amigos o los parientes. Durante esos

---

[1]le...*give him the chance to open up*   [2]*motherland*

días el silencioso mexicano **silba,** grita, canta, **arroja** petardos,[3] **descarga** su
5 pistola en el aire. Descarga su alma. Y su grito, como todos los cohetes[4] que
tanto nos gustan, sube hasta el cielo, estalla[5] en una explosión verde, roja, azul
y blanca y cae **vertiginoso** dejando una cauda de chispas doradas.[6]

Las ceremonias de fin de año, en todas las culturas, significan algo más que
la conmemoración de una fecha. Ese día es una pausa; efectivamente el
10 tiempo **se acaba,** se extingue. Los ritos que celebran su extinción están desti-
nados a provocar su renacimiento:[7] la fiesta del fin de año es también la del
año nuevo, la del tiempo que empieza. Todo atrae a su contrario.

En ciertas fiestas desaparece la noción misma de Orden. El caos regresa y
reina la **licencia.** Todo se permite: desaparecen las jerarquías habituales, las
15 distinciones sociales, los sexos, las clases, los gremios. Los hombres se dis-
frazan de[8] mujeres, los señores de esclavos,[9] los pobres de ricos. Se ridiculiza
al ejército, al clero, a la magistratura.[10] Gobiernan los niños o los locos. El
amor se vuelve promiscuo. Se **violan** reglamentos,[11] hábitos, costumbres. El
individuo respetable arroja su máscara de carne y la ropa oscura que lo aísla[12]
20 y, vestido de colorines, se esconde en una careta,[13] que lo libera de sí mismo.

Así pues, la Fiesta no es solamente un exceso, un **desperdicio** ritual de los
bienes **penosamente** acumulados durante todo el año; también es una
revuelta,[14] una súbita inmersión en lo informe,[15] en la vida pura. A través de la
Fiesta la sociedad se libera de las normas que **se ha impuesto.** Se burla de
25 sus dioses, de sus principios y de sus leyes: se **niega** a sí misma.

El grupo sale purificado y **fortalecido** de ese baño de caos. Es una verdadera re-creación, contrario de lo que ocurre con las vacaciones modernas,
que no entrañan[16] rito o ceremonia alguna, individuales y estériles como el
mundo que las ha inventado.

[3]*small bombs*   [4]*rockets (type of fireworks)*   [5]*erupts*   [6]*cauda... trail of golden sparks*   [7]*provocar... cause its rebirth*   [8]*se... disguise themselves as*   [9]*señores... gentlemen (disguise themselves) as slaves*   [10]*city government*   [11]*rules*   [12]*isolates*   [13]*mask*   [14]*revolution, complete change*   [15]*lo... formlessness*   [16]*no... don't involve*

DESPUÉS DE LEER
Comentemos

A Comprensión. Complete las oraciones.
1. Debido (a las limitaciones económicas / al concepto que tienen de Fiesta,) las celebraciones de los mexicanos son extraordinarias.
2. Las fiestas compensan un poco a los mexicanos pobres de la (pobreza / prisa) en que viven.
3. Las fiestas mexicanas reflejan el carácter (extrovertido / inhibido) de la gente.
4. Para los mexicanos las fiestas son una especie de (purificación y liberación / purificación y reflexión).
5. En conclusión, Octavio Paz piensa que las celebraciones colectivas de los mexicanos (sirven para liberarse de las normas de la sociedad / son estériles).

B En otras palabras.

1. Paz dice: «En ciertas fiestas desaparece la noción misma de Orden.» Esto ocurre en los carnavales y fiestas nacionales de todas partes del mundo. ¿Hay un carnaval o una fiesta nacional en la ciudad o en el país donde Ud. vive en que ocurra esto? Descríbalo.

2. Paz asigna a las fiestas un poder de purificación. ¿Está Ud. de acuerdo con él?

Vocabulario en contexto

A La clase forma dos círculos. Los estudiantes de uno de los círculos contestan las preguntas 1, 2 y 3. Los del otro contestan las preguntas 4, 5 y 6. Después, compartan las respuestas con la clase.

1. El despegue de un avión puede ser **vertiginoso.** ¿A Uds. les gustan los despegues vertiginosos? ¿O les dan miedo?

2. Cuando Uds. se sienten **fortalecidos,** ¿tienen más energía para cualquier actividad o menos? ¿Qué hacen cuando tienen mucha energía? ¿Qué hacen cuando están cansados?

3. Hay personas que creen que tienen **licencia** para beber muchas bebidas alcohólicas en las fiestas. ¿Qué opinan Uds. de eso?

4. A algunas personas les gusta **silbar** cuando están contentas. ¿Saben Uds. silbar? ¿Les gusta silbar canciones? ¿Qué canción actual les gusta silbar?

5. Algunas familias separan los objetos de plástico y de vidrio del resto de **los desperdicios** para reciclarlos. ¿Recicla su familia algunos objetos?

6. Alguna gente piensa que a los menores de edad que **violan** la ley se les debe aplicar las mismas leyes que a los adultos. ¿Qué opinan Uds.?

B Busque la definición apropiada para cada palabra de la lista.

acabarse, arrojar, descargar, impuesto, negar, penosamente.

1. decir que algo no es verdad o que no existe
2. usar una pistola
3. terminar, así que no hay más
4. tirar, tirar lejos
5. con tristeza o sufrimiento
6. algo necesario, una obligación

DE TERTULIA

A Busque la firma. ¿(A) Quién en la clase...

1. _____ prefiere mirar la televisión en lugar de ir a fiestas?
2. _____ le gustan las fiestas familiares?
3. _____ piensa que la gente les da demasiada importancia a las festividades?
4. _____ conoce algunas tradiciones o costumbres de otras culturas?

5. _____ siempre celebra su cumpleaños con su familia?

6. _____ sabe una canción del folclore hispano?

7. _____ conoce alguna tradición heredada de los indígenas?

8. _____ conoce alguna costumbre hispana en los EE. UU.?

9. _____ le gusta celebrar las fiestas nacionales?

B **¿Para qué sirven las fiestas nacionales?** Formen dos grupos. Cada grupo discute y apoya una de las siguientes afirmaciones.

Grupo 1: Los días feriados se han convertido en un negocio más. En muchas ocasiones, son sólo días de ventas especiales y ofertas en las tiendas.

Grupo 2: Las fiestas nacionales ayudan a conservar la unidad familiar y las amistades.

C **En los Estados Unidos.** Con la clase o en grupos, prepare una lista de tradiciones, festividades o costumbres de España o Hispanoamérica que se celebran en los Estados Unidos. Seleccionen dos y digan en qué se parecen y en qué se diferencian.

LÁPICES VELOCES

WRITING STRATEGIES _____

Paragraphs A paragraph is a group of sentences that develops one main idea related to the central idea or topic of a reading. In the selection by Octavio Paz, each paragraph had a main idea and each main idea was connected to the central idea or topic of the reading. For this reason, the reading "hangs together" nicely; that is, it has unity.

The main idea can be located anywhere in a paragraph: at the beginning, in the middle, or at the end. In the following writing activity, however, place the main idea at the beginning of each paragraph. In this way, your meaning will be absolutely clear to anyone who reads your composition.

Imagínese que sus vecinos han decidido cerrar las entradas de la calle para celebrar una gran fiesta nacional. Escriba dos párrafos para describir esta fiesta.

Párrafo 1: Diga qué tipo de fiesta es, qué actividades se observan y quiénes cooperan más.

Párrafo 2: Inicie el segundo párrafo con una oración de transición parecida a ésta: **Aunque todos se divierten muchísimo, hay una persona que me llama la atención, porque es la más alegre.** Diga quién es, qué hace, por qué es la más alegre.

Finalmente, póngale un título apropiado a su composición.

Este mural del artista mexicano David Alfaro Siqueiros (1896–1974) que se encuentra en la Universidad Autónoma de México, representa a los estudiantes que devuelven su sabiduría a la nación. ¿De qué modos contribuye la educación al desarrollo del mundo moderno? ¿Desea Ud. contribuir a la sociedad? ¿Cómo o con qué quisiera contribuir?

EL MUNDO MODERNO Y SU GENTE

CAPÍTULO 3

LAS PUERTAS
DE LA EDUCACIÓN

Ésta es la Universidad de Puerto Rico, en Río Piedras. Fundada en 1903, es una de las universidades más grandes de Hispanoamérica. ¿Sabe cuándo se fundó la universidad donde Ud. estudia? ¿Hay edificios antiguos en su universidad? ¿y en la ciudad donde Ud. vive? ¿Cuáles son?

PRIMERA LECTURA

Convocación de palabras
Tino Villanueva (1941–)

EN SÍNTESIS

El poeta mexicoamericano Tino Villanueva nació en San Marcos, Texas. Antes de iniciar su educación universitaria, Villanueva fue trabajador migrante del campo, obrero de fábrica y oficinista. En 1971 obtuvo una maestría en literatura en SUNY Buffalo y un doctorado en Boston University en 1981. Ha publicado los siguientes poemarios: *Hay otra voz poems* (1972), *Shaking off the Dark* (1984), *Crónica de mis años peores* (1987) y *Scene from the Movie GIANT* (1994). También es compilador de la antología *Chicanos: Antología histórica y literaria* (1980). En 1994 obtuvo el American Book Award por su poemario *Scene from the Movie GIANT*.

En su poema «Convocación de palabras», el hablante poético cuenta de una convocación o reunión de palabras que él hizo en el pasado para aprender inglés y de cómo, a través de este proceso, llegó a descubrir su identidad y libertad personales. Villanueva nos dice lo siguiente sobre la génesis de este poema: «Las palabras en inglés que forman parte del poema las aprendí entre 1960–1964. En aquella época, mi familia campesina ya había dejado de viajar alrededor de Texas recolectando el algodón, como lo había hecho antes perennemente, y me encontraba trabajando en una fábrica de muebles en mi pueblo natal de San Marcos. Mi deseo, sin embargo, era el de no seguir aspirando[1] aserrín[2] el resto de la vida, sino poder trabajar en correos. A lo mejor en la estafeta[3] misma de San Marcos. Mi idea del éxito en aquel entonces[4] era conseguir tal empleo y para lograrlo había que tomar un examen federal que incluía, entre otras cosas, y creo que como ahora: una sección sobre matemáticas básicas; otra sobre la comprensión del inglés escrito; y todavía otra sobre el vocabulario inglés. Como había tenido una pobre preparación en la escuela secundaria, pensaba que la parte donde mejor podía sacarme un puntaje elevado era en la de vocabulario. A mi modo de ver, sabiendo el significado de casi todas las palabras registradas en mi diccionario me aseguraría una nota suficientemente satisfactoria como para pasar el examen.»

[1]*inhaling*   [2]*sawdust*   [3]*post office*   [4]en...*back then*

ANTES DE LEER: ¡CONVERSEMOS!

Con un compañero / una compañera, converse sobre los siguientes temas.
1. ¿Recuerdas cuándo aprendiste a leer? ¿Cómo te sentiste?
2. ¿Crees que ser bilingüe es una gran ventaja en el mundo moderno? ¿Por qué sí o por qué no?
3. ¿Qué ventajas tiene para ti el saber español?

VOCABULARIO DE LA LECTURA

Sustantivos

la huella	trail, track
la ofrenda	offering
la umbría	shade

Verbos

rescatar	to redeem, rescue
resonar (ue)	to resound, blare

Adjetivos

desvalido/a	stale; helpless
enmugrecido/a	grimy
irresoluto/a	indecisive
tenaz	tenacious

Adverbios

de súbito	suddenly
inagotablemente	inexhaustibly; completely

LECTURA   *Convocación de palabras*

Yo no era mío todavía.
Era 1960...
y lo recuerdo bien
porque equivocaba° a diario°   *I mixed up, made mistake with /*
5 el sentido de los párrafos;   *a... on a daily basis*
en la **umbría** de una tarde
enmugrecida con aire **desvalido**
asistía a la vergüenza°   *asistía... I felt ashamed*
de no entender del todo
10 lo que el televisor
estaba **resonando** en blanquinegro.°   *black and white*
Desharás,° me dije,   *You will conquer*
las sanciones en tu contra.°   *las... the things that hold you back*
Irresoluto adolescente,
15 recién graduado
y tardío° para todo,   *habitually late*
disciplinado a no aprender nada,
harás por ti
lo que no pudo el salón de clase.
20 Ésta será tu fe:

Infraction
bedlam
ambiguous.
Las° convoqué   Las = Las palabras inglesas
25 en el altar de mi deseo,
llevándolas por necesidad
a la memoria.
En la fecundidad de un instante
me fui multiplicando:
30 *affable*
prerogative
egregious.
Cada vez tras otra
asimilé su historia,

35 lo que equivale a° **rescatar**   *lo... which is the same as*
   lo que era mío:
   priggish
   eschew
   impecunious.
40 Porque las hice doctrina
   repetida horariamente°   *hourly*
   de súbito
   yo ya no era el mismo de antes:
   assiduous
45 *faux pas*
   suffragette.

   Ahora desciendo **inagotablemente**
   de ellas; son
   mi hereditaria **ofrenda,**
50 **huellas** de sangre° vivida   *blood*
   sobre el papel constante:
   exhume
   querimonious
   kibitzer.

55 **Tenaz** oficio
   el de crearme en mi propia imagen°   *el... that of creating myself in my own image*
   cada vez con cada una al pronunciarla:
   postprandial
   subsequently
60 y de escribir por fin con voluntad°   *con... willingly*
   las catorce letras de mi nombre
   y por encima
   la palabra
   libertad.

DESPUÉS DE LEER

Comentemos

Ⓐ **Comprensión.** Complete las siguientes oraciones.
  1. En el primer verso del poema, el hablante poético utiliza la siguiente
     metáfora: «Yo no era mío todavía.» Con eso quiere decir que él...
     a. pertenecía a otra persona, que no era dueño de sí mismo.

   b. era víctima de la ignorancia, que no se había formado por completo todavía.
2. Al hablante poético, le...
   a. molestaba no entender las palabras que salían del televisor.
   b. daba vergüenza perder el tiempo frente al televisor.
3. El hablante poético se ve a sí mismo de joven como un...
   a. indisciplinado e indeciso que lo hacía todo muy tarde.
   b. recién graduado con mucho éxito.
4. Una tarde, el hablante poético...
   a. se peleó con los profesores y con el salón de clase.
   b. empezó a estudiar y memorizar palabras porque sintió la necesidad de saber más.
5. Más adelante, el hablante poético utiliza la siguiente metáfora: «En la fecundidad de un instante / me fui multiplicando:». Estos versos significan que...
   a. cuando aprendió suficientes palabras, sintió que había crecido y se sintió contento y orgulloso de sí mismo.
   b. sintió que estaba en todas partes, que era fácil ir de un sitio a otro.
6. El hablante poético dice que, cuando rescató el significado de las palabras, también rescató...
   a. el deseo de aprender y de leer con frecuencia.
   b. su propia historia u origen, su identidad personal.
7. El hablante poético afirma que ahora las palabras...
   a. son un recurso inagotable de energía y vida.
   b. están sobre su papel constantemente.
8. Para el hablante poético, encontrar su identidad y su libertad a través del estudio y la dedicación fue una tarea difícil pero...
   a. muy importante para su desarrollo personal.
   b. al fin y al cabo innecesaria.

B **En otras palabras.** Al final de su poema, el hablante poético nos dice que ahora, después de haber aprendido tanto, él asocia su nombre con el concepto de la libertad. Efectivamente, sus estudios lo han liberado de su torpeza anterior.

   ¿Cuáles son las ideas y conceptos que Ud. asocia con su propio nombre? Escriba su nombre —nombre y apellido— en un papel. Después escriba rápidamente cinco palabras que asocia con su nombre. Luego explique sus asociaciones.

MODELO: Rosa Colón: feliz, lejos, ingeniera, viajar, amistosa →
Soy una persona feliz y amistosa con mis amigos. Vivo muy lejos de la universidad donde quiero estudiar para ingeniera. En el futuro voy a viajar por muchos países hispanos.

MIS PROPIAS PALABRAS

Escriba una lista de otras palabras que podrían ayudarlo/la a conversar sobre la lectura. Utilice un diccionario si es necesario.

——————————————

——————————————

——————————————

——————————————

——————————————

——————————————

——————————————

Vocabulario en contexto

Ⓐ Reaccione lógicamente a las siguientes oraciones. ¿Qué es lo primero que se le ocurre como explicación o consecuencia?

> MODELO: **De súbito,** Daniel empezó a sacar malas calificaciones en la escuela. →
> Sus padres se preocuparon y sus maestros estaban frustrados.

1.   Ayer **rescataron** a un niño.
2.   El bandido no dejó **huellas.**
3.   La ropa de la niña estaba **enmugrecida.**
4.   Sara era una persona muy **tenaz.**
5.   Al niño le dio miedo **la umbría** del bosque.

Ⓑ En parejas o con la clase, expliquen el significado de las siguientes oraciones, tratando de sustituir las palabras **en negrilla.**

1.   Marcelo no era tan **desvalido** como parecía, pues pudo ganar la competencia de natación. **De súbito,** él se hizo muy popular entre sus amigos.
2.   Los padres de Marcelo trabajaron **inagotablemente** para ayudarlo. El éxito de su hijo fue como **una ofrenda** para ellos.
3.   El triunfo de Marcelo **resonó** por toda la ciudad. ¡Quién lo hubiera dicho, cuando el chico fue siempre tan **irresoluto!**

DE TERTULIA

Ⓐ Busque la firma. ¿Quién en la clase recuerda bien...

1.   —— su primer día de clases en la escuela primaria?
2.   —— los preparativos del día anterior?
3.   —— la forma en que su familia trató de animarlo?
4.   —— cómo lo/la recibió el maestro / la maestra ese día?
5.   —— las actividades del salón de clase ese día?
6.   —— quién fue su mejor amigo/a ese año?

Ⓑ El año pasado. En parejas digan qué hicieron Uds. el año pasado para llevar a cabo las siguientes actividades.

> MODELO: para ponerse al día cuando estuvieron ausentes de las clases →
> Los días que estuve ausente, llamé por teléfono a una amiga que me explicó cuáles eran las tareas. Además, estudié las páginas asignadas en el plan de clase.

Para...

1.   escoger las asignaturas
2.   matricularse en las clases
3.   usar libros de la biblioteca

4.   sacar buenas notas
5.   darse de baja en[1] una clase

[1]darse... *drop*

PAISAJES Y CURIOSIDADES
Las universidades del mundo hispano

La Universidad Literaria de Salamanca se fundó en el año 1218 y es la más antigua de España. Se destacó como uno de los centros educacionales más prestigiosos de Europa hasta finales del siglo XVI. Durante el siglo XIX muchos hispanoamericanos iban a Salamanca a estudiar la carrera de medicina. Hoy día, es una institución coeducacional que sigue atrayendo a estudiantes de muchos países.

Las universidades hispanoamericanas más antiguas son la Universidad de San Marcos, Perú (1551), la Universidad de Santo Domingo, en la República Dominicana (1538), y la Universidad Autónoma de México (1552), en la Ciudad de México. Cuando se fundaron, las instituciones educativas hispanoamericanas funcionaban teniendo como modelo la Universidad de Salamanca.

Hoy en día el sistema educativo varía de país a país. Después de la escuela secundaria, los estudiantes que desean seguir una carrera técnica asisten a una escuela vocacional. El número de institutos técnicos va aumentando con mucha rapidez debido a la necesidad de técnicos en todo tipo de empleo.

En las universidades hispanas no hay tantas actividades extraescolares como en las estadounidenses. Pero debido a las leyes de reforma universitaria que se iniciaron a principios de siglo, los estudiantes ejercen el derecho de hacer protestas políticas para exigir cambios en el sistema educativo, lo cual a veces crea problemas con los gobiernos.

La Universidad de Salamanca, en España, es visitada todos los años por muchas personas de todas partes del mundo.

¡Porque tú vales!

Date la oportunidad de llegar más allá, estudiando el curso que en un año te prepara para entrar al mundo del trabajo.

SALUD
- Enfermería Práctica
- Técnico Quirúrgico y Asepsia
- Técnico de Ortopedia
- Técnico de Cuidado Respiratorio

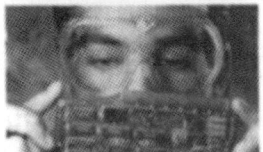

ALTA TECNOLOGIA
- Técnico Electrónica Digital
  y Reparación de Equipo
- Reparación de Microcomputadoras
- Técnico Electrónica Automotriz
- Técnico Mecánica Automotriz

GASTRONOMIA
- Técnico de Cocina Internacional
- Técnico de Servicios de Comidas y Bebidas
- Técnico de Repostería Internacional

CONSTRUCCION
- Técnico en Conservación de Edificios
- Electricidad • Plomería
- Técnico Refrigeración y Aire Acondicionado
- Técnico Remodelación de Edificios

COMERCIO
- Especialista en Microcomputadoras
- Secretarial Médico Bilingüe • Secretarial Legal
  Bilingüe • Secretarial Ejecutivo Bilingüe
- Oficinista/Recepcionista Bilingüe • Contabilidad
  Computadorizada • Técnico de Ventas y Mercadeo
- Técnico Investigaciones y Seguridad

 **INSTITUTO EDUCACION UNIVERSAL**

¡Porque tú vales!

BAYAMON	CAROLINA	HATO REY	CAGUAS
Marg. Corujo, Carr. #2	Parque Ind. Carolina	Barbosa #404	Calle Ruiz Belvis #52
Km. 16, Hato Tejas	Marg. Carr. #3, Km. 11	Hato Rey	Frente a la Plaza Palmer
798-5000/798-8606	757-5000/752-4167	767-2000/758-6410	743-4747/746-0805

CHARLEMOS

1. ¿Cuál de las carreras indicadas en el anuncio le interesa más?
2. ¿En cuál cree que hay más oportunidades de empleo hoy en día?
3. ¿Qué carreras cree que le ofrecen la oportunidad de viajar?

Nota cultural

Costa Rica y Puerto Rico son dos de los países que le dan prioridad a la educación. En Costa Rica, la constitución disolvió el ejército en 1949 para dar más impulso a la instrucción pública. En Puerto Rico, una tercera parte del presupuesto gubernamental se dedica a las escuelas, siendo así el país de América que asigna más dinero a la educación.

SEGUNDA LECTURA

Los profesores
Nicanor Parra (1914–)

EN SÍNTESIS

El poeta chileno Nicanor Parra es conocido por ser el iniciador del movimiento literario llamado Antipoesía. En su obra expone problemas religiosos, culturales, ecológicos y políticos. Para ello utilizó un lenguaje coloquial y literal y un estilo sarcástico e irónico.

Parra estudió en Brown University y en Oxford (Inglaterra). A su regreso a Chile fue profesor de física en ese país. En 1954 publicó *Poemas y antipoemas.* Más tarde publicó *Versos de salón* y *Artefactos.*

En el poema «Los profesores» el hablante poético recuerda muchas de las cosas que le enseñaron en la escuela y concluye que ni él ni sus compañeros de clase tenían interés en aprender lo que les enseñaban.

> **N**ota cultural
> La Antipoesía fue un movimiento literario hispanoamericano a principios del siglo XX que proponía un lenguaje poético coloquial, directo y claro.

ANTES DE LEER: ¡CONVERSEMOS!

Con un compañero / una compañera, converse sobre los siguientes temas.
1. ¿Tienes malos recuerdos de alguno de tus maestros pasados? Explica.
2. ¿Cuál de tus maestros pasados te parecía fantástico? ¿Por qué?

VOCABULARIO DE LA LECTURA

Sustantivos

el ala (*but f.*)	wing
la araña	spider
el bastón	cane
el bigote	mustache
la golondrina	swallow
la razón de ser	reason for being
el vacío	emptiness, vacuum

Verbos

patear	to kick

perturbar	to disturb
tragar	to swallow

Adjetivos

descabellado/a	wild, crazy
rodante	walking

Expresiones

sentarse (ie) en la diferencia	to care less, not care at all
venir al caso	to be relevant

LECTURA *Los profesores*

Los profesores nos volvieron locos
a preguntas que no **venían al caso**
cómo se suman números complejos
hay o no hay **arañas** en la luna
5 cómo murió la familia del zar
¿es posible cantar con la boca cerrada?
quién le pintó **bigotes** a la Gioconda°   la... *Mona Lisa (painting by*
cómo se llaman los habitantes de Jerusalén   *Leonardo Da Vinci,*
hay o no hay oxígeno en el aire   *1452–1519)*
10 cuántos son los apóstoles de Cristo
cuál es el significado de la palabra consueta°   *rule (of an ecclesiatical order)*
cuáles fueron las palabras que dijo Cristo en la cruz
quién es el autor de Madame Bovary... .

Nadie dirá que nuestros maestros
15 fueron unas enciclopedias **rodantes**
exactamente todo lo contrario:
fueron unos modestos profesores primarios
o secundarios no recuerdo muy bien
—eso sí que de **bastón** y levita°   *frock coat*
20 como que° estamos a comienzos de siglo—   como... *since*
no tenían para qué molestarse
en molestarnos de esa manera
salvo° por razones inconfesables: *except*
a qué tanta manía pedagógica
25 ¡tanta crueldad en el **vacío** más negro!... .

La verdadera verdad de las cosas
es que nosotros **nos sentábamos en la diferencia**
quién iba a molestarse con esas preguntas
en el peor de los casos apenas° nos hacían temblar   *scarcely*
30 únicamente un malo de la cabeza°   un... *(they only gave us) a*
nosotros éramos gente de acción   *headache*
a nuestros ojos el mundo se reducía
al tamaño de una pelota de fútbol
y **patearla** era nuestro delirio
35 nuestra **razón de ser** adolescentes... .

ese era nuestro mundo
las preguntas de nuestros profesores
pasaban gloriosamente por nuestras orejas
como agua por espalda de pato°   como... *like water off a duck's back*
40 sin **perturbar** la calma del universo: ... .

El amable lector comprenderá
que se nos pedía más de lo justo°   más... *more than necessary*
más de lo estrictamente necesario:
¿determinar la altura de una nube?
45 ¿calcular el volumen de la pirámide?
¿demostrar que raíz de dos es un número irracional°?   número... *irrational number*
¿aprender de memoria las Coplas de Jorge Manrique°?... .   Jorge... *Spanish writer, 1440-1479*

Los profesores tenían razón:
en verdad en verdad
50 el cerebro se nos escapaba por las narices
—había que ver cómo nos castañeteaban los dientes°—   nos... *our teeth would chatter*
a qué se deben los colores del arco iris
hemisferios de Magdeburgo°   *city in Germany*
nombre científico de la **golondrina**
55 metamorfosis de la rana°... .   *frog*

Hubiera preferido que me **tragara** la tierra
a contestar esas preguntas **descabelladas**
sobre todo después de los discursitos moralizantes°   discursitos... *moralizing lectures*
a que nos sometían impajaritablemente° día por medio°... .   continuously / día... *day after day*

60 Y mientras tanto la Primera Guerra Mundial
Y mientras tanto la Segunda Guerra Mundial
La adolescencia al fondo del patio
La juventud debajo de la mesa
La madurez que no se conoció°   La... *Maturity never to be*
65 La vejez
con sus **alas** de insecto.

DESPUÉS DE LEER

Comentemos

Ⓐ **Comprensión.** Indique si las siguientes oraciones son ciertas (**C**) o falsas (**F**). Corrija las falsas.
1. El hablante poético piensa que sus profesores les hacían la vida fácil a él y sus compañeros.

2. Los profesores siempre les hacían preguntas sobre asuntos de gran importancia.
3. En especial, les hacían preguntas sobre su vida personal.
4. Según el hablante, la preparación de sus profesores era deficiente.
5. El hablante recuerda que sus profesores eran considerados.
6. Para él y sus compañeros, el mundo era extraño y enorme.
7. La preocupación fundamental de los estudiantes era jugar al fútbol.
8. Los estudiantes oían con indiferencia las preguntas de los profesores.
9. El hablante poético disfrutaba de los «discursitos moralizantes» de sus profesores.
10. El hablante poético dice que el tiempo pasó casi sin darse cuenta.

B **En otras palabras.**
1. ¿Cree que Ud. también aprendió algunas cosas innecesarias en la escuela primaria o secundaria? ¿Cuáles?
2. ¿Qué cosas interesantes o necesarias también aprendió Ud.?

MIS PROPIAS PALABRAS

Escriba una lista de otras palabras que podrían ayudarlo/la a conversar sobre la lectura. Utilice un diccionario si es necesario.

_____

_____

_____

_____

_____

_____

_____

Vocabulario en contexto

A Explique cómo se asocian o en qué se diferencian los siguientes pares de palabras.
1. **la golondrina** / el zoológico
2. **la araña** / el elefante
3. amar / **patear**
4. **el bastón** / caminar
5. inmóvil / **rodante**
6. **los bigotes** / la cara
7. **el ala** / volar

B Busque una palabra o frase de la lista para reemplazar las palabras **en negrilla.**

asombroso, era indiferente, eran innecesarias, eran pertinentes, interrumpieron, el motivo de mi existencia, soportar

1. El año pasado, mis estudios eran **mi razón de ser.**
2. Los profesores hablaban, pero mi amigo **se sentaba en la diferencia.**
3. A veces tengo que **tragar**me las observaciones de los amigos.
4. Para algunos estudiantes, las reglas de acentuación **caían en el vacío.**
5. Realmente, las palabras feas **no venían al caso.**
6. De súbito, los niños **pertubaron** mi descanso.
7. Eso no me parece nada **descabellado.**

DE TERTULIA

¡Son mentiras! ¿Creía su familia que Ud. era un niño bueno / una niña buena? ¿Qué decían de Ud.? Por lo general, cuando uno/a es muy joven, la familia o los amigos le hacen acusaciones falsas. ¿Recuerda Ud. cuando les decían que *nunca* limpiaba su cuarto o que era indisciplinado/a para los estudios? Con un compañero / una compañera, converse sobre las cosas falsas que la gente decía de Ud. cuando era más joven. Comparen sus respuestas con las de otras parejas en la clase.

LÁPICES VELOCES

WRITING STRATEGY

Symbolic (Figurative) Language   It is much easier to express yourself directly, using literal language, than it is to use symbolic (figurative) language. In literal language, words mean what they mean. In symbolic language, words take on new meaning, as in metaphors. Similes are another example of symbolic language. A simile compares two distinct things by using the word *like* or *as*. For example: Her eyes shone like stars. (A metaphor based on the same image would be: Her eyes were two stars. The word *like* is not used.)

Of the following composition topics, the first lends itself to figurative language, the second does not. Pick one and write a brief essay.

A Imagine que Ud. es el/la hablante del poema «Los profesores». Acaba de regresar a su casa y desea contarle a su familia un incidente que pasó ese día en la escuela. Escriba dos párrafos.

Párrafo 1: Cuente lo que pasó en el salón de clase o en la escuela.

Párrafo 2: Cuente lo que paso en la oficina del director como consecuencia de ese incidente.

Después de escribir la composición, asegúrese de que ha conjugado correctamente los verbos en el pasado. Luego póngale un título adecuado a su composición.

B Piense en el mejor profesor / la mejor profesora que Ud. ha tenido. Escríbale una carta explicándole por qué Ud. cree que él/ella se merece un premio.

Párrafo 1: Después del saludo, háblele de algunas cosas que Ud. está haciendo este año.

Párrafo 2: Dígale que lo/la recuerda con cariño y por qué. Puede comenzar con la siguiente oración: **Yo siempre lo/la recuerdo con cariño porque Ud. fue mi mejor maestro/a.** Explíquele cómo influyó en su vida y escriba 2 ó 3 oraciones de agradecimiento.

CAPÍTULO 4

LA MUJER Y EL HOMBRE: TRADICIÓN Y CAMBIO

Los amantes del pintor español Pablo Picasso (1881–1973). Picasso es uno de los genios artísticos del siglo XX. En esta pintura de líneas armoniosas y colores tenues el pintor expresa la emoción del amor. ¿Cómo es el hombre o la mujer ideal para Ud.?

PRIMERA LECTURA

El camino de Rigoberta Menchú en busca de la paz en Guatemala
Alfonso Anzueto López (1929–)

EN SÍNTESIS

Alfonso Anzueto López es un destacado periodista guatemalteco. Hace 31 años que se dedica al periodismo y actualmente es corresponsal para la Prensa Asociada en Guatemala. Según él mismo informa, le interesan más las noticias de actualidad sobre todo tipo de asuntos.

En el siguiente artículo, Anzueto López relata algunos detalles de la vida de la guatemalteca Rigoberta Menchú, quien obtuvo el Premio Nóbel de la Paz en 1992 por su incansable labor en beneficio de las culturas indígenas de Latinoamérica y del mundo. Anzueto López también menciona algunos de los conflictos políticos en Guatemala durante la década de los ochenta. Al leer este artículo, fíjese en el orden en que ocurren los eventos en la vida de Menchú.

ANTES DE LEER: ¡CONVERSEMOS!

1. En general, existe una norma de conducta más represiva para la mujer que para el hombre. ¿Está Ud. de acuerdo con esta generalización? ¿Y con estas normas de conducta?

2. Algunas personas aseguran que hoy en día la mujer es menos femenina y el hombre menos masculino. ¿Qué opina Ud.?

VOCABULARIO DE LA LECTURA

Sustantivos

el alejamiento	absence
la embajada	embassy
el embajador	ambassador
la finca	plantation
el fundador	founder
el retorno	return
la vinculación	link

Verbos

azotar	to punish

culpar	to blame
diezmar	to decimate
galardonar	to reward
peregrinar	to make a pilgrimage
postular	to nominate
secuestrar	to kidnap
sobresalir	to excel

Adjetivos

autodidacto/a	self-taught
noruego/a	Norwegian

LECTURA *El camino de Rigoberta Menchú en busca de la paz en Guatemala*

Rigoberta Menchú Tum, víctima de la violencia que **ha azotado** este país centroamericano, salió como una exiliada más entre las 40.000 de sus compatriotas que buscaron refugio en México.

Durante años, se hizo escuchar insistentemente, defendiendo los derechos
5   humanos[1] de los indígenas

[1]derechos... *human rights*

Rigoberta Menchú saluda al público con un pañuelo blanco, símbolo de la paz, en una ma-nifestación popular.

Menchú había regresado recientemente, luego de cinco años de **alejamiento,** para coordinar actos de protesta por el quinto centenario de la llegada de Cristóbal Colón a América.

El 16 de octubre recibió una llamada del **embajador noruego** en México
10 para informarle que había sido **galardonada** con el premio Nobel de la Paz de 1992 por su labor por la justicia social y la reconciliación étnica-cultural, basada en el respeto de los derechos de los pueblos indígenas.

Menchú nació el 9 de enero de 1959 en la aldea[2] indígena de Chimel, en el departamento del Quiché, en el noroeste del país, a 90 kilómetros de esta
15 capital.

La violencia fue **diezmando** a su familia, primero un hermano de 16 años, que fue **secuestrado** y posteriormente[3] asesinado a principios de la década del 80, cuando gobernaba Guatemala el general Fernando Romeo Lucas García. Luego, su madre Vicenta Tum corrió la misma suerte.[4]

20 Su padre, Vicente Menchú, junto con otros miembros del Comité de Unidad Campesina (CUC), del cual era **fundador,** murió en un incendio[5] durante la ocupación de la **embajada** de España el 31 de enero de 1980. Organismos defensores de los derechos humanos **culpan** a miembros del ejército[6] de haber provocado ese incendio.

25 En esa tragedia perecieron[7] 38 personas, entre ellos personal español y guatemalteco, el ex vicepresidente de Guatemala Eduardo Cáceres Lehnhoff y el ex canciller[8] Adolfo Molina Orantes. Únicamente se salvaron el abogado Mario Aguirre Godoy y el embajador Máximo Cajal y López.

Autodidacta, Menchú empezó a trabajar cuando tenía ocho años en una
30 **finca** de café, y luego como empleada doméstica en la capital.

En un principio, Menchú participaba en actividades pastorales en Chimel junto a sus padres, que profesaban la fe cristiana. Ahora, a los 33 años, se califica de «ecuménica».[9]

Su **vinculación** con el CUC, integrado por[10] campesinos indígenas y
35 pobres del Quiché, data de 1979, cuando pasó a integrar la comisión nacional de coordinación de esa organización popular.

En 1981 se exilió en México, iniciando su **peregrinar** por el mundo para denunciar la situación guatemalteca, especialmente en el campo de los derechos humanos. Al año siguiente, participó en la fundación de la
40 Representación Unitaria de la Oposición Guatemalteca (RUOG), un organismo defensor de los derechos humanos.

[2]pueblo [3]más tarde [4]corrió... *suffered the same fate* [5]*fire* [6]*army* [7]murieron [8]*chancellor* [9]se... *she calls herself ecumenical (universal)* [10]integrado... *made up of*

Menchú fue la primera indígena guatemalteca integrada al grupo de trabajo sobre poblaciones indígenas en América Latina.

Intervino[11] en las sesiones de la Subcomisión de Prevención de las
45 Discriminaciones y Protección de las Minorías celebradas en Ginebra y desde 1986 pasó a ser integrante de la mesa directiva del «International Indian Treaty Council».

Desde marzo de 1983, Menchú ha asistido a asambleas de las Naciones Unidas y de la comisión de derechos humanos de esa organización. En esos
50 foros, manifestó su preocupación por los derechos humanos en Guatemala y la paz en Centroamérica.

En 1982 escribió el libro *Me llamo Rigoberta Menchú y así me nació la conciencia,* cuyas[12] ediciones inicialmente fueron en español y francés, y actualmente ha sido traducido a otros diez idiomas.

55 Su primer **retorno** a Guatemala tuvo lugar el 18 de abril de 1988, cuando gobernaba Vinicio Cerezo Arévalo, de la Democracia Cristiana. Fue detenida junto con su acompañante Rolando Castillo Montalvo, también de la ROUG. Ambos fueron amnistiados,[13] pero Menchú afirma que no se acogió[14] a ese procedimiento[15] porque no ha estado al margen de la ley.

60 El argentino Adolfo Pérez Esquivel y el obispo sudafricano Desmond Tutu, ganadores de los premios a la paz de 1980 y 1984 respectivamente, **postularon** a Menchú para el galardón de este año.

Menchú es la segunda guatemalteca en ingresar[16] en la exclusiva lista de los ganadores de Premios Nobel, ya que el escritor y periodista Miguel Angel
65 Asturias fue Premio Nobel de Literatura de 1967.

Con el premio, el comité Nobel noruego reconoció su lucha al decir que Menchú **sobresale** como «símbolo vivo de la paz y la reconciliación que va más allá de las líneas divisorias étnicas, culturales y sociales en su propio país y el continente americano y en el mundo».

[11]*She participated*   [12]*whose*   [13]*pardoned*   [14]no...*she did not accept*   [15]*procedure*   [16]en...*to join*

DESPUÉS DE LEER

Comentemos

Ⓐ Comprensión. Escriba los números de 1 a 5 para indicar el orden en que ocurren estos eventos en la vida de Rigoberta Menchú.

a. _____ Actualmente, Rigoberta Menchú se dedica a defender los derechos de los indígenas del mundo.

b. _____ Años más tarde, se exilió en México y comenzó a denunciar la situación guatemalteca.

c. _____ Después, escribió el libro *Me llamo Rigoberta Menchú y así me nació la conciencia.*

d. _____ El 16 de octubre de 1992 recibió una llamada del embajador noruego.

e. _____ Menchú empezó a trabajar cuando tenía 8 años.

B **En otras palabras.** En su opinión, ¿qué características debe tener un país ideal?

Sugerencias: Puede hablar de cómo deben ser sus gobernantes, los servicios de salud, la educación, la vivienda...

Vocabulario en contexto

A Llene los espacios en blanco con una palabra de la lista.

alejamiento, autodidacta, culpan, embajador, peregrinar, retorno, secuestraron, sobresalió

1. A una persona que se educa a sí misma se le llama _____.
2. A veces, los gobiernos no admiten sus errores y _____ a los pobres de los problemas del país.
3. Cuando una persona obtiene un premio, es porque _____ en algo.
4. Si una persona se va de su país por mucho tiempo y después regresa, a su _____ encuentra cambios.
5. Algunas personas creen que en la década de los sesenta algunos gobiernos _____ a la gente como medio de represión.
6. Antes se sabía poco de algunas culturas indígenas a causa de que vivían en completo _____.
7. Un _____ es una persona que representa a su país en alguna nación extranjera.
8. En su _____ por el mundo, Rigoberta Menchú logró conocer a mucha gente generosa.

B En parejas, expliquen por qué estas oraciones *no* son lógicas según el significado del vocabulario nuevo.

1. El Presidente de Guatemala vivió en **la embajada** durante su gobierno.
2. Rigoberta se divertía mucho en **la finca.**
3. Su fuerte **vinculación** religiosa la hacía una persona desagradable.
4. Los pobres de la comunidad **azotaron** el pan y las legumbres.
5. A su **retorno,** ella no se comunicó con los indígenas.
6. Las buenas cosechas no aumentaron los ingresos, sino que los **diezmaron.**
7. Al asesino lo **galardaron** por su crimen.
8. Como no sabía escribir, lo **postularon** para la presidencia.
9. Eran de España; por eso, eran **noruegos.**
10. Un compositor guatemalteco fue **el fundador** de la canción de protesta.

MIS PROPIAS PALABRAS

Escriba una lista de otras palabras que podrían ayudarlo/la a conversar sobre la lectura. Utilice un diccionario si es necesario.

_____
_____
_____
_____
_____
_____

DE TERTULIA

¡A inventar! En parejas, lean esta carta en que Flavia le cuenta a Sandra lo que sabe de algunos amigos que tienen en común. Después, con su compañero/a, diviértanse jugando a las adivinanzas[1] y contesten las preguntas sobre la carta.

20 de marzo de 1997

Querida Sandra

¿Cómo estás? Me dio mucho gusto recibir noticias tuyas. Creo que eres muy afortunada de tener un trabajo que te permite viajar con frecuencia. Por otro lado, me dio pena lo que dices de tu situación con Enrique.

¿Me preguntas por Juliana? ¡Pues, qué casualidad! Anoche hablé por teléfono con su prima, quien me dijo que regresó de la Argentina la semana pasada. Juliana pensaba quedarse un año más pero no pudo debido a lo que sucedió en su familia. Entre nuestros amigos siempre están pasando cosas interesantes. ¿No te parece, Sandra?

Ya te conté que tuve que renunciar a mi trabajo, pero sigo estudiando y parece que podré graduarme el próximo semestre. Bueno, no te distraigo más, porque sé que tú también tienes que estudiar.

Con el cariño de siempre,

Flavia

[1]*fortune telling*

Preguntas
1. ¿Quién es Enrique? ¿Qué pasó entre Enrique y Sandra? ¿Cómo se resolvió la situación?
2. ¿Quién es Juliana? ¿Qué pasó en su familia? ¿Por qué tuvo que regresar antes de lo que pensaba?
3. ¿Quién es Flavia? ¿Por qué tuvo que renunciar a su trabajo?

PAISAJES Y CURIOSIDADES

La fiesta de quinceañera

Al cumplir los quince años, muchas de las adolescentes hispanoamericanas viven una de las experiencias más maravillosas de su vida: la fiesta de quinceañera. Se considera que ese día termina su etapa de niña y se inicia su vida de adulta. Esto es motivo de una gran fiesta cuyos preparativos pueden durar varios meses e implicar muchos gastos, dependiendo de la posición social y económica de la familia.

Una de las cosas que es motivo de mucho interés es el vestido de la quinceañera, pues en algunos casos es una sorpresa para ella. Estos vestidos pueden ser hechos por los mejores modistos[1] del país o por una modista[2] de la comunidad, de acuerdo con los medios[3] de la familia. En todo caso, la quinceañera sabe que ella es el centro de atención del evento.

Por lo general, el día de la fiesta toda la familia y los mejores amigos asisten a una misa que se celebra en honor de la quinceañera. Más tarde tiene lugar la fiesta, en que hay música, se baila y se sirven deliciosos platos y bebidas. No es raro escuchar a una mujer hispanoamericana recordar con agradable emoción su fiesta de quinceañera.

Esta quinceañera de Asunción, Paraguay, recibe las felicitaciones de sus amigas el día de su cumpleaños.

[1]*dressmaker*   [2]*seamstress*   [3]*financial means*

CHARLEMOS

1. ¿Ha oído hablar Ud. de alguna ceremonia de iniciación? ¿En qué consiste? ¿Cómo se celebra?
2. ¿Cómo celebró Ud. sus quince años?

SEGUNDA LECTURA

Yo misma fui mi ruta
Julia de Burgos (1914–1953)

EN SÍNTESIS

La conocida poeta puertorriqueña Julia de Burgos dio discursos y publicó vigorosos artículos periodísticos sobre temas políticos y sociales. En contraste, los temas más frecuentes de su poesía fueron el amor, la búsqueda de la identidad personal y la muerte. En vida, publicó dos poemarios: *Poema en veinte surcos* (1938) y *Canción de la verdad sencilla* (1939), en el cual está incluido el poema «Yo misma fui mi ruta». En 1954, un año después de su muerte, se publicó *El mar y tú, otros poemas*.

En el poema, la hablante poética expresa un sentimiento de separación respecto al mundo social que habita y nos dice que la sociedad ha sido organizada básicamente por los hombres.

Nota cultural

La educacion de la mujer y su partipación en las profesiones ha mejorado mucho, especialmente desde la década de los años setenta. La mujer española se halla entre las más preparadas de Europa. En Hispanoamérica, el índice de mujeres en las universidades y escuelas vocacionales es ahora bastante alto. En general, la mujer hispana cree que puede desempeñar profesiones que antes eran casi exclusivas de los hombres, como ingenieras, abogadas, directoras de empresas y médicas.

ANTES DE LEER: ¡CONVERSEMOS!

Con un compañero / una compañera, converse sobre los signientes temas.

1. ¿Cree Ud. que las mujeres han logrado demasiados derechos recientemente? ¿Por qué sí o por qué no?
2. ¿Hay igualdad de derechos entre los miembros de su familia?

VOCABULARIO DE LA LECTURA

Sustantivos		Verbos	
el escondite	hide and seek; hiding place	**alcanzar**	to reach
la rama	branch (*of a tree*)	**rasgar**	to tear
el rostro	face	**sostener**	to sustain
el sendero	path	**Adjetivos**	
el suelo	ground	**desprendido/a**	detached
el tronco	trunk (*of a tree*)	**regio/a**	marvelous; regal

LECTURA   *Yo misma fui mi ruta*

Yo quise ser como los hombres quisieron que yo fuese:
un intento de vida;
un juego al **escondite** con mi ser.
Pero yo estaba hecha de presentes,
5 y mis pies planos° sobre la tierra promisora   *squarely planted, flat*
no resistían caminar hacia atrás,
y seguían adelante, adelante,
burlando las cenizas para **alcanzar** el beso
de los **senderos** nuevos.

10 A cada paso adelantado° en mi ruta hacia el frente   *forward*
rasgaba mis espaldas el aleteo° desesperado   *flapping*
de los **troncos** viejos.

Pero la **rama** estaba **desprendida** para siempre,
y a cada nuevo azote° la mirada mía   *lash*
15 se separaba más y más y más de los lejanos
horizontes aprendidos:
y mi **rostro** iba tomando la expresión que le venía de adentro,
la expresión definida que asomaba° un sentimiento   *was showing*
de liberación íntima;
20 un sentimiento que surgía°   *flowed*
del equilibrio **sostenido** entre mi vida
y la verdad del beso de los senderos nuevos.

Ya definido mi rumbo° en el presente,   *direction*
me sentí brote° de todos los **suelos** de la tierra,   *me... I felt that I was*
25 de los suelos sin historia,   *the budding*
de los suelos sin porvenir,°   *futuro*
del suelo siempre suelo sin orillas
de todos los hombres y de todas las épocas.

Y fui toda en mí como fue en mí la vida...

30 Yo quise ser como los hombres quisieron que yo fuese:
un intento de vida;
un juego al escondite con mi ser.
Pero yo estaba hecha de presentes;
cuando ya los heraldos me anunciaban
35 en el **regio** desfile° de los troncos viejos,   *parade*
se me torció° el deseo de seguir a los hombres,   *se... went awry*
y el homenaje se quedó esperándome.

DESPUÉS DE LEER
Comentemos

Ⓐ **Comprensión.** Complete las oraciones.
1. En el pasado, el hablante poético quiso ser como...
    a. los hombres en general querían que ella fuera.
    b. los hombres y las normas por ellos impuestas querían que ella fuera.
2. El hablante poético quiso rutas nuevas, o sea, quiso...
    a. seguir su propio desarrollo personal.
    b. emigrar a otras tierras lejanas.
3. La frase «burlando las ценbras» quiere decir...
    a. enfrentando las normas sociales del pasado que la limitaban.
    b. burlando a los amigos del pasado.
4. En su caminar, el hablante poético...
    a. recibía muchos saludos, pero regresaba al pasado.
    b. experimentaba muchos rechazos y tristezas, pero seguía adelante.
5. Los nuevos senderos la llevaron a...
    a. su liberación interior.
    b. obedecer las normas del pasado
6. En su modo nuevo de vida en el presente, el hablante poético sintió...
    a. que era parte de todo lo nuevo.
    b. que era igual a los demás hombres y mujeres de la sociedad.
7. Al final, el hablante poético...
    a. recibe un gran homenaje porque siguió las normas impuestas por los hombres.
    b. no recibe un homenaje porque se separa de las normas de la sociedad.

B **En otras palabras.**

1. El título «Yo misma fui mi ruta» alude a la afirmación de la libertad personal del hablante poético. ¿Cree Ud. que el hablante es la poeta misma o que es solamente un personaje que la poeta ha inventado para el poema?

2. El hablante poético dice que ella quiso ser como los hombres quisieron que ella fuese. ¿Qué significa en inglés ese primer verso del poema? ¿Cómo cree Ud. que los hombres querían que ella fuera? ¿Cómo quería ser ella?

MODELO: Yo misma fui mi ruta. Tomé las mejores decisiones respecto a las cosas más importantes en mi vida. Viajé por lugares maravillosos. También ayudé a muchas personas necesitadas y logré casi todas las metas que me propuse.

Vocabulario en contexto

A Escoja la definición correcta de las palabras **en negrilla.**

1. _____ El filósofo vivía **desprendido** del resto de la sociedad.
   a. cerca   b. separado   c. unido

2. _____ El chico descubrió un **sendero** que llevaba a la playa.
   a. animal   b. autobús   c. camino

3. _____ En el jardín es fácil **rasgarse** las manos al cortar las rosas.
   a. cuidarse   b. herirse   c. tocarse

4. _____ Era imposible encontrar un **escondite** en el parque.
   a. festival   b. lugar oculto   c. paisaje

5. _____ El primer ministro fue objeto de un homenaje **regio** en el Palacio Real.
   a. espléndido   b. inesperado   c. mínimo

6. _____ La fe de los cristianos los **sostiene** en épocas difíciles.
   a. ayuda   b. molesta   c. preocupa

Escriba una lista de otras palabras que podrían ayudarlo/la a conversar sobre la lectura. Utilice un diccionario si es necesario.

_____

_____

_____

_____

_____

_____

_____

B Busque la relación entre las palabras de cada par numerado. Después, marque con una **X** el par de palabras a la derecha que tiene la misma relación que el par numerado.

MODELO: habitar / casa →   a. __X__ residir / apartamento
                                 b. _____ morir / lágrima

1. **rama** / árbol   a. _____ río / naturaleza   b. _____ carro / autobús

2. cara / **rostro**   a. _____ pelo / cabello   b. _____ **escondite** / rama

3. **suelo** / pisar   a. _____ tristeza / llorar   b. _____ silla / sentarse

4. madera / **tronco**   a. _____ planta / flor   b. _____ agua / océano

5. conseguir / **alcanzar**   a. _____ éxito / fracaso   b. _____ caminar / andar

DE TERTULIA

A **Un día típico.** Escriba una historia o invente una situación para describir lo que pasó en esta tira cómica. También debe inventar las palabras de los personajes. Después, comparta sus ideas con un compañero / una compañera.

LÁPICES VELOCES

WRITING STRATEGIES

Journalistic Style   Writing in a journalistic style generally means reporting the facts the way they actually happened. In addition, events are commonly reported in chronological order. Paragraphs are brief, and transitional phrases keep the flow of the narrative moving forward. The following phrases will help you to make smooth transitions between sentences and paragraphs.

a la(s)...	at ... o'clock
entonces	then, at that time
eran la(s)... cuando	it was ... when
luego, después	afterwards, then, later, next
más tarde	later
el primer día, la primera semana, el primer mes	the first day, week, month

A En grupos de tres, escriban una descripción breve de cosas o eventos que están ocurriendo en la actualidad.

MODELO: Ayer por la mañana, Alicia Arellano, una joven dominicana que vive en los Estados Unidos, ganó la competencia de natación de los trescientos metros que se llevó a cabo entre las escuelas secundarias del sur de California. Por la noche, el alcalde de Los Ángeles hizo la entrega de los premios.

Sugerencias: Piensen en la salud, las ciencias, las artes, la política, los deportes o alguna acción heroica.

B Escriba un breve artículo periodístico sobre un miembro de su familia que Ud. admira mucho. Imagínese que esa persona fue premiada por haber hecho algo extraordinario en beneficio de alguien o algo.

1. Empiece con un párrafo breve en que Ud. explique quién es la persona.
2. En el segundo párrafo, diga qué hizo. Utilice expresiones de tiempo para lograr una buena secuencia de los eventos.
3. En el párrafo final, explique qué premio obtuvo.

La piñata (1953) del pintor mexicano Diego Rivera (1886–1957). ¿Sabe Ud. lo que es una piñata? ¿Qué juegos de la niñez recuerda Ud.? ¿Con quién y cuándo los jugaba?

PARA UNA VIDA FELIZ

CAPÍTULO 5

LOS AMIGOS Y LA FAMILIA

*L*a familia de Saltimbanques[1] (1905) del pintor español Pablo Picasso (1881–1973), representa a una familia que trabaja en un circo. ¿Cuáles son los empleos de las familias que Ud. conoce?

[1]*Tumblers*

PRIMERA LECTURA

El alquiler° de una casa
Manuel Gutiérrez Nájera (1859–1895)

El... *renting*

READING STRATEGIES_____

Dialogue A dialogue is an exchange of ideas, sentiments, or opinions between two or more people. Authors use dialogue to present two or more points of view simultaneously and to develop the identity and personality of their characters, who reveal themselves in the words they speak. As you read the following short story, ask yourself if the dialogue is effective in evoking the personality of the characters.

EN SÍNTESIS

La obra literaria del escritor mexicano Manuel Gutiérrez Nájera es muy conocida en todo el mundo de habla española. Escribió numerosos artículos periodísticos y cuentos, pero se destacó más como poeta.

De su colección *Cuentos frágiles* (1883) se presenta aquí «El alquiler de una casa», el cual trata de una conversación entre un hombre que desea alquilar el piso alto de una casa y el propietario de la misma. El propietario le hace innumerables preguntas al hombre, tal vez demasiadas.

ANTES DE LEER: ¡CONVERSEMOS!

1. ¿Cómo serán las viviendas del futuro? ¿Qué tendrán o qué no tendrán? ¿Qué opina Ud.?
2. Imagínese que pronto Ud. se mudará a un apartamento y buscará a un par de amigos o amigas para compartirlo. ¿Cómo serán estos amigos/as? ¿Qué reglas tratará Ud. de imponer en el futuro para evitar conflictos? ¿Cómo será la vida con ellos?

VOCABULARIO DE LA LECTURA

Sustantivos

la bata	bathrobe
la botica	pharmacy
el domicilio	residence
el inquilino	renter
la pantufla	slipper
el reposo	rest
la seda	silk
la servidumbre	servants, serving staff

Verbos

agregar	to add
arrendar (ie)	to rent
arrojar	to throw

asomarse (a)	to appear (at, on)
frotarse	to rub together
reventar (ie)	to annoy; not to be able to stand

Adjetivos

capaz	capable
retozón / retozona	playful, friendly

Expresiones

cuidar los intereses	to take care of one's own business
de ninguna manera	not at all
ir por partes	to proceed step by step
quedar (en)	to agree (upon)

LECTURA *El alquiler de una casa*

PERSONAJES

El propietario: hombre gordo, de buen color, bajo de cuerpo y algo **retozón** de carácter.

El inquilino: joven, flaco, muy **capaz** de hacer versos.

La señora: matrona en buenas carnes,[1] aunque un poquito triquinosa.[2]

5 Siete u ocho niños, personajes mudos.[3]

ACTO ÚNICO

El propietario: —¿Es Ud., caballero, quien desea **arrendar** el piso alto de la casa?

El aspirante a locatario:[4]—Un servidor de Ud.[5]

10 —¡Ah! ¡Ah! ¡Pancracia! ¡Niños! Aquí está ya el señor que va a tomar la casa. (*La familia se agrupa en torno del extranjero y lo examina, dando señales de curiosidad, mezclada con una brizna[6] de conmiseración.*)

---

[1]en... *pleasantly plump* [2]*trichinous (infested with trichinae)* [3]*who do not speak* [4]El... *The aspiring tenant (= el inquilino)* [5]*Un... Pleased to meet you.* [6]*tiny bit*

Ahora, hijos míos, ya le habéis visto bien: dejadme, pues, interrogarlo a solas.

—¿Interrogarme?

15 —Decid al portero que cierre bien la puerta y que no deje entrar a nadie. Caballero, tome Ud. asiento.

—Yo no quisiera molestar... si está Ud. ocupado...

—**De ninguna manera**, de ninguna manera; tome Ud. asiento.

—Puedo volver...

20 —De ningún modo. Es cuestión de brevísimos momentos. (*Mirándole*). La cara no es tan mala... buenos ojos, voz bien timbrada...[7]

—Me había dicho el portero...

—¡Perdón! ¡Perdón! **¡Vamos por partes!** ¿Cómo se llama Ud.?

—Carlos Saldaña.

25 —¿De Saldaña?

—No, no, señor, Saldaña a secas.[8]

—¡Malo, malo! El *de* habría dado alguna distinción al apellido. Si arrienda Ud. mi casa, es necesario que **agregue** esa partícula[9] a su nombre.

—¡Pero, señor!

30 —Nada, nada: eso se hace todos los días y en todas partes; Ud. no querrá negarme ese servicio. Eso da crédito a una casa... Continuemos.

—Tengo treinta años, soy soltero.

—¡Soltero!... ¿Todo lo que se llama[10] soltero? Yo no soy rigorista[11] ni maníaco: recuerdo aún mis mocedades:[12] no me disgustaría encontrar lindos
35 palmitos[13] en la escalera; el ruido de la **seda** me trae a la memoria días mejores... Pero, ¡salvemos las conveniencias,[14] sobre todo!

—Pero, señor mío...

—Sí, sé lo que va Ud. a contestarme: que esto no me atañe,[15] que nadie me da vela en ese entierro;[16] pero, mire Ud. por ejemplo, me disgustaría
40 capitonismente que la novia de Ud. fuera morena...

—Repito que...

—Estése Ud. tranquilo; será una debilidad,[17] yo lo confieso, ¡pero a mí me **revientan** las morenas! No puedo soportarlas. Dejemos, pues, sentado[18] que, si la casa le conviene, se obligará Ud. por escrito a que todas sus amigas sean
45 muy rubias. ¿Tiene Ud. profesión?

—Ninguna.

—Lo celebro. Es la mejor garantía de que los inquilinos no harán ruido.

—Me dedico a **cuidar mis intereses**...

—Perfectamente, ya hablaremos de eso: le voy a presentar con mi abo-
50 gado.

—Gracias. Tengo el mío.

---

[7]*resonant, good* [8]Saldaña...*just Saldaña* [9]*little word, i.e.,* **de** [10]¿Todo... *In every sense of the word?*
[11]*inflexible* [12]*youth* [13]*pretty women (colloquial)* [14]salvemos...*we must preserve decorum* [15]no...*is none of my business* [16]nadie...*no one asked for my opinion* [17]*fault, weakness* [18]Dejemos...*Let's take it for granted*

—No importa, cambiará Ud. en cuanto se mude a casa. Yo he prometido solemnemente a mi abogado darle la clientela de mis inquilinos. Y ¿qué tal de salud?

55   —Yo, bien, ¿y Ud.?

—No, no digo eso: lo que pregunto es cuál es su temperamento. ¿Es Ud. linfático, sanguíneo,[19] nervioso?

—Linfático... me parece que linfático.

—¡Pues desnúdese Ud.![20]

60   —¿Qué...

—Por un instante. Es una formalidad indispensable. No quiero que mis inquilinos sean enfermos.

—Pero...

—¡Vamos! La otra manga. ¡Malo! ¡malo! No parecía Ud. tan flaco. ¿Sabe Ud.
65   cuánto pesa?

—No.

—El cuello es corto... ¡Dios mío!, esas venas; ¡mucho cuidado con la apoplejía[21]!

—¿No acabaremos?

70   —Será preciso que Ud. se comprometa formalmente a tomar una purga[22] al principio de cada estación. Yo indicaré a Ud. la **botica** en que debe comprarla.

—¿Puedo ponerme la levita?[23]

—Espere Ud. un momento. ¿No hace Ud. ejercicio?

75   —Doy once vueltas a la Alameda[24] por las tardes.

—Eso es poco. De hoy en adelante vivirá Ud. en el campo tres meses cada año. Eso conviene para la buena ventilación de las viviendas y para que se conserve en buen estado la escalera. Nosotros siempre viajamos en otoño.

Conque habíamos dicho que treinta y cinco pesos...

80   —¿Qué?

—Confieso a Ud. que la renta me parece un poquito exagerada...

—Pero hombre, ¡qué renta, ni qué ocho cuartos[25]! ¡Todo se andará! ¡Vamos por partes!

—Pero...

85   —¿Si pensará Ud. que alquilarme una casa es lo mismo que comprarse un pantalón? Pasa Ud. por la calle, mira Ud. la cédula,[26] sube, se sienta junto a mí, y apenas han pasado tres minutos cuando me pide las llaves. ¡Me gusta la franqueza! ¿Por qué no me pide Ud. mi **bata** y mis **pantuflas**?

—Yo ignoraba...

---

[19]linfático... *apathetic, hot-tempered*   [20]desnúdese... *get undressed*   [21]*apoplexy*   [22]*laxative*   [23]*frock coat*
[24]Doy... *I walk around the Alameda eleven times*   [25]ni... *forget about it*   [26]*notice of vacancy*

90 —Se tratan por lo común estos asuntos con una ligereza imperdonable.[27]

—Volviendo, pues, a nuestro asunto, diré a Ud. que no subiré ni un real[28] de treinta pesos.

—¡Caballero, ni una palabra más, o envío a Ud. mis padrinos[29]! ¡Pues no faltaba más! ¿Conoce Ud. acaso las condiciones del arrendamiento?

95 —No, pero yo estoy pronto a subscribirlas siempre que sean justas y racionales.

—Oiga Ud.:

Art. [30]1º—El inquilino se acostará y levantará a la misma hora que su propietario, para no turbar el **reposo** de este último que ocupa precisamente el
100 entresuelo.[31]

Art. 2º—El inquilino vestirá invariablemente trajes claros para no contristar[32] el ánimo del propietario, si por una casualidad lo encuentra en la escalera.

Art. 3º—El inquilino **se asomará a**l balcón dos veces cuando menos, en el día, **frotándose** las manos satisfecho, con el fin de acreditar el buen orden y
105 excelente servicio de la casa.

—¿Y cuando llueva?

—Se asomará con un paraguas... Continúo: El inquilino no entrará nunca en la casa sin fijarse con cierta complacencia en los detalles de la arquitectura, ni tendrá embarazo[33] alguno en hacer patente de viva voz,[34] el entusias
110 mo que le produce la fachada. Mientras más gente reúna será mejor.

Art. 4º—El inquilino invitará a comer al dueño todos los días 15, cuidando, por supuesto, de no llevarlo a ningún figón o fonda[35] de segunda clase.

Aumento al Art. 4º—Estas comidas mensuales tienen por objeto el estrechar las amistades entre inquilino y propietario. No está prohibido al
115 inquilino el ir acompañado de su novia.

Art. 5º—El inquilino saludará muy cortésmente a su portero, que es primo, por afinidad,[36] del propietario

Art. 6º—Los artistas y los literatos que vengan a visitar al inquilino, subirán por la escalera de la **servidumbre**.

120 —¿Ya no hay más, señor?

—Quedan algunos artículos suplementarios que haré conocer a Ud. en su debido tiempo.

—Pues bien, todo es muy justo y muy sensato...

—Se me olvidaba... ¿No es Ud. masón[37]?

125 —No.

—Pues lo siento. Mi mujer tiene vivísimos deseos de conocer esos secretos.

[27]ligereza... *unforgivable informality* [28]*Spanish coin* [29]envío... *I'll challenge you to a duel* [30]Artículo [31]*floor below* [32]*sadden* [33]*embarassment* [34]hacer... *letting everybody know* [35]figón... *tavern or inn* [36]por... *by marriage* [37]*member of the Masonic Order*

—Si Ud. quiere, haré que me presenten en alguna logia.[38]

—Lo estimaré muchísimo.

130 —Conque **quedamos en** que treinta pesos...

—Dispense Ud....

—¿Todavía más?

—Había olvidado preguntarle, ¿por qué dejó su antiguo **domicilio**?

—¡Yo, por nada! Porque **arrojé** por el balcón al propietario.

[38]*Masonic lodge*

DESPUÉS DE LEER

Comentemos

Ⓐ **Comprensión.** El propietario le exigirá al inquilino un sinnúmero de cosas. Escriba los números del 1 al 7 para indicar la secuencia en que se las presenta. El propietario...

1. _____ le añadirá «de» a su apellido para que sea más distinguido.
2. _____ le prohibirá salir con mujeres morenas.
3. _____ cerrará la puerta para interrogarlo.
4. _____ querrá presentarle a su abogado.
5. _____ exigirá que algunas de sus visitas suban por la puerta de servicio.
6. _____ le pedirá que lo invite a cenar cada día quince del mes.
7. _____ le dirá que debe vivir en el campo tres meses al año.

Ⓑ **En otras palabras.**

1. Con un compañero / una compañera, determinen cuáles de las siguientes características describen mejor al inquilino y cuáles al propietario. Después, expliquen sus respuestas.

	El inquilino	El propietario
a. arrogante	☐	☐
b. paciente	☐	☐
c. indiscreto	☐	☐
d. antagonista	☐	☐
e. misterioso	☐	☐
f. ambicioso	☐	☐
g. cómico	☐	☐
h. exagerado	☐	☐

2. ¿Cuáles de las características anteriores puede atribuir Ud. a una persona que conoce? ¿Quién es esa persona? ¿Por qué se puede describir con esos adjetivos?

3. A veces el lector o la lectora reacciona emocionalmente hacia los personajes creados por el escritor / la escritora. ¿Cuál fue su reacción en cuanto al propietario? ¿Cuál fue su reacción en cuanto al inquilino?

Vocabulario en contexto

A Busque la palabra o frase de la lista para reemplazar las palabras **en negrilla.**

> ~~alquilar,~~ añada, ~~claro que no,~~ están de acuerdo en, ~~molestan,~~
> paso a paso, posesiones, ~~la ropa para estar en casa,~~ ~~tiró,~~ ~~una~~
> ~~vivienda~~

1. _un vivienda_ El hombre busca **un domicilio.**
2. _____ El propietario quiere que el hombre le **agregue** «de» a su apellido.
3. _____ El hombre se dedica a cuidar sus **intereses.**
4. _claro q_ El propietario no le alquilará el piso al hombre. **¡De ninguna manera!**
5. _____ Ellos **quedan en** que el inquilino pagará 35 pesos.
6. _molesta_ Al propietario le **revientan** las morenas.
7. _____ El propietario quiere aclarar sus ideas. Por eso le dice al hombre: «Vamos **por partes.**»
8. _tiró_ El hombre **arrojó** por el balcón a su propietario anterior.
9. _la ropa_ El hombre no necesita **ni la bata ni las pantuflas** del propietario.
10. _alquil_ El hombre decide no **arrendar** el apartamento.

B Busque la relación entre las palabras de cada par numerado. Después, marque con una **X** el par de palabras a la derecha que tiene la misma relación que el par numerado.

MODELO: lector / libro

a. __X__ jugador / raqueta
b. _____ color / azul

1. **botica** / medicina
   a. _____ escuela / estudiantes
   b. _____ iglesia / mercado
2. ama de casa / **servidumbre**
   a. _____ jefe / trabajadores
   b. _____ actor / actriz
3. manos / **frotarse**
   a. _____ pelo / peinarse
   b. _____ despedirse / irse
4. camisa / **seda**
   a. _____ mesa / madera
   b. _____ vestido / baile
5. lectura / **reposo**
   a. _____ refresco / descanso
   b. _____ dudoso / complejo
6. serio / **retozón**
   a. _____ triste / alegre
   b. _____ alto / bajo
7. **capaz** / incapaz
   a. _____ fuerte / débil
   b. _____ animado / feliz
8. vivienda / **domicilio**
   a. _____ casa / hogar
   b. _____ hotel / hospital
9. **asomarse** / mirar
   a. _____ cantar / bailar
   b. _____ aparecer / investigar
10. **inquilino** / propietario
    a. _____ empleado / supervisor
    b. _____ médico / doctor

DE TERTULIA

Buscando vivienda. Imagínese que Ud. y su compañero/a son las personas que buscan vivienda. Inventen una lista de cosas que Uds. discutirán con el propietario antes de alquilar una casa. Usen el tiempo futuro.

Nota cultural

Muchos hispanos tienen dos nombres, y a veces uno de ellos es en honor de algún santo. Por lo tanto, algunos hispanos celebran dos fiestas al año, la de su cumpleaños y la de su santo. A veces, el día del santo es el mismo día del nacimiento de la persona.

Nota cultural

El 5 de mayo de 1862, 2.000 soldados mexicanos derrotaron[1] un ejército de 6.000 soldados franceses en la ciudad de Puebla. Hoy día los mexicanos celebran esa fecha como símbolo de su lucha por la libertad.

[1]*defeated*

PAISAJES Y CURIOSIDADES
La familia hispana y las diversiones

Una de las características de los hispanos es que son sumamente gregarios. Aprovechan cualquier motivo y cualquier ocasión para reunirse y divertirse. Las bodas, los cumpleaños y el día del santo de una persona son celebraciones que la familia y los amigos anticipan con mucho entusiasmo.

En algunos países, como México, existe una manera interesante de celebrar algunas fiestas:

Sin duda, resulta muy divertido romper la piñata durante la celebración del cumpleaños de esta niñita.

la costumbre de «romper la piñata». Ésta es un objeto hecho de cartón y papel de colores que generalmente tiene la forma de un animal, un muñeco,[1] etcétera, que luego se rellena de dulces. La piñata se cuelga[2] de un árbol o cualquier otro lugar alto. Una persona con los ojos cubiertos con un pañuelo trata de romperla a golpes con un palo. Cuando alguien lo logra, los dulces caen al piso. En una fiesta infantil, los niños corren a recogerlos.

Los hispanos han popularizado muchas fiestas y celebraciones en los Estados Unidos. En algunos estados del oeste, mucha gente se une a la alegría de los mexicanos el 5 de mayo para celebrar con ellos el triunfo de la batalla de Puebla. En Nueva York, se celebra el Desfile[3] Puertorriqueño, el cual termina en el Parque Central. Allí hay quioscos donde conjuntos musicales entretienen al público con música caribeña y también se puede saborear la comida típica que allí se encuentra. Y en Miami, los cubanos celebran el Festival de la Calle Ocho,[4] una fiesta anual que atrae a muchísimos hispanoamericanos que viven en la ciudad.

[1]*doll*   [2]*se... is hung*   [3]*Parade*   [4]*Calle... Eighth Street (Cuban section of Miami)*

CHARLEMOS

1. ¿Como celebraría Ud. su cumpleaños si tuviera mucho dinero?
2. ¿Le gusta la costumbre de la piñata? ¿Por qué sí o por qué no?

SEGUNDA LECTURA

Regreso
Fernando Alegría (1918–)

EN SÍNTESIS

Fernando Alegría es un conocido escritor chileno que vive en los Estados Unidos desde hace muchos años. Se doctoró en Letras Hispánicas en la Universidad de California, Berkeley. Su obra incluye crítica literaria, ensayo, ficción y poesía.

A pesar de la distancia, el recuerdo de Chile ha permanecido intacto en su corazón; por eso, uno de los temas principales de su obra es el de la patria.

En el poema «Regreso», el hablante poético recuerda con nostalgia su pasado y la casa donde vivía cuando sus hijos eran niños. Por un momento se imagina que vuelve a ese lugar y nos habla de las cosas que harán cuando estén juntos otra vez.

ANTES DE LEER: ¡CONVERSEMOS!

1. Imagínese que han pasado muchos años y Ud. regresa a visitar a su familia, que todavía vive en la misma casa de su infancia. ¿Qué haría en su casa? ¿Qué haría con cada miembro de su familia?
2. Imagínese que Ud. va de vacaciones con su familia a un lugar ideal. ¿Qué harían en ese lugar?

VOCABULARIO DE LA LECTURA

Sustantivos	
la alfombra	rug
la almohada	pillow; in the poem: chest of the person who speaks
el cerezo	cherry tree
el hilo	thread
el olmo	elm tree
la persiana	Venetian blind
la suela	sole (*of a shoe*); horse shoe

el vidrio	piece of glass; in the poem: dry leaf

Adjetivos	
atado/a (a)	tied up (to); in the poem: one's embracing
ensimismado/a	lost in one's own thoughts
gastado/a	worn out
tendido/a	stretched out

LECTURA   *Regreso*

No pido más que la vieja casa,
ese mismo velamen° de oloroso° pino   *shell, exterior / sweet-smelling*
las ventanas **atadas al** verde atardecer°   *late afternoon*
y toda su noche palpitando en mi **almohada.**

5   Nada más que la mañana tranquila,
el paso de un caballo con **suelas** de goma°   *rubber*
los paños flameando en alambres° sin **hilos,**   *paños... clothing flapping (in the*
todo ese vuelco° de esencias en vino blanco.   *breeze) from wires*
                                                        outpouring

Mis hijos jugando con la rueda de la fortuna°   *rueda... wheel of fortune*
10   las rosas requiriendo al adobe,° dudosas,   *requiriendo... courting, romancing*
el gato leyendo **ensimismado**   *the adobe (wall)*
los abuelos **tendidos** a la sombra.

Todo en calma, la familia sentada
los muertos navegando° dulcemente,   *floating (in your memory)*
15   tú con el ramo de albahaca° renacida   *ramo... bunch of sweet basil*
la nostalgia y el amor enteros en tu silencio.
Será siempre temprano para el **olmo** reservado
los **cerezos** abrirán su quitasol° tan frágil,   *parasol, i.e., cherry blossoms*
la calle guardará las lluvias que dejó el
20   invierno
y jóvenes parejas pasarán de nuevo hacia el
olvido.°   *hacia.... into oblivion*

El piano amarrado° con **alfombras gastadas,**   *moored*
todos sonreiremos contra todos,
25   buscaré en tus ojos la delgada sortija
enajenada°   *sortija.... distant look*
será como abrir la mañana y acariciarla.

Los **vidrios** que caen de los árboles
las cartas que nunca leímos
30   un temor de no haber dicho nada
cuando una palabra bastaba para encender

la familia.

Llevaremos una hoguera° en las manos,   *bonfire*

nos pondremos un sol en el pecho

35 y será tiempo de cantar.

Cerraremos las **persianas.**

DESPUÉS DE LEER

Comentemos

(A) Comprensión. Indique si las siguientes oraciones son ciertas (**C**) o falsas (**F**). Explíquele las falsas a un compañero / una compañera.

1. _____ El hablante poético recuerda su vieja casa con mucho amor.
2. _____ Recuerda su casa durante una mañana de lluvia.
3. _____ Pide que sus hijos estén jugando y el gato leyendo.
4. _____ Luego recuerda a una persona habladora y amorosa.
5. _____ Después, menciona a unas «jóvenes parejas» que vivirán para siempre en su recuerdo.
6. _____ Cree que todos se alegrarán de encontrarse de nuevo.

(B) En otras palabras.

1. En el último verso de «Regreso», el hablante poético nos dice: «Cerraremos las persianas». ¿Por qué o para qué cree Ud. que las cerrarán?
2. Piense en la familia más cercana a Ud. cuando era niño/a o adolescente. Si Ud. fuera a su casa ahora mismo, ¿qué vería? Si fuera un día domingo, ¿vería algo diferente?
3. ¿Hay miembros de su familia que vivan lejos? ¿Vienen a visitarlo/la con frecuencia?

Vocabulario en contexto

(A) Con un compañero / una compañera, busquen tres palabras que puedan asociar con las siguientes palabras.

MODELO: el inquilino → la vivienda, la renta, vivir

1. **la almohada**   3. **el cerezo**   5. **el olmo**
2. **atado**   4. **los hilos**   6. **las suelas**

(B) Indique la palabra que se asocie mejor con la numerada.

1. **la alfombra**   a. _____ el árbol   b. _____ el piso
2. **ensimismado**   a. _____ pensativo   b. _____ capaz
3. **gastado**   a. _____ unido   b. _____ viejo
4. **la persiana**   a. _____ la ventana   b. _____ el piano
5. **tendido**   a. _____ entretenido b. _____ dormido
6. **el vidrio**   a. _____ el cristal   b. _____ la madera

MIS PROPIAS PALABRAS

Escriba una lista de otras palabras que podrían ayudarlo/la a conversar sobre la lectura. Utilice un diccionario si es necesario.

_____

_____

_____

_____

_____

_____

DE TERTULIA

A **En parejas.** Conversen sobre los siguientes temas.

1. ¿Qué predicen Uds. para el futuro de sus amigos? ¿Qué profesiones escogerán? ¿Dónde vivirán? ¿Pasarán al olvido o serán famosos?
2. ¿Qué harían o dirían los miembros de sus familias si Uds. les dijeran que iban a ir a vivir en otro país? ¿Por qué lo harían Uds.?

B **¿Qué opina Ud.?** Lea este diálogo en que Cecilia y Manuel hablan de Benito. Después dígale a su compañero/a cómo se sentiría Ud. y lo que haría en una situación similar a la de Benito. Explique por qué.

CECILIA: Fíjate, Manuel, Benito me dice que sus padres se mudarán a Europa el verano que viene.

MANUEL: ¡Fabuloso! Me imagino que él estará muy feliz.

CECILIA: ¡Nada de eso! El probrecito está muy triste porque tendrá que dejar a todos sus amigos y a muchos de sus familiares.

MANUEL: Yo estaría muy feliz con el viaje, Cecilia. A Benito no lo entiendo.

CECILIA: Pues yo sí entiendo *muy* bien a Benito, Manuel. ¿Te gustaría a ti tener que enfrentar un mundo totalmente nuevo en esta etapa de tu vida?

MANUEL: Pues... no sé... Yo...

CECILIA: ¿Ves, Manuel? No será fácil para Benito.

LÁPICES VELOCES

A Escriba una breve reseña sobre «El alquiler de una casa». Su opinión puede ser positiva o negativa.

Párrafo 1: Comience con el título y el nombre del autor. Continúe el párrafo, escribiendo un resumen breve de la obra.

Párrafo 2: Escriba su opinión.

B En este momento Ud. sueña que su familia vive en una ciudad ideal, pero Ud. vive lejos de ellos. Escríbale una carta al hablante de «Regreso» para contarle las cosas que Ud. haría con sus parientes si pudiera ir a visitarlos. ¿Qué haría cada miembro de su familia? Utilice verbos en el condicional.

C Escriba un horóscopo para su mejor amigo/a. Prediga seis o más cosas que le ocurrirán en el futuro. Sea positivo/a.

MODELO: Pronto te visitará un gran amigo de la infancia. Esto te distraerá de tus estudios, y por eso tendrás dificultades con uno de tus profesores, pero al final todo se solucionará. Antes de que termine el mes recibirás la invitación que has estado esperando. El 11 y el 26 serán tus números de la buena suerte.

CAPÍTULO 6

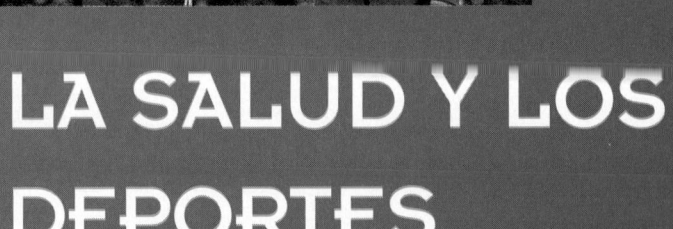

María Colón, cubana, ganó la Medalla de Oro en el lanzamiento de la jabalina en las Olimpiadas de 1980. El corredor guatemalteco, Mateo Flores, ganó la maratón de Boston en 1952. El estadio nacional en Ciudad de Guatemala, lleva su nombre.

LA SALUD Y LOS DEPORTES

Los hispanos recuerdan con orgullo a sus campeones del deporte a nivel internacional. ¿Ha asistido Ud. alguna vez a las Olimpiadas? ¿Ve los juegos por la televisión? ¿Qué deportes prefiere ver o jugar?

PRIMERA LECTURA

El arrepentido°
Ana María Matute (1926–)

°El... *The Repentant One*

EN SÍNTESIS

Ana María Matute nació en Barcelona, España. Comenzó a escribir cuentos desde que tenía cinco años y ha publicado varias colecciones de ellos, entre otras, *El arrepentido y otras narraciones*, la cual incluye «El arrepentido». También se le conoce como una gran novelista. Entre sus novelas más leídas se pueden mencionar la trilogía *Los mercaderes, En esta tierra, Los hijos muertos*, y la más importante de todas, *Los soldados mueren de noche*. Algunos de los personajes de sus obras están dominados fuertemente por la pasión, la envidia, la crueldad o la ambición.

En «El arrepentido», Matute narra la historia de Ruti, un joven estudiante de medicina, y su tío Tomeu. Este tío es quien le ha pagado los estudios a Ruti. Tomeu se arrepiente de haber ganado su dinero por medios ilícitos y se entristece al darse cuenta de que su sobrino ambiciona su dinero. Al principio del cuento, parece que las relaciones entre tío y sobrino son muy buenas, pero a uno de ellos le espera una sorpresa.

ANTES DE LEER: ¡CONVERSEMOS!

1. Hoy en día se habla mucho de la ética profesional de los que practican la medicina. ¿Opina Ud. que se debe confiar plenamente en los médicos? ¿Qué anécdota ha oído últimamente al respecto?
2. ¿Qué opina Ud. de los servicios médicos en la actualidad? ¿Tiene Ud. que esperar mucho para recibir atención médica? ¿Qué tiene que hacer para lograr una cita con su médico/a?

VOCABULARIO DE LA LECTURA

Sustantivos

el ahijado	godson
la carretera	road
el crujido	creaking
la mosca	fly
la ola	wave
el zumbido	buzzing

Verbos

bambolear(se)	to swing, sway
costear	to pay (for), finance
heredar	to inherit
parpadear	to blink, bat one's eyes
rasgar	to tear open

vagar	to wander

Adjetivos

abatido/a	dismayed
amarrado/a (a)	tied up (to, on)
arrepentido/a	repentant
titubeante	hesitant, indecisive

Adverbios

bruscamente	abruptly

Expresiones

dar a	to look out onto, face out onto

LECTURA *El arrepentido*

El café era estrecho[1] y oscuro. La fachada[2] principal **daba a la carretera** y la posterior a la playa. La puerta que se abría a la playa estaba cubierta por una cortina de cañuelas,[3] **bamboleada** por la brisa. A cada impulso sonaba un diminuto **crujido,** como de un pequeño entrechocar de huesos.[4]

5   Tomeu el Viejo estaba sentado en el quicio[5] de la puerta. Entre las manos acariciaba lentamente una petaca de cuero[6] negro, muy gastada. Miraba hacia más allá de la arena, hacia la bahía. Se oía el ruido del motor de una barcaza[7] y el coletazo[8] de las **olas** contra las rocas. Una lancha vieja, cubierta por una lona,[9] se mecía blandamente,[10] **amarrada a** la playa.

10   —Así que es eso[11] —dijo Tomeu, pensativo. Sus palabras eran lentas y parecían caer delante de él, como piedras.[12] Levantó los ojos y miró a Ruti.

    Ruti era un hombre joven, delgado y con gafas. Tenía ojos azules, inocentes, tras los cristales.

    —Así es —contestó. Y miró al suelo.

15   Tomeu escarbó[13] en el fondo de la petaca con sus dedos anchos y oscuros. Aplastó una brizna[14] de tabaco entre las yemas[15] de los dedos y de nuevo habló, mirando hacia el mar:

    —¿Cuánto tiempo me das?

---

[1]*narrow*   [2]*facade*   [3]*cortina... reed curtain*   [4]*entrechocar... rattling of bones*   [5]*frame*   [6]*petaca... leather tobacco pouch*   [7]*old boat*   [8]*crashing*   [9]*tarpaulin*   [10]*se... swayed gently*   [11]*Así... So that's the story (situation).*   [12]*rocks*   [13]*dug around*   [14]*bit*   [15]*tips*

Ruti carraspeó:[16]

20 —No sé... a ciencia cierta, no puede decirse así. Vamos: quiero decir, no es infalible.

—Vamos, Ruti. Ya me conoces: dilo.

Ruti se puso encarnado.[17] Parecía que le temblaban los labios.

—Un mes..., acaso dos...

25 —Está bien, Ruti. Te lo agradezco, ¿sabes?... Sí; te lo agradezco mucho. Es mejor así.

Ruti guardó silencio.

—Ruti —dijo Tomeu—. Quiero decirte algo: ya sé que eres escrupuloso, pero quiero decirte algo, Ruti. Yo tengo más dinero del que la gente se figura:

30 ya ves, un pobre hombre, un antiguo pescador, dueño de un cafetucho de camino[18]... Pero yo tengo dinero, Ruti. Tengo mucho dinero.

Ruti pareció incómodo.[19] El color rosado de sus mejillas se intensificó:

—Pero, tío..., yo... ¡no sé por qué me dice esto!

—Tú eres mi único pariente, Ruti —repitió el viejo, mirando ensoñadora-

35 mente[20] al mar—. Te he querido mucho.

Ruti pareció conmovido.[21]

—Bien lo sé —dijo—. Bien me lo ha demostrado siempre.

—Volviendo a lo de antes: tengo mucho dinero, Ruti. ¿Sabes? No siempre las cosas son como parecen.

40 Ruti sonrió. (*Acaso quiere hablarme de sus historias de contrabando. ¿Creerá acaso que no lo sé? ¿Se figura, acaso,[22] que no lo sabe todo el mundo? ¡Tomeu el Viejo! ¡Bastante conocido, en ciertos ambientes! ¿Cómo hubiera podido* **costearme** *la carrera de no ser así?*) Ruti sonrió con melan-colía. Le puso una mano en el hombro:

45 —Por favor tío... No hablemos de esto. No, por favor... Además, ya he dicho: puedo equivocarme. Sí: es fácil equivocarse. Nunca se sabe...

Tomeu se levantó **bruscamente.** La cálida brisa le agitaba los mechones[23] grises:

—Entra, Ruti. Vamos a tomar una copa juntos.

50 Apartó con la mano las cañuelas de la cortinilla y Ruti pasó delante de él. El café estaba vacío a aquella hora. Dos **moscas** se perseguían, con gran **zumbido.** Tomeu pasó detrás del mostrador[24] y llenó dos copas de coñac. Le ofreció una:

—Bebe, hijo.

55 Nunca antes le llamó hijo. Ruti **parpadeó** y dio un sorbito.[25]

—Estoy arrepentido —dijo el viejo, de pronto.

Ruti le miró fijamente.

[16]*said hoarsely*   [17]*red*   [18]*cafetucho... roadside café*   [19]*uncomfortable*   [20]*dreamily*   [21]*moved, touched*   [22]*¿Se... Does he think, perhaps*   [23]*tufts of hair*   [24]*counter*   [25]*sip*

—Sí —repitió—, estoy arrepentido.

—No le entiendo, tío.

60   —Quiero decir: mi dinero, no es un dinero limpio. No, no lo es.

Bebió su copa de un sorbo,[26] y se limpió los labios con el revés[27] de la mano.

—Nada me ha dado más alegría: haberte hecho lo que eres, un buen médico.

65   —Nunca lo olvidaré —dijo Ruti, con voz temblorosa. Miraba al suelo otra vez, indeciso.

—No bajes los ojos, Ruti. No me gusta que desvíen la mirada[28] cuando yo hablo. Sí, Ruti: estoy contento por eso. ¿Y sabes por qué?

Ruti guardó silencio.

70   —Porque gracias a ello tú me has avisado de la muerte. Tú has podido reconocerme,[29] oír mis quejas, mis dolores, mis temores... Y decirme, por fin: *acaso un mes, o dos.* Sí, Ruti: estoy contento, muy contento.

—Por favor, tío. Se lo ruego. No hable así... , todo esto es doloroso. Olvidémoslo.

75   —No, no hay por qué olvidarlo. Tú me has avisado y estoy tranquilo. Sí, Ruti: tú no sabes cuánto bien me has hecho.

Ruti apretó la copa entre los dedos y luego la apuró,[30] también de un trago.

—Tú me conoces bien, Ruti. Tú me conoces muy bien.

80   Ruti sonrió pálidamente.

El día pasó como otro cualquiera. A eso de las ocho, cuando volvían los obreros del cemento, el café se llenó. El viejo Tomeu se portó como todos los días, como si no quisiera amargar las vacaciones de Ruti, con su flamante título recién estrenado.[31] Ruti parecía **titubeante**, triste. Más de una vez vio

85   que le miraba en silencio.

El día siguiente transcurrió, también, sin novedad. No se volvió a hablar del asunto entre ellos dos. Tomeu más bien parecía alegre. Ruti, en cambio, serio y preocupado.

Pasaron dos días más. Un gran calor se extendía sobre la isla. Ruti daba

90   paseos en barca, bordeando[32] la costa. Su mirada azul, pensativa, **vagaba** por el ancho cielo. El calor pegajoso[33] le humedecía la camisa, adhiriéndosela al cuerpo. Regresaba pálido, callado. Miraba a Tomeu y respondía brevemente a sus preguntas.

Al tercer día, por la mañana, Tomeu entró en el cuarto de su sobrino y

---

[26]de... *in one gulp*   [27]*back*   [28]desvíen... *people look away*   [29]*examine me*   [30]la... *he finished it off*   [31]flamante... *brand-new exciting (medical) degree*   [32]*staying close to*   [33]*sticky*

95 **ahijado.** El muchacho estaba despierto.

—Ruti —dijo suavemente.

Ruti echó mano de sus gafas, apresuradamente. Su mano temblaba:

—¿Qué hay, tío?

Tomeu sonrió.

100 —Nada —dijo—. Salgo, ¿sabes? Quizá tarde algo. No te impacientes.

Ruti palideció:

—Está bien —dijo. Y se echó hacia atrás, sobre la almohada.[34]

—Las gafas, Ruti —dijo Tomeu—. No las rompas.

Ruti se las quitó despacio y se quedó mirando al techo. Por la pequeña
105 ventana entraban el aire caliente y el ruido de las olas.

Era ya mediodía cuando bajó al café. La puerta que daba a la carretera
estaba cerrada. Por lo visto su tío no tenía intención de atender a la clientela.

Ruti se sirvió café. Luego, salió atrás, a la playa. La barca amarrada se ba-
lanceaba lentamente.

110 A eso de las dos vinieron a avisarle. Tomeu se había pegado un tiro,[35] en el
camino de la Tura. Debió de hacerlo cuando salió, a primera hora de la
mañana.

Ruti se mostró muy **abatido.** Estaba pálido y parecía más miope[36] que
nunca.

115 —¿Sabe usted de alguna razón que llevara a su tío a hacer esto?

—No, no puedo comprenderlo..., no puedo imaginarlo. Parecía feliz.

Al día siguiente, Ruti recibió una carta. Al ver la letra con su nombre en el
sobre, palideció y lo **rasgó,** con mano temblorosa. Aquella carta debió de
echarla su tío al correo antes de suicidarse, al salir de su habitación.

120 Ruti leyó:

«Querido Ruti: Sé muy bien que no estoy enfermo, porque no sentía
ninguno de los dolores que te dije. Después de tu reconocimiento consulté a
un médico y quedé completamente convencido. No sé cuánto tiempo habría
vivido aún con mi salud envidiable, porque estas cosas, como tú dices bien,
125 no se saben nunca del todo. Tú sabías que si me creía condenado, no espe-
raría la muerte en la cama, y haría lo que he hecho, a pesar de todo; y que,
por fin, me **heredarías.** Pero te estoy muy agradecido, Ruti, porque yo sabía
que mi dinero era sucio, y estaba ya cansado. Cansado y, tal vez, eso que se
llama arrepentido. Para que Dios no me lo tenga en cuenta[37] —tú sabes, Ruti,
130 que soy buen creyente[38] a pesar de tantas cosas—, dejo mi dinero a los niños
del Asilo.[39]»

[34]*pillow* [35]*se... had shot himself* [36]*nearsighted* [37]*no... will not hold it against me* [38]*believer (in God)*
[39]*Orphanage*

DESPUÉS DE LEER
Comentemos

A Comprensión. Según su comprensión de «El arrepentido», ¿quién hubiera hecho las siguientes declaraciones, Ruti o Tomeu?

		Ruti	Tomeu
1.	_____ Lamento decírselo, pero dudo que viva más de dos meses.	☐	☐
2.	_____ Niego que su salud sea buena.	☐	☐
3.	_____ ¡Ojalá que me examines muy pronto!	☐	☐
4.	_____ Cuando muera, quiero que me deje todo su dinero.	☐	☐
5.	_____ Es mejor que me mires a los ojos cuando te hablo.	☐	☐
6.	_____ ¡Espero que llegues a ser un médico excelente!	☐	☐
7.	_____ ¡Qué difícil es mentir! En realidad, él no está enfermo.	☐	☐
8.	_____ Ojalá que no escriba una carta acusándome de mentiroso.	☐	☐
9.	_____ Prefiero que los niños del Asilo disfruten de mi dinero.	☐	☐
10.	_____ Es importante que haga una buena acción, ahora que voy a morir.	☐	☐

B En otras palabras.

1. Los dos personajes de este cuento han hecho algo ilícito, deshonesto. Tomeu se ganó el dinero ilegalmente, y Ruti ha traicionado a su tío. Antes de suicidarse, Tomeu intentó redimirse, dando su dinero «sucio» al Asilo. ¿Efectivamente logró redimirse a los ojos de Ud.? ¿Hay algo que Ruti pudiera hacer para ganar la simpatía de Ud.?

2. Ruti le dijo a su tío que iba a morirse pronto. ¿Cuáles cree Ud. que fueron los motivos de Ruti al hacer esto? ¿Conocía muy bien a su tío? ¿Tomeu lo conocía muy bien a su sobrino?

Vocabulario en contexto

A Seleccione la palabra o frase que mejor reemplace la palabra **en negrilla**.

1. Tomeu está **arrepentido** de haber ganado su dinero por medios ilegítimos.
   - a. triste
   - b. orgulloso
   - c. satisfecho

2. El **crujido** del viento no afecta a Tomeu.
   - a. canto
   - b. ruido
   - c. silencio

3. Quizá Ruti observe cómo **se bambolea** la cortina del cafetucho.
   a. aquieta   b. mueve   c. refleja

4. Parece que Ruti ni **parpadea** cuando miente.
   a. baja la vista   b. mueve los párpados   c. se pone pálido

5. Tal vez Tomeu **vague** por la playa preocupado.
   a. camine sin rumbo   b. se divierta   c. sueñe

6. Tomeu teme que Ruti esconda algo cuando habla de manera **titubeante.**
   a. indecisa   b. triste   c. violenta

7. Antes de suicidarse, quizás Tomeu haya pensado lo siguiente: «Cuando Ruti **rasgue** este sobre, yo ya estaré muerto.»
   a. guarde   b. rompa   c. vea

8. Tomeu le **costeó** los estudios a Ruti, pero éste no se lo merecía.
   a. impidió   b. pagó   c. prohibió

9. Es ideal que el café **dé al** mar, pues es agradable contemplar el paisaje.
   a. esté detrás del   b. esté frente al   c. esté junto al

10. Cuando los niños del Asilo **hereden** el dinero, podrán vivir mejor.
    a. ganen   b. pidan   c. reciban

11. A Ruti le dieron las noticias de la muerte de su tío **bruscamente.**
    a. rápidamente   b. sinceramente   c. súbitamente

B Dígale a su compañero/a una palabra de las numeradas. Él/Ella buscará una de las palabras de la lista con la cual pueda asociarla y explicará por qué la eligió.

atado, el camino, al mar, los mosquitos, el padrino, el ruido, triste

1. **abatido**
2. **el ahijado**
3. **amarrado**
4. **la carretera**
5. **las moscas**
6. **las olas**
7. **el zumbido**

DE TERTULIA

A **Cuestionario de salud física y mental.** ¿Está Ud. preparándose para una vida larga y saludable? Conteste las siguientes preguntas y asígneles una puntuación del 1 al 4, según la escala. Después, sume los puntos y apunte el total de sus respuestas. Compare su resultado con el de la persona a su lado.

MIS PROPIAS PALABRAS

Escriba una lista de otras palabras que podrían ayudarlo/la a conversar sobre la lectura. Utilice un diccionario si es necesario.

_____

_____

_____

_____

_____

_____

_____

1. nunca
2. a veces
3. frecuentemente
4. siempre

1. _____ Cuando estoy de mal humor, trato de distraerme.
2. _____ Si me enojo, domino mi agresividad.
3. _____ Cuando estoy alegre, quiero estar con mis amigos.
4. _____ Soy muy paciente.
5. _____ Hago ejercicio regularmente.
6. _____ Prefiero las frutas frescas a los dulces.
7. _____ Evito ponerle mucha sal a la comida.
8. _____ Cuando admiro a una persona, se lo digo.
9. _____ Me río con frecuencia.
10. _____ Si me deprimo, busco la compañía de mis amigos.
11. _____ Evito las grasas.
12. _____ Evito consumir calorías en exceso.
13. _____ Cuando tengo un examen, evito las distracciones para poder estudiar.
14. _____ Duermo suficientes horas.
15. _____ En las fiestas, evito las bebidas alcohólicas.

Resultados

60–40 = **Excelente:** Ud. es una persona saludable y feliz. ¡Felicitaciones!

39–30 = **Bastante bien:** Ud. trata de mantenerse lo mejor que puede.

29–20 = **Regular:** Ud. tiene buenas intenciones de ser saludable. Lo va a lograr pronto, cuando cumpla con sus propósitos para el año nuevo.

19–0 = **Insuficiente:** Ud. necesita examinar sus hábitos y hacer cambios lo antes posible. Decídase a tomar control de su vida ahora mismo. Llame a su mejor amigo/a y cuéntele con optimismo los cambios que hará.

B **El ejercicio: ¿Dónde hacerlo?** Algunas personas prefieren hacer ejercicio en su propia casa. Otras, por el contrario, prefieren ir a un gimnasio. Conversen sobre las ventajas de hacer ejercicio en la casa en comparación con las ventajas de ir a un gimnasio.

PAISAJES Y CURIOSIDADES

Los hispanos en los deportes

Muchos deportistas hispanos se han destacado en competencias deportivas de todo tipo a nivel internacional. La primera Medalla de Oro otorgada a un hispano en los Juegos Olímpicos, la logró el cubano Ramón Fonst en 1900 en la categoría de esgrima.[1] Repitió la hazaña[2] en 1904. En la década de los 70, otro cubano, el boxeador Teófilo Stevenson, sorprendió al mundo al ganar la Medalla de Oro por tres Olimpiadas consecutivas: de 1976 a 1980. Desde entonces, Cuba ha ganado muchas Medallas de Oro en boxeo.

Como es de esperarse, los equipos hispanos de fútbol comenzaron a triunfar desde los inicios de las Olimpiadas. En 1924 Uruguay y Suiza se enfrentaron en un partido inolvidable en el cual resultó victorioso Uruguay con una puntuación de 3 a 0. Cuatro años después, Uruguay volvió a competir por la Medalla de Oro, esta vez contra Argentina. Uruguay triunfó de nuevo en un partido glorioso, con una puntuación de 2 a 1.

Desde que las Olimpiadas modernas se iniciaron en 1896, los hispanos han triunfado en innumerables competencias y han ganado la Medalla de Oro en varias categorías: pista y campo[3] (Cuba), boxeo (Cuba, México, Venezuela), jabalina[4] (Cuba), pentatlón (Argentina), judo (Cuba), ecuestres[5] (México, España), esgrima (Cuba), natación (Argentina, México), fútbol (Uruguay, Argentina), tiro al blanco[6] (Perú) y levantamiento de pesas[7] (Cuba).

Otras competencias deportivas que atraen la atención mundial son los juegos Panamericanos. Estos juegos fueron organizados para fomentar la comunicación y la amistad entre todos los países americanos. Los primeros Juegos Panamericanos se llevaron a cabo en 1951 y se celebran cada cuatro años, un año antes que las Olimpiadas Mundiales. En estos juegos, que incluyen la mayoría de los deportes de las Olimpiadas Mundiales, compiten 29 naciones de Norteamérica, Sudamérica y el Caribe. En 1995, Cuba ocupó el segundo lugar entre los países que ganaron más medallas en total.

La Argentina y Bulgaria se enfrentan en un partido durante la competencia por la Copa Mundial en 1994.

[1]*fencing*   [2]*feat*   [3]*pista... track and field*   [4]*javelin*   [5]*horseback riding*   [6]*tiro... riflery, sharpshooting*   [7]*levantamiento... weight lifting*

CHARLEMOS

1. Si Ud. fuera deportista y pudiera competir en Olimpiadas, ¿en qué deporte le gustaría triunfar?
2. Si Ud. pudiera organizar una competencia deportiva en la ciudad donde vive, ¿qué deportes incluiría?

SEGUNDA LECTURA

La vida es sueño (selección)
Pedro Calderón de la Barca (1600–1681)

EN SÍNTESIS

Pedro Calderón de la Barca nació en Madrid, España. Su familia desempeñaba cargos[1] en la corte de Felipe II.* Calderón tomó las órdenes religiosas y llegó a ser capellán[2] de honor de Felipe III.† Desde muy joven se inició en el mundo de las letras. Sus dramas más conocidos son *El alcalde de Zalamea* y *La vida es sueño.*

El personaje principal de *La vida es sueño* se llama Segismundo. Su padre, el rey de Polonia, dando crédito a las predicciones astrológicas, lo mantiene encerrado desde niño. Pero cuando Segismundo ya es adulto, el rey decide traerlo dormido al palacio para darle la oportunidad de gobernar. Cuando Segismundo despierta, cree que está soñando. Después de muchos contratiempos y batallas, el rey lo nombra heredero al trono. El siguiente soliloquio es el más conocido de la dramaturgia española. En el mismo, Segismundo reflexiona sobre los temas del autoengaño,[3] el afán,[4] la ambición, la furia y la brevedad de la existencia humana.

[1]desempeñaba...*bad appointments* [2]*chaplain* [3]*self-deception* [4]*keen desire*

ANTES DE LEER: ¡CONVERSEMOS!

1. ¿Qué opina Ud. de la forma de vida moderna? ¿Vive Ud. apresuradamente? ¿Por qué sí o por qué no?
2. Actualmente, el promedio de longevidad en los EE. UU. es de 78 años. ¿Cree Ud. que es una vida larga o corta? ¿Cuántos años preferiría vivir Ud.? ¿Por qué?

---

* Felipe II (1527–1598), a popular Spanish king who ruled Spain and its possessions in America, Italy, the Netherlands, and Portugal, between 1556–1598.
† Felipe III (1578–1621). ruled from 1598 to 1621, times of social and economic crisis for Spain. He was pious, but sometimes indifferent to the country's problems.

VOCABULARIO DE LA LECTURA

Sustantivos

las cenizas	ashes
la desdicha	misfortune
el engaño	misconception
la sombra	dream; shadow

Verbos

afanar(se)	to strive
agraviar	to offend

mandar	to order, rule
padecer	to suffer
reinar	to govern
reprimir	to repress

Adjetivos

cargado/a	weighted down
fiero/a	fierce
lisonjero/a	pleasing

Nota cultural

Gilberto Ruiz es un artista cubano, cuyas pinturas tratan a veces el tema de las actitudes humanas. En su pintura *El cielo se viene para abajo,* muestra simbólicamente algunos de los objetos que contribuyen a las tensiones de la vida moderna.

LECTURA *La vida es sueño (selección)*

SEGISMUNDO

Es verdad, pues **reprimamos**
esta **fiera** condición,
esta furia, esta ambición,
por si alguna vez soñamos;
5 y sí haremos, pues estamos
en mundo tan singular,
que el vivir sólo es soñar;
y la experiencia me enseña
que el hombre que vive sueña
10 lo que es hasta dispertar.°   despertar

Sueña el rey que es rey, y vive
con este **engaño mandando,**
disponiendo° y gobernando;   *disposing, arranging*
y este aplauso, que recibe
15 prestado,° en el viento escribe   *lent, on loan*
y en **cenizas** le convierte
la muerte (¡**desdicha** fuerte!)
¡Que hay quien intente **reinar**
viendo que ha de dispertar
20 en el sueño de la muerte!

Sueña el rico en su riqueza,
que más cuidados le ofrece;°   *que... that offers (causes) him more concerns*
sueña el pobre que **padece**
su miseria y su pobreza;
25 sueña el que a medrar° empieza,   *prosperar*
sueña el que **afana** y pretende,
sueña el que **agravia** y ofende,
y en el mundo, en conclusión,
todos sueñan lo que son,
30 aunque ninguno lo entiende.

Yo sueño que estoy aquí
destas° prisiones **cargado,**   *de estas*
y soñé que en otro estado
más **lisonjero** me vi.
35 ¿Qué es la vida? Un frenesí.
¿Qué es la vida? Una ilusión,
una **sombra,** una ficción,
y el mayor bien es pequeño;
que toda la vida es sueño,
40 y los sueños, sueños son.

DESPUÉS DE LEER

Comentemos

Ⓐ Comprensión. Explique las siguientes oraciones con sus propias palabras.
1. Segismundo piensa que es necesario reprimir la furia y la ambición. ¿Qué problemas puede causar la furia? ¿y la ambición?
2. Segismundo dice que los reyes reciben aplausos prestados que «en el viento escriben». En el mundo moderno, ¿quiénes reciben muchos aplausos? ¿Por qué es muy importante para algunas personas recibir aplausos?

B **En otras palabras.** ¿Cuáles cree Ud. que deben ser las cosas más importantes para un ser humano? Enumere las siguientes cosas del 1 al 5 (1 es la más importante) según su opinión. Después, explique el porqué de sus opiniones a su compañero/a.

- _3_ el trabajo
- _5_ la religión
- _2_ los amigos
- _1_ la salud
- _4_ la familia

Vocabulario en contexto

A Elija las palabras de la columna a la derecha que pueda asociar con las palabras **en negrilla.**

1. _ofender_ A veces, las personas que nos **agravian** lo hacen por ambición.
2. _gobierne_ Es importante que la persona que **reine** comprenda que su cargo no va a durar toda la vida.
3. _agradable_ Si tenemos una vida **lisonjera,** debemos dar gracias.
4. _mentira_ Hay quienes prefieren vivir en **el engaño** a confrontar la realidad.
5. _ocultar_ **Reprimir** las emociones puede ser malo para la salud. _Ocultar_
6. _conflicto_ **Las desdichas** son parte de la vida de todo ser humano.
7. _trabajan_ Las personas que **se afanan** por lograr algo, no tienen tiempo para los amigos o la familia.
8. _polvo_ Se dice que algunos recuerdos son como **las cenizas;** desaparecen fácilmente.
9. _ordenan_ Los dictadores **mandan** sin consultar con el pueblo.
10. _salvaje_ Una condición **fiera** es un defecto de carácter.

Columna: agradable / los conflictos / gobierne / la mentira / ocultar (to hide) / ofenden / ordenan (order) / el polvo / salvaje (wild) / trabajan

B En parejas, háganse las siguientes preguntas.

1. Cuando tú estás **cargado/a** de problemas, ¿a quién o a quiénes pides consejos? ¿Qué más haces para tranquilizarte?
2. Segismundo dice que la vida es una **sombra,** una ilusión y una ficción. ¿Ves las cosas de esa manera o conoces a alguien que las vea así?
3. Cuando alguna persona **padece** de alguna enfermedad, ¿qué haces para

ayudarlo/la? ¿Ha ocurrido esto recientemente o hace algún tiempo que lo hiciste?

DE TERTULIA

Ⓐ **Dilemas entre amigos.** Imagínese que Ud. tiene dos amigos, Armando y Rosaura. Ellos no son felices, porque viven muy de prisa y preocupados por hacer mucho dinero. ¿Qué les sugiere Ud. a sus amigos para que establezcan prioridades y sean felices?

Ⓑ **Consejos para el equipo.** Haga esta actividad con dos compañeros/as. Su amiga Piedad Burmaz es entrenadora de un equipo de béisbol que ocupa el último lugar en una competencia. Hágale tres recomendaciones para que su equipo mejore. Después, el otro compañero/la otra compañera le hará a Piedad tres más.

LÁPICES VELOCES

Ⓐ La siguiente es una lista de las acciones de Ruti antes y despúes de la muerte de Tomeu. Primero, indique el orden en que ocurrieron los hechos. Después, utilice la secuencia para escribir un párrafo coherente, utilizando uno de los tiempos verbales en el pasado para explicar lo que Ruti hizo durante esos días.

a.   _____ Toma una copa con Tomeu.

b.   _____ Se pasea en barca.

c.   _____ Recibe la noticia de que su tío ha muerto.

d. _____ Le dice a su tío que va a morir dentro de uno o dos meses.

e. _____ Escucha a Tomeu hablar de su arrepentimiento.

f. _____ Se entera del asunto de la herencia.

B Piense en alguna de sus experiencias pasadas y narre los sucesos en el orden en que ocurrieron. Por ejemplo, Ud. puede recordar el día de su graduación en la escuela secundaria, la primera vez que manejó solo/a, el día en que aprendió a patinar, una cita inolvidable, etcétera.

*E*n las Islas Galápagos (de las Tortugas), en Ecuador, se protegen especies de animales que no existen en ningún otro lugar. ¿Sabe Ud. de algunas especies de animales en peligro de extinción? ¿Qué podemos hacer para evitar su extinción?

NUESTRO GRANITO
DE ARENA

CAPÍTULO 7

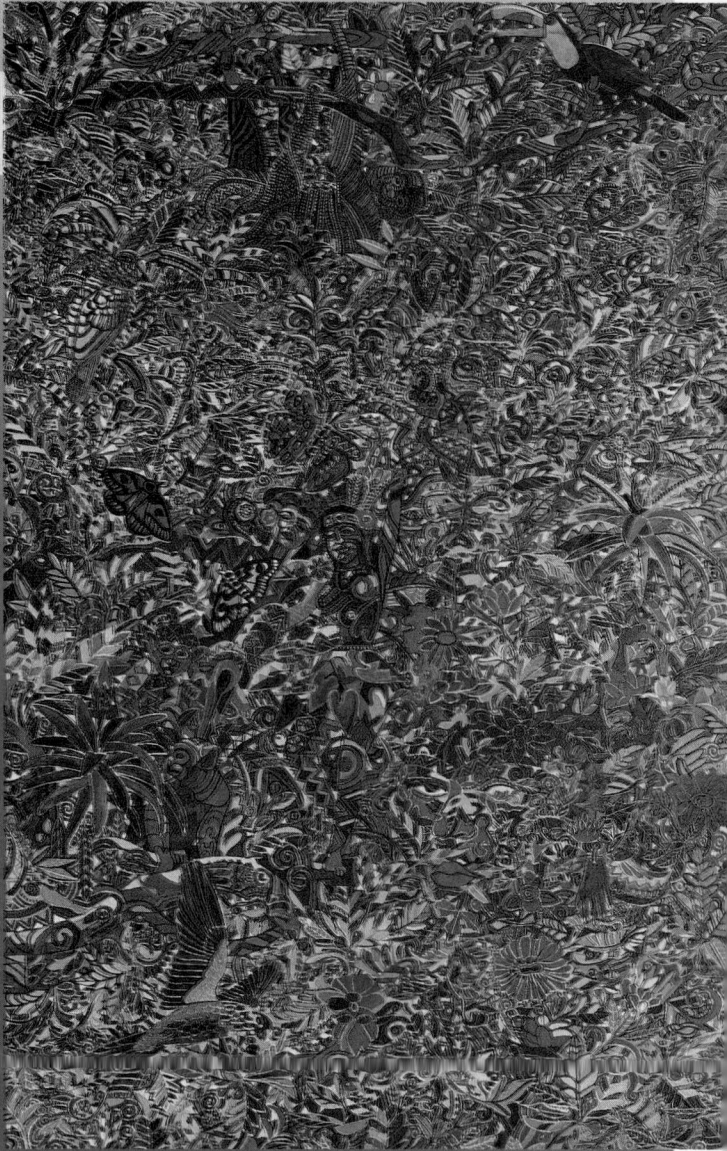

NUESTRO MEDIO AMBIENTE

Sueño, pintura de Alfredo Arreguín (1935), artista mexicano. ¿Qué actitud demuestra el pintor hacia la naturaleza por medio de esta pintura? ¿Qué otras cosas buenas o interesantes nos ofrece la naturaleza? ¿De cuáles disfruta Ud.?

PRIMERA LECTURA
Metamorfosis
Gioconda Belli (1948–)

READING STRATEGIES: _____

Verbs in poetry   If asked, most readers would probably say that descriptions and the expression of feelings are achieved in poetry through the use of adjectives. When reading poetry, however, it is a good idea to keep in mind that verbs, too, can evoke auditory or visual images as well as ideas. In the following poem, the following verbs are used: **tropezar** (*to stumble*), **enredarse** (*to get caught or tangled in*), **estorbar** (*to get in the way*), **hundirse** (*to sink*), **rendirse** (*to surrender*). What images do these verbs evoke, ones of peace and contentment, or ones of struggle? Think about the title of the poem, «Metamorfosis». Where will the struggle in the poem lead? As you read the poem, pay attention to these verbs and others and try to create an image in your mind of the actions described by the poet.

EN SÍNTESIS

Gioconda Belli es una poeta nicaragüense cuyos temas principales son el amor y la lucha por el progreso socioeconómico y político de su país. En 1978 obtuvo el Premio Casa de las Américas por su poemario *Línea de fuego*. Otros poemarios suyos son *Truenos y arcoiris, De la costilla de Eva* (1986), *Sobre la grama* y *El ojo de la mujer* (1991), en el cual se incluye el poema «Metamorfosis».

El tema de «Metamorfosis» es la transformación física del hablante poético a nivel simbólico, con el propósito de reencontrar la identidad personal y el propio ser interior. El yo poético nos habla de su transformación en naturaleza. Esto sugiere que el ser humano siente necesidad de ser parte esencial del ecosistema.

ANTES DE LEER: ¡CONVERSEMOS!

1. ¿Qué han hecho las autoridades de la ciudad donde Ud. vive para evitar el desperdicio de los recursos naturales? ¿Qué ha hecho o hace Ud. para contribuir a la conservación de esos recursos?
2. Imagínese que Ud. no está contento/a con su identidad personal, con su ser interior. Para cambiarlo, decide transformarse en algún aspecto de la naturaleza. ¿En qué se transformaría Ud.? ¿Por qué?

VOCABULARIO DE LA LECTURA

Sustantivos

el abono	nutrient
la enredadera	climbing plant, vine
el ladrillo	brick
el pistilo	pistil
la puyita	shoot (*of a tree*)

Verbos

cuajar	to solidify

estorbar	to get in the way
hundirse	to sink
rendirse (i, i)	to surrender
repasar	to reexamine
teñir (i, i)	to dye
tropezar (ie)	to stumble

Adjetivos

morado/a	violet, purple

LECTURA   *Metamorfosis*

La **enredadera**
se me está saliendo
por las orejas.°   *se... is coming out of my ears*

Mis ojos se han convertido
5 en **pistilos** movibles
y mi boca está repleta°   *full*
de flores **moradas.**

Mientras camino
sigo llenando de hojas
10 la casa

Mis ramas **estorban** en el cuarto,
sigo enredándome° en todo;   *getting caught*
ya mi nariz
también se ha puesto° verde   *se...has become*
15 y mis olores han cambiado,
tropiezo con los muebles
y mis piernas están rompiendo
los **ladrillos,**
buscando la tierra,
20 enredándome.

Mi pelo ya no me deja moverme,
está abrazado a las paredes,
los brazos se han **hundido**

sólo me quedan los dedos
25 mientras mi cuerpo
se ha vuelto° tronco.   se... *has turned into*

Con mis dedos
me toco toda
re-conociéndome°   *getting to know myself anew* (also: play
30 entre las hojas   on words with **reconocer** = *to examine*)
y las ramitas
y las flores que llenan mi boca
y han **teñido** mis dientes.

Me **repasan** mis dedos
35 y su contacto es **abono**
para mis ramas que crecen
y ya por fin,
después de mucho resistir,
se han **rendido** las manos
40 y están saliendo **puyitas**
de las uñas.

Mi boca llena de flores moraditas
ha **cuajado** mi cuerpo
y estoy° enredadera,   *I have become*
45 metamorfoseada,
espinosa,°   *thorny*
sola,
hecha naturaleza.

DESPUÉS DE LEER

Comentemos

Ⓐ Comprensión. Complete las siguientes oraciones.
1. El tema del poema es la búsqueda...
    a. de la identidad personal y del ser interior.
    b. del país ideal.
2. En este poema, la naturaleza es...
    a. una necesidad física y espiritual del ser humano.
    b. una fuente de bienes económicos.
3. Los versos «La enredadera / se me está saliendo / por las orejas» evocan la
    idea de que la enredadera...
    a. ha muerto.
    b. busca más espacio.

4. En la segunda estrofa, los versos «y mi boca está repleta / de flores moradas» sugieren que las flores son como...
   a. alimento.
   b. palabras abundantes.

5. En la cuarta estrofa, los versos «buscando la tierra, / enredándome», sugieren que el yo poético busca...
   a. un lugar para dormir.
   b. un mundo significativo, una realidad importante.

6. En la quinta estrofa, el hablante dice que ya no puede moverse y que su cuerpo «se ha vuelto tronco». Con estas palabras ha dicho que...
   a. por fin se ha hecho fuerte y podrá resistir y luchar.
   b. estará inmóvil, víctima de las tormentas.[1]

7. Al inicio de la sexta estrofa, los versos «me toco toda / re-conociéndome» nos sugieren que el hablante...
   a. tiene miedo.
   b. se ha redescubierto, se ha encontrado a sí mismo.

8. En la séptima estrofa, los versos «Me repasan mis dedos / y su contacto es abono» significan que sus dedos-naturaleza son...
   a. fecundos, fértiles, y tienen el poder de multiplicar las cosas.
   b. grandes y amorosos.

9. Cuando el hablante poético dice que está «hecha naturaleza», sugiere que...
   a. por fin ha encontrado su propio ser y la libertad que deseaba.
   b. ahora es parte del mundo vegetal.

[1]*storms*

MIS PROPIAS PALABRAS

Escriba una lista de otras palabras que podrían ayudarlo/la a conversar sobre la lectura. Utilice un diccionario si es necesario.

_____

_____

_____

_____

_____

_____

B   **En otras palabras.** Haga esta actividad con un compañero / una compañera. Utilizando como modelo la segunda estrofa de «Metamorfosis» y el ejemplo siguiente, imagínense que Uds. también se han transformado en alguna parte de la naturaleza. Formulen sus propios versos y, después, júntenlos para escribir un poema colectivo. Compartan su poema con la clase.

MODELO: Mis manos se han hecho
           lagos alegres que le cantan a la gente y mis ojos son
           dos sonrisas de la primavera

Vocabulario en contexto

A Con un compañero / una compañera, digan dos palabras o frases que se puedan asociar con las palabras de la lista.

MODELO: **teñido** → pintado, color

1. **enredadera**	4. **hundirse**
2. **repasar**	5. **morado**
3. **tropezar**	6. **cuajar**

B Indique la palabra que no pertenece a la serie.

1. **abono**   alcohol   fertilizante   nutriente
2. hojas   jardín   peces   **pistilos**
3. cristal   espejo   **ladrillo**   vidrio
4. piedra   **puyita**   rama   tronco
5. ayudar   **estorbar**   impedir   molestar
6. cansado   enérgico   exhausto   **rendido**

DE TERTULIA

A **En peligro de extinción. Parte 1:** Lea el siguiente artículo de una revista de España y conteste las preguntas.

Cantabria
ESPAÑA

1. ¿Qué especie de animal en peligro de extinción menciona el artículo?
2. ¿Quién hace la denuncia?
3. ¿Cuáles son los proyectos letales que se denuncian?
4. ¿Conoce Ud. algún lugar donde haya muchos osos?

B **Parte 2:** Elija de la siguiente lista su favorito entre los animales en peligro de extinción. Imagínese que Ud. se ha transformado en ese animal y que ha volado o andado alrededor de varias ciudades. Ud. ha observado una serie de cosas que le parecen dañinas para la preservación de los animales y los recursos naturales. Prepare una lista de estas cosas y dígaselas a la clase. Utilice el presente perfecto de indicativo lo más posible.

SOCIEDAD

LA AUTORIDAD HACE EL OSO. Cantabria es la única región española que ha abandonado al **oso pardo** a su mala suerte de especie en vía de extinción, según la denuncia efectuada por la Comisión de Medio Ambiente del Parlamento Europeo. En la denuncia europea se especifican como proyectos letales para el oso la **apertura de pistas** de montaña para todo-terrenos, la carretera Potes-Reinosa, el uso de venenos, trampas y la caza furtiva: entre 1979 y 1989, se mataron 17 osos.

ANIMALES EN PELIGRO DE EXTINCIÓN

la cotorra	el loro	el manatí	el oso asiático
la paloma habanera	el rinoceronte	el tigre	la tortuga

MODELO: Soy un manatí. He observado que la gente utiliza papel de color y eso contamina de sustancias químicas las aguas del mar. Esto afecta mucho mi salud.

C **¿Sabía Ud. que... ?** Marque con una **X** la información que Ud. ya sabía. Después, compare sus resultados con los de su compañero/a y conversen sobre dos de los temas.

1. _____ La organización «Compañeros para la protección del medio ambiente» ha declarado el día 16 de noviembre como el día de «Use menos cosas».

2. _____ Cada Día de Acción de Gracias hemos dejado por lo menos una cucharada de arándano[1] en el plato, lo que equivale a un desperdicio de 6 millones de libras de comida.

3. _____ Si Ud. dona los espejuelos (las gafas) que no usa al Club de Leones, ellos los distribuyen entre la gente necesitada. Este programa se llama «Dé el regalo de la vista», y hasta ahora han donado más de dos millones de espejuelos.

4. _____ Si Ud. no sabe dónde reciclar los artículos de poliestireno,[2] puede llamar al teléfono 1-800-944-8448.

5. _____ Desde 1993, hay una ley en California que prohíbe la tala[3] de árboles vecinales.[4]

[1]*cranberry sauce*   [2]*styrofoam*   [3]*cutting*   [4]*árboles... trees around houses*

6. _____ En lugar de sustancias químicas para matar hormigas,[5] se puede usar, entre otras cosas: tiza, limón, pimienta y talco.
7. _____ Cada semana se extinguen alrededor de 20 especies de plantas y animales.
8. _____ Cuando los globos[6] de helio caen al mar, ponen en peligro la vida de los animales que se los tragan.[7]
9. _____ Una lata de soda puede tardar 200 años en desintegrarse.
10. _____ En los Estados Unidos se usan 50 millones de toneladas de papel al año, o sea, aproximadamente 580 libras por persona.

[5]*ants* [6]*balloons* [7]*se...swallow them*

PAISAJES Y CURIOSIDADES
Las Islas Galápagos

Las Islas Galápagos (de las Tortugas) fueron descubiertas por los españoles en 1535 y ahora son una provincia del Ecuador. Su nombre oficial es Archipiélago de Colón y consta de 13 islas. Según las crónicas de los primeros exploradores, hacia fines del siglo XVIII había tantas iguanas y tortugas en ese lugar que era muy difícil caminar sin pararse[1] en uno de estos animales. Ya en 1834, en la Isla de Carlos habían sido capturadas 15.000 tortugas. En 1846 se habían extinguido por completo tres especies de tortugas en tres de las islas. Desde entonces, otra especie de animal se ha extinguido y otras se encuentran en camino de la extinción.

Esta situación no ha ocurrido por razones naturales. A principios del siglo XIX la carne de tortuga era el alimento favorito de la tripulación[2] de los barcos europeos (y también de otras personas) porque se consideraba una carne suculenta. Además, ya que las tortugas podían subsistir por varios meses sin agua ni alimentación, eran una fuente de carne fresca durante los largos viajes marítimos. Otra de las causas por las cuales muchas especies de animales únicos de las islas se encuentran ahora amenazadas, fue la venta de éstos a museos y coleccionistas privados. También contribuyó la introducción de otros animales no nativos a las islas —los chivos,[3] los gatos, los puercos— que amenazaban la sobrevivencia de las especies nativas.

En 1835, Charles Darwin llegó a estas islas e hizo observaciones importantes sobre los animales de este lugar que lo ayudaron a postular la teoría de la evolución de las especies. Eventualmente, se fundó allí un observatorio científico que hasta hoy día lleva a cabo investigaciones científicas importantes para toda la humanidad.

[1]*stepping on* [2]*crew* [3]*goats*

CHARLEMOS

1. ¿Cuáles son algunos de los problemas ambientales del mundo en la actualidad?
2. ¿Cómo se puede ayudar a resolverlos?

SEGUNDA LECTURA

Hora 0
Ernesto Cardenal (1925–)

Nota cultural

En el siglo XIX, las empresas Standard Fruit Company y United Fruit Company introdujeron el cultivo del banano en Centroamérica. Este producto llegó a ser una de las fuentes principales de ingresos de varios países con costas en el Atlántico, pero no mejoró la situación económica de los campesinos. Además de llegar a acumular riquezas (extensos terrenos, bancos y ferrocarriles), tuvieron mucha influencia política en los países donde se establecieron.

EN SÍNTESIS

El nicaragüense Ernesto Cardenal es conocido sobre todo por su intensa actividad política, su humanitarismo religioso y su poesía. Es fundador de una comuna religiosa en la Isla de Mancarrón, en Nicaragua. Algunas de sus obras son *Epigramas, poemas* (1961), *Salmos* (1967), *Oración por Marilyn Monroe* (1965) y *Canto a un país que nace*, en el que se incluye el poema «Hora 0».

En este poema, Cardenal expone los abusos de poder que ejercen algunos gobiernos latinoamericanos y algunas compañías estadounidenses sobre los campesinos de Latinoamérica. El título del poema sugiere que ha llegado la hora cero, es decir, la hora de protestar por las injusticias y llevar a cabo una revolución que traiga igualdad social.

ANTES DE LEER: ¡CONVERSEMOS!

1. Se sabe que, en el pasado, algunas grandes compañías han destruido productos alimenticios en Latinoamérica con el fin de controlar los precios. Considerando la pobreza de los campesinos latinoamericanos, ¿se justifica que hayan hecho eso tales compañías?

2. ¿Cómo pudieron haber cooperado esas grandes compañías para mejorar la situación de los campesinos y para evitar el desperdicio de las cosechas? Sugerencias: Pueden hablar sobre salarios, beneficios médicos, condiciones de trabajo y exportaciones.

3. ¿Qué tendrían que haber hecho los líderes de estos países para resolver tales problemas? Sugerencias: Pueden hablar sobre educación, empleos, salud y servicios.

VOCABULARIO DE LA LECTURA

Sustantivos

el cosechero	harvester
el despido	dismissal, firing
el diputado	government deputy, representative
la erogación	distribution
el huérfano	orphan
el impuesto	tax
el muelle	pier

el vagón	(box) car (*train*)

Verbos

corromper	to corrupt
podrir, pudrir	to rot

Adjetivos

golpeado/a	bruised
maduro/a	ripe
marchito/a	dried up, withered

LECTURA *Hora 0*

Noches tropicales de Centroamérica,
con lagunas y volcanes bajo la luna
y luces de palacios presidenciales,
cuarteles° y tristes toques de queda°....   *barracks / toques...curfews*

5 *¡Centinela! ¿Qué hora es de la noche?*
¡Centinela! ¿Qué hora es de la noche?

Los campesinos hondureños traían el dinero en el sombrero
cuando los campesinos sembraban° sus siembras°   *used to plant / crops*
y los hondureños eran dueños de su tierra.
10 Cuando había dinero
y no había empréstitos° extranjeros   *loans*
ni los **impuestos** eran para Pierpont Morgan & Cía.°   *Pierpont...Wall Street investment company*
y la compañía frutera no competía con el pequeño **cosechero**.
Pero vino la United Fruit Company
15 con sus subsidiarias la Tela Railroad Company
y la Trujillo Railroad Company
aliada con la Cuyamel Fruit Company
y Vaccaro Brothers & Company
más tarde Standard Fruit & Steamship Company
20 de la Standard Fruit & Steamship Corporation:
la United Fruit Company

con sus revoluciones para la obtención° de concesiones   para... *to obtain*
y exenciones° de millones en impuestos de importaciones   *(tax) exemptions*
y exportaciones, revisiones de viejas concesiones
25 y subvenciones° para nuevas explotaciones,   *aid, assistance*
violaciones de contratos, violaciones
de la Constitución...
Y todas las condiciones son dictadas por la Compañía
con las obligaciones en caso de confiscación
30 (obligaciones de la nación, no de la Compañía)
y las condiciones puestas por ésta (la Compañía)
para la devolución° de las plantaciones a la nación   *return*
(dadas gratis por la nación a la Compañía)
a los 99 años°....   a...*at the end of a 99-year lease*

35 **Corrompen** la prosa y corrompen el Congreso.
El banano es dejado **podrir** en las plantaciones,
o podrir en los **vagones** a lo largo de la vía férrea,°   vía... *railroad tracks*
o cortado **maduro** para poder ser rechazado°   *rejected*
al llegar al **muelle**; o ser echado en el mar;
40 los racimos declarados **golpeados,** o delgados,
o **marchitos,** o verdes, o maduros, o enfermos:
para que no haya banano barato,
o para comprar banano barato.
Hasta que haya hambre en la Costa Atlántica de Nicaragua.
45 Y los campesinos son encarcelados por no vender a 30 ctvs.°   *cents* (centavos)
y sus bananos son bayoneteados
y la Mexican Trader Steamship les hunde° sinks (*sus...* sinks their motorboats)
sus lanchones,°
y los **huelguistas** dominados a tiros.°   los...*the striking workers subdued at gun point*
(Y los **diputados** nicaragüenses invitados a un garden party.)
50 Pero el negro tiene siete hijos.
Y uno qué va a hacer. Uno tiene que comer.
Y se tienen que aceptar sus condiciones de pago.
24 ctvs. el racimo.°   el...*a bunch (of bananas)*
Mientras la subsidiaria Tropical Radio cablegrafía a Boston:
55 «Esperamos que tendrá la aprobación° de Boston   *approval*
la **erogación** hecha en diputados nicaragüenses de la mayoría
por los incalculables beneficios que para la Compañía representa.»
Y de Boston a Galveston por telégrafo
y de Galveston por cable y telégrafo a México
60 y de México por cable a San Juan del Sur
y de San Juan de Sur por telégrafo a Puerto Limón

y desde Puerto Limón en canoa hasta adentro en la montaña
llega la orden de la United Fruit Company:
«La Iunai° no compra más banano.»   *slang for "united" (United Fruit Co.)*
65 Y hay **despido** de trabajadores en Puerto Limón.
Los pequeños talleres° se cierran.   *workshops*
Nadie puede pagar una deuda.
Y los bananos pudriéndose en los vagones del ferrocarril.
Para que no haya banano barato
70 Y para que haya banano barato.
—19 ctvs. el racimo.
Los trabajadores reciben vales° en vez de jornales.°   *scrip, company money / day's wages*
En vez de pago, deudas.
Y abandonadas las plantaciones, que ya no sirven para nada,
75 y dadas a colonias de desocupados.°   *dadas...given over to groups of
                                                                        unemployed people*
Y la United Fruit Company en Costa Rica
con sus subsidiarias la Costa Rica Banana Company
y la Northern Railway Company y
la International Radio Telegraph Company
80 y la Costa Rica Supply Company
pelean en los tribunales contra un **huérfano.**
El costo del descarrilamiento° son 25 dólares de indemnización   *derailment*
(pero hubiera sido más caro componer la línea férrea).

DESPUÉS DE LEER

Comentemos

A Comprensión. Con un compañero / una compañera, indiquen cuál de las
siguientes oraciones resume mejor el significado del poema. Expliquen por
qué.
1. Las grandes compañías someten a los campesinos latinoamericanos a
   condiciones de trabajo precarias; ha llegado el momento de luchar por el
   bienestar social.
2. La comunicación telegráfica ha viajado miles y miles de millas para avisar
   que los campesinos no tendrán trabajo, y así forzarlos a vender el banano
   más barato.
3. Los campesinos latinoamericanos reciben bajos salarios; por eso protestan
   y son encarcelados.

B Comprensión. Marque con una **X** lo que hubiera dicho el hablante de «Hora
0» y lo que hubiera dicho el dueño de una compañía. Después, compare sus
resultados con los de otro compañero / otra compañera y explique las diferencias.

	EL HABLANTE	EL DUEÑO
1. Qué pena que las noches tropicales hayan sido tan tristes.	☐ X	☐
2. Me alegro de que en tiempos pasados los hondureños hayan cultivado su propia tierra.	☐ X	☐
3. Me extraña que la United Fruit Company haya violado los contratos que tenía con los campesinos.	☐	☐ X
4. No es seguro que las compañías extranjeras hayan impuesto contratos injustos.	☐	☐ X
5. Me molesta que hayan dejado podrir los bananos para controlar los precios.	☐ X	☐
6. No es cierto que hayan encarcelado a los campesinos nicaragüenses.	☐	☐ X
7. Es imposible que una compañía haya peleado contra un huérfano en Costa Rica.	☐ X	☐

C En otras palabras.
1. ¿Qué es posible que les haya pasado a los campesinos al quedarse sin empleo?
2. ¿Cómo es probable que se hayan sentido las familias ante el desperdicio del alimento?
3. ¿Qué es posible que hayan hecho para resolver sus problemas?
4. ¿Qué opina Ud. de esta situación?

Vocabulario en contexto

A Busque la relación entre las palabras de cada par numerado. Después, marque con una **X** el par de palabras que tiene la misma relación que el par numerado.

1. **diputado** / distrito
   a. __X__ gobernador / estado
   b. _____ senador / representante
2. **erogación** / recolección
   a. _____ distribución / repartición
   b. __X__ creación / eliminación
3. **corromper** / conservar
   a. __X__ descomponer / preservar
   b. _____ alterar / perturbar
4. **podrir** / revivir
   a. _____ componer / restaurar
   b. __X__ dañar / arreglar
5. **golpeado** / sano
   a. _____ saludable / robusto
   b. __X__ maltratado / vigoroso

B Busque la definición apropiada para cada palabra de la lista.

el cosechero, el despido, el huérfano, los impuestos, madura, marchitas, el muelle, el vagón.

1. Es la persona que cultiva productos agrícolas. *el cosechero*
2. Es el lugar de donde salen los barcos. *el muelle*
3. Es el coche del ferrocarril que se usa para transportar mercancía. *el vagón*
4. La condición de una fruta que ya no está verde y se puede comer. *madura*
5. El acto de decirle a alguien que ya no tiene más trabajo. *el despido*
6. Es el dinero que le damos al gobierno por lo que ganamos. *el impuestos*
7. La condición de las plantas y las flores cuando están secas. *marchitas*
8. Es una persona cuyos padres han muerto. *el huérfano*

DE TERTULIA

A Busque la firma. ¿Hay alguien en la clase que...

1. _____ haya considerado seguir una carrera en selvicultura[1]?
2. _____ haya conservado la energía eléctrica en los últimos meses?
3. _____ se haya dado duchas rápidas para conservar el agua?
4. _____ haya evitado comprar artículos de plástico?
5. _____ haya estudiado Asuntos Internacionales?
6. _____ haya evitado usar lápices de colores a base de aceite y prefiere colorear con acuarelas?
7. _____ haya leído que un árbol de quince años sólo produce setecientas bolsas de papel?
8. _____ haya leído sobre los animales en peligro de extinción?

[1]*forestry*

LÁPICES VELOCES

WRITING STRATEGIES

Verbs The verb is a fundamental part of any sentence. It not only expresses action, but also, in the form of the past participle, can be used as an adjective: **amar → amado/a, herir → herido/a, calmar → calmado/a.** In the following activity A, you can brainstorm verbs related to a topic, then develop a composition based on them.

A Escriba dos listas de verbos: una de los verbos que Ud. asocie con la compasión y el amor, y otra de los que asocie con la represión y la indiferencia hacia las personas o los animales. Después, utilice algunos de esos verbos para escribir dos párrafos.

Párrafo 1: Diga algunas cosas censurables que se han hecho contra la gente y los animales.

Sugerencias: Puede utilizar algunas de las siguientes palabras y frases: la desforestación, la contaminación, la acumulación de basura, la pérdida de la biodiversidad, la urbanización, la explosión demográfica, las aguas negras, el efecto invernadero.

Párrafo 2: Diga algunas cosas positivas que Ud. espera que se hayan hecho dentro de 20 años en beneficio de la humanidad.

Sugerencias: Pueden utilizar las siguientes palabras: la igualdad, el control, el cuidado, la responsabilidad, el equilibrio, el medio ambiente, la contribución.

B **¡A imaginar!** Ahora imagínese que Ud. acaba de regresar de un almuerzo en un parque. Ud. está pensando en todo lo que hicieron los miembros de su familia, sus amigos y otros visitantes del parque para contribuir a la conservación del ambiente y de los recursos naturales.

Párrafo 1: Diga lo que han hecho los miembros de su familia y sus amigos.

Párrafo 2: Diga lo que posiblemente hayan hecho los otros visitantes.

CAPÍTULO 8

LA GENTE QUE COOPERA

Cipotes[1] en la marcha por las paz, de Isaías Mata (1956–), El Salvador. Mata denuncia los problemas sociales contemporáneos en sus pinturas. ¿Conoce Ud. la obra de un(a) artista que se inclina por los temas sociales? ¿Qué temas prefiere Ud. ver tratados en el arte?

[1]Cipotes… Muchachos

PRIMERA LECTURA

El vaso de leche
Manuel Rojas (1896–1973)

READING STRATEGIES

Characterization   The process of portraying characters with memorable details is called characterization. Characters are more realistic when the author shows that there is more than one side to their personality. In "El vaso de leche," the reader gets to know the main character through what the author says about him and through the character's actions. As you read the story, focus on the character's personality.

EN SÍNTESIS

El chileno Manuel Rojas es una figura muy importante en las letras de Hispanoamérica. En su obra sobresalen temas sobre las experiencias duras de la vida diaria, el humor y la ternura. La vida misma de Manuel Rojas estaba llena de vivencias extraordinarias a causa de la gran diversidad de empleos que él desempeñó. Rojas fue cargador de barcos, ferroviario,[1] impresor,[2] periodista, pintor, cuentista, ensayista, poeta y director de la Biblioteca Nacional de Chile.

Entre sus novelas más conocidas se encuentran *Hijo de ladrón* (1951) *Punta de rieles* (1960) y *Sombras contra el muro* (1964). El cuento «El vaso de leche» es uno de sus más leídos, quizá por la profunda dimensión humana que logra captar en el personaje principal. La trama gira en torno a un joven cuya pasión por el mar lo ha llevado a deambular,[3] hambriento,[4] por los puertos de su país. En todo momento, sin embargo, trata de mantener su dignidad y honestidad. Al final, la generosidad de una persona desconocida le devuelve el deseo de sobrevivir a su problema. El vaso de leche que ella le permite tomarse sin que él tenga que pagar, simboliza la salvación y la esperanza.

[1]*railroad worker*   [2]*printer*   [3]*wander*   [4]*starving*

ANTES DE LEER: ¡CONVERSEMOS!

1. ¿Ha pasado Ud. o algún familiar suyo por una situación difícil? ¿Qué hizo para solucionarla? ¿Quién o quiénes lo/la ayudaron?
2. ¿Arriesgaría Ud. la vida por uno de sus amigos o amigas?

VOCABULARIO DE LA LECTURA

Sustantivos

el capataz	foreman
la esclavitud	slavery
el estibador	stevedore
la faena	work, task
el guiso	sauce (*for food*); condiment
la sobra	leftover (*food*)
el trigo	wheat
el trozo	piece

Verbos

atravesar (ie)	to cross
ofrecerse	to present oneself (*for work*)
probar (ue)	to taste
restregarse (ie)	to rub (together)
sollozar	to sob
zarpar	to weigh anchor, leave port

Adjetivos

aturdido/a	confused
liso/a	smooth; simple
sordo/a	deaf; silent

LECTURA *El vaso de leche*

A l inicio de la historia, un atorrante[1] pasa frente a un marinero y éste le tira una bolsa de comida. A corta distancia, un joven observa la escena y recuerda las veces en que a él, estando muy hambriento, también le han ofrecido comida, pero él la agradece cortésmente sin aceptarla.

5 ...Él también tenía hambre. Hacía tres días justos[2] que no comía, tres largos días. Y más por timidez y vergüenza que por orgullo, se resistía a pararse[3] delante de las escalas[4] de los vapores, a las horas de comida, esperando de la generosidad de los marineros algún paquete que contuviera restos de **guisos** y **trozos** de carne. No podía hacerlo, no podría hacerlo nunca. Y cuando,
10 como en el caso reciente, alguno le ofrecía sus **sobras,** las rechazaba heroicamente, sintiendo que la negativa aumentaba su hambre.

Seis días hacía que vagaba[5] por las callejuelas y muelles de aquel puerto. Lo había dejado allí un vapor inglés procedente[6] de Punta Arenas, puerto en donde había desertado de un vapor en que servía como muchacho de
15 capitán.[7] Estuvo un mes allí, ayudando en sus ocupaciones a un austríaco pescador de centollas,[8] y en el primer barco que pasó hacia el norte embarcóse ocultamente.[9]

Lo descubrieron al día siguiente de **zarpar** y enviáronlo a trabajar en las calderas.[10] En el primer puerto grande que tocó el vapor lo desembarcaron,[11]

---

[1]*vagabond, bum*   [2]*exactly*   [3]*stand*   [4]*stopping points*   [5]*he had been wandering*   [6]*coming*
[7]*muchacho... cabin boy*   [8]*spider crabs*   [9]*secretly*   [10]*boilers (of the steam engine)*   [11]*lo... they put him off*

20 y allí quedó, como un fardo[12] sin dirección ni destinatario, sin conocer a nadie, sin un centavo en los bolsillos y sin saber trabajar en oficio alguno.

Mientras estuvo allí el vapor, pudo comer, pero después... La ciudad enorme, que se alzaba más allá de las callejuelas llenas de tabernas y posadas[13] pobres, no le atraía; parecíale un lugar de **esclavitud,** sin aire, oscura, sin esa
25 grandeza amplia del mar, y entre cuyas altas paredes y calles rectas la gente vive y muere **aturdida** por un tráfago[14] angustioso.

Estaba poseído por la obsesión del mar, que tuerce[15] las vidas más **lisas** y definidas como un brazo poderoso una delgada varilla.[16] Aunque era muy joven había hecho varios viajes por las costas de América del Sur, en diversos
30 vapores, desempeñando distintos trabajos y faenas, **faenas** y trabajos que en tierra casi no tenían aplicación.

Después que se fue el vapor anduvo y anduvo, esperando del azar[17] algo que le permitiera vivir de algún modo mientras volvía a sus canchas[18] familiares; pero no encontró nada. El puerto tenía poco movimiento y en los con-
35 tados[19] vapores en que se trabajaba no lo aceptaron. ...

• • •

Al día siguiente, convencido de que no podría resistir mucho más, decidió recurrir a cualquier medio para procurarse alimentos.

Caminando, fue a dar delante de un vapor que había llegado la noche anterior y que cargaba **trigo.** Una hilera[20] de hombres marchaba, dando la vuelta,
40 al hombro los pesados sacos, desde los vagones, **atravesando** una planchada,[21] hasta la escotilla[22] de la bodega,[23] donde los **estibadores** recibían la carga.

Estuvo un rato mirando hasta que atrevióse a hablar con el **capataz, ofreciéndose.** Fue aceptado y animosamente formó parte de la larga fila de cargadores.
45 gadores.

Terminó la jornada[24] completamente agotado,[25] cubierto de sudor[26] reducido ya a lo último. Mientras los trabajadores se retiraban, se sentó en unas bolsas acechando[27] al capataz, y cuando se hubo marchado el último acercóse a él y confuso y titubeante, aunque sin contarle lo que le sucedía, le
50 preguntó si podían pagarle inmediatamente o si era posible conseguir un adelanto[28] a cuenta de lo ganado.[29]

Contestóle el capataz que la costumbre era pagar al final del trabajo y que todavía sería necesario trabajar el día siguiente para concluir de cargar el vapor. ¡Un día más! Por otro lado, no adelantaban un centavo.
55   —Pero —le dijo—, si usted necesita, yo podría prestarle unos cuarenta centavos... No tengo más.

Le agradeció el ofrecimiento con una sonrisa angustiosa y se fue.

Le acometió[30] entonces una desesperación aguda. Tenía hambre, hambre,

[12]*old bundle or package*   [13]*inns*   [14]*trade, business*   [15]*alters, disrupts*   [16]*rod*   [17]*chance, fate*   [18]*home territory*   [19]*few, scarce*   [20]*line*   [21]*gangplank*   [22]*hatchway*   [23]*hold (of a ship)*   [24]*day's work*   [25]*exhausted* [26]*sweat*   [27]*lying in wait for*   [28]*advance*   [29]a... *against what he had earned*   [30]Le... *Overpowered him*

hambre! Un hambre que lo doblegaba[31] como un latigazo,[32] veía todo a través
de una niebla azul y al andar vacilaba[33] como un borracho. Sin embargo, no
habría podido quejarse ni gritar, pues su sufrimiento era oscuro y fatigante; no
era dolor, sino angustia **sorda,** acabamiento;[34] le parecía que estaba
aplastado[35] por un gran peso.

Sintió de pronto como una quemadura[36] en las entrañas,[37] y se detuvo. Se
fue inclinando, inclinando, doblándose forzadamente y creyó que iba a caer.
En ese instante, como si una ventana se hubiera abierto ante él, vio su casa, el
paisaje que se veía desde ella, el rostro de su madre y el de sus hermanos,
todo lo que él quería y amaba apareció y desapareció ante sus ojos cerrados
por la fatiga... Después, poco a poco, cesó el desvanecimiento[38] y se fue
enderezando,[39] mientras la quemadura se enfriaba despacio. Por fin se
irguió,[40] respirando profundamente. Una hora más y caería al suelo.

Apuró el paso,[41] como huyendo de un nuevo mareo, y mientras marchaba
resolvió ir a comer a cualquier parte, sin pagar, dispuesto a que lo avergonzaran,[42] a que le pegaran, a que lo mandaran preso,[43] a todo; lo importante era
comer, comer, comer. Cien veces repitió mentalmente esta palabra: comer,
comer, comer, hasta que el vocablo perdió su sentido, dejándole una impresión de vacío caliente en la cabeza.

No pensaba huir; le diría al dueño: «Señor, tenía hambre, hambre, hambre, y
no tengo con qué pagar... Haga lo que quiera».

Llegó hasta las primeras calles de la ciudad y en una de ellas encontró una
lechería. Era un negocito muy claro y limpio, lleno de mesitas con cubiertas
de mármol.[44] Detrás de un mostrador estaba de pie una señora rubia con un
delantal[45] blanquísimo.

Eligió ese negocio. La calle era poco transitada.[46] Habría podido comer en
uno de los figones[47] que estaban junto al muelle, pero se encontraban llenos
de gente que jugaba y bebía.

En la lechería no había sino un cliente. Era un vejete de anteojos, que con
la nariz metida entre las hojas de un periódico, leyendo, permanecía inmóvil,
como pegado a la silla. Sobre la mesita había un vaso de leche a medio consumir. ...

Esperó que [el vejete] se alejara y entró. Un momento estuvo parado a la
entrada, indeciso, no sabiendo dónde sentarse; por fin eligió una mesa y
dirigióse hacia ella; pero a mitad de camino se arrepintió, retrocedió y tropezó
en una silla, instalándose después en un rincón.[48]

Acudió[49] la señora, pasó un trapo[50] por la cubierta de la mesa y con voz
suave, en la que se notaba un dejo de acento español, le preguntó:

—¿Qué se va usted a servir?

[31]lo... bent him over [32]lash (of a whip) [33]al... as he walked, he swayed [34]exhaustion [35]flattened, crushed [36]burning [37]stomach [38]dizziness [39]straightening up [40]se... he stood up [41]Apuró... He hurried along [42]dispuesto... willing to have them shame him [43]a... to have them send him to jail [44]marble [45]apron [46]era... had little traffic on it [47]taverns [48]corner [49]arrived [50]rag

Sin mirarla, le contestó:

—Un vaso de leche.

100   —¿Grande?

—Sí, grande.

—¿Sólo?

—¿Hay bizcochos[51]?

—No; vainillas.[52]

105   —Bueno, vainillas.

Cuando la señora se dio vuelta, él **se restregó** las manos sobre las rodillas, **regocijado,**[53] como quien tiene frío y va a beber algo caliente.

Volvió la señora y colocó ante él un gran vaso de leche y un platillo lleno de vainillas, dirigiéndose después a su puesto detrás del mostrador.

110   Su primer impulso fue el de beberse la leche de un trago y comerse después las vainillas, pero en seguida se arrepintió; sentía que los ojos de la mujer lo miraban con curiosidad. No se atrevía a mirarla; le parecía que, al hacerlo, conocería su estado de ánimo y sus propósitos vergonzosos y él tendría que levantarse e irse, sin **probar** lo que había pedido.

115   Pausadamente tomó una vainilla, humedecióla[54] en la leche y le dio un bocado; bebió un sorbo de leche y sintió que la quemadura, ya encendida en su estómago, se apagaba y deshacía. Pero, en seguida, la realidad de su situación desesperada surgió ante él y algo apretado y caliente subió desde su corazón hasta la garganta; se dio cuenta de que iba a **sollozar,** a sollozar a gri-
120   tos, y aunque sabía que la señora lo estaba mirando no pudo rechazar ni deshacer aquel nudo[55] ardiente que se estrechaba más y más. Resistió, y mientras resistía comió apresuradamente, como asustado, temiendo que el llanto[56] le impidiera comer. Cuando terminó con la leche y las vainillas se le nublaron los ojos[57] y algo tibio[58] rodó[59] por su nariz, cayendo dentro del vaso. Un terri-
125   ble sollozo lo sacudió hasta los zapatos.

Afirmó[60] la cabeza en las manos y durante mucho rato lloró, lloró con pena, con rabia, con ganas de llorar, como si nunca hubiese llorado.

• • •

Inclinado estaba y llorando, cuando sintió que una mano le acariciaba la cansada cabeza y que una voz de mujer, con un dulce acento español, le
130   decía:

—Llore, hijo, llore...

Una nueva ola de llanto le arrasó[61] los ojos y lloró con tanta fuerza como la primera vez, pero ahora no angustiosamente, sino con alegría, sintiendo que una gran frescura lo penetraba, apagando eso caliente que le había estrangu-
135   lado la garganta. Mientras lloraba parecióle que su vida y sus sentimientos se

[51]*pastries*   [52]*vanilla cookies*   [53]*joyous*   [54]*dipped it*   [55]*knot*   [56]*sobbing*   [57]*se... his eyes fogged over*   [58]*warm*   [59]*rolled*   [60]*He rested*   [61]*filled*

limpiaban como un vaso bajo un chorro de agua, recobrando la claridad y firmeza de otros días.

Cuando pasó el acceso de llanto[62] se limpió con su pañuelo los ojos y la cara, ya tranquilo. Levantó la cabeza y miró a la señora, pero ésta no le miraba

140 ya, miraba hacia la calle, a un punto lejano, y su rostro estaba triste.

En la mesita, ante él, había un nuevo vaso lleno de leche y otro platillo colmado[63] de vainillas; comió lentamente, sin pensar en nada, como si nada le hubiera pasado, como si estuviera en su casa y su madre fuera esa mujer que estaba detrás del mostrador.

145 Cuando terminó ya había oscurecido y el negocio se iluminaba con una bombilla eléctrica. Estuvo un rato sentado, pensando en lo que le diría a la señora al despedirse, sin ocurrírsele nada oportuno.

Al fin se levantó y dijo simplemente:

—Muchas gracias, señora; adiós...

150 —Adiós, hijo... —le contestó ella.

Salió. El viento que venía del mar refrescó su cara, caliente aún por el llanto. Caminó un rato sin dirección, tomando después por una calle que bajaba hacia los muelles. La noche era hermosísima y grandes estrellas aparecían en el cielo de verano. ...

155 Miró el mar. Las luces del muelle y las de los barcos se extendían por el agua en un reguero[64] rojizo y dorado, temblando suavemente. Se tendió de espaldas,[65] mirando el cielo largo rato. No tenía ganas de pensar, ni de cantar, ni de hablar. Se sentía vivir, nada más.

Hasta que se quedó dormido con el rostro vuelto hacia el mar.

[62]acceso... *outburst of tears*   [63]*piled*   [64]*trail*   [65]Se... *He leaned back*

DESPUÉS DE LEER

Comentemos

Ⓐ Comprensión. Escriba los números del 1 al 6 para indicar el orden en que ocurrieron estos eventos de «El vaso de leche.» Después, resuma la historia con sus propias palabras.

a. _____ Sintió una mano que le acariciaba la cabeza.

b. _____ Buscó trabajo en el puerto, pues hacía tres días que no comía.

c. _____ Consiguió trabajo de cargador.

d. _____ Encontró una lechería, donde una señora se compadeció de él.

e. _____ Tuvo un acceso de llanto.

f. _____ Más tranquilo, se quedó dormido frente al mar.

g. _____ Le pidió al capataz que le pagara su dinero inmediatamente, pero éste sólo podía ofrecerle cuarenta centavos prestados.

Ⓑ Comprensión. Las siguientes oraciones de la historia revelan o demuestran algunas cualidades del personaje principal. Léalas. Luego escoja la oración que exprese mejor sus cualidades.

1. «Y cuando, como en el caso reciente, alguno le ofrecía sus sobras, las rechazaba heroicamente, sintiendo que la negativa aumentaba su hambre.»
   a. Demuestra la dignidad y orgullo del personaje.
   b. Demuestra su timidez y vergüenza.
2. «...y en el primer barco que pasó hacia el norte embarcóse ocultamente.»
   a. Indica que el personaje es indeciso.
   b. Indica que es intrépido y que está dispuesto a arriesgarse.
3. «Al día siguiente, convencido de que no podría resistir mucho más, decidió recurrir a cualquier medio para procurarse alimentos.»
   a. Demuestra su instinto de sobrevivencia.
   b. Demuestra sus temores.
4. «Fue aceptado y animosamente formó parte de la larga fila de cargadores.»
   a. Revela su honestidad, su deseo de sobrevivir por sus propios medios.
   b. Revela su ingenuidad.
5. «Le agradeció [al capataz] el ofrecimiento con una sonrisa angustiosa y se fue.»
   a. Demuestra que, aunque está desesperado, lucha por conservar su dignidad.
   b. Demuestra que es una persona feliz.
6. «...todo lo que él quería y amaba apareció y desapareció ante sus ojos cerrados por la fatiga...»
   a. Revela lo mucho que significa la familia para él.
   b. Revela que recuerda a su familia sólo cuando está muy hambriento.
7. «...resolvió ir a comer a cualquier parte, sin pagar, dispuesto a que lo avergonzaran, a que le pegaran, a que lo mandaran preso, a todo...»
   a. Demuestra su falta de voluntad para resolver su situación.
   b. Demuestra su extrema desesperación.
8. «...por fin eligió una mesa y dirigióse hacia ella; pero a mitad de camino se arrepintió, retrocedió y tropezó en una silla, instalándose después en un rincón.»
   a. Esto lo caracteriza como un joven algo inseguro.
   b. Esto lo caracteriza como un joven honesto.

G En otras palabras.
1. Si Ud. se encontrara en una situación parecida a la del joven de la historia, ¿qué haría? ¿Cuáles serían sus planes a corto plazo? ¿Cuáles serían sus planes a largo plazo?
2. A veces uno juzga o caracteriza a las personas por su apariencia. ¿Qué habría pensado Ud. del joven si no hubiera sabido que buscaba empleo?

Vocabulario en contexto

A Con un compañero / una compañera, den las palabras del vocabulario que corresponden a las siguientes definiciones.

1. Lo que se queda en el plato al terminar de comer.
2. Confundido/a.
3. Saborear sólo un poquito de algún alimento.
4. Salir un barco del puerto.
5. El trabajo, la tarea.
6. La condición de esclavo, de no ser libre.
7. Un pedazo, una parte muy pequeña.
8. El trabajador que pone la carga en un barco.
9. Pasar o ir de un sitio a otro.
10. Llorar muy fuertemente.
11. Sin complicaciones.

MIS PROPIAS PALABRAS

Escriba una lista de otras palabras que podrían ayudarlo/la a conversar sobre la lectura. Utilice un diccionario si es necesario.

_____

_____

_____

_____

_____

_____

_____

B En parejas, háganse las siguientes preguntas.

1. **El capataz** o jefe de un trabajo no siempre es comprensivo y amable, sino rudo y desagradable. ¿Conoces a alguien que se queje de su jefe o capataz? ¿Qué le aconsejarías?

2. **La esclavitud** es un aspecto muy vergonzoso en la historia de la humanidad. ¿Crees que todavía existe la esclavitud, aunque de una manera diferente? ¿Por qué sí o por qué no?

3. Un buen **guiso** les gusta a muchas personas. ¿Cuáles son los ingredientes de su guiso preferido?

4. **¿Te ofreces** algunas veces para ayudar en los quehaceres de la casa? ¿Por qué sí o por qué no?

5. **El trigo** es uno de los alimentos básicos. ¿Qué alimentos a base de trigo comes? ¿Con cuánta frecuencia los comes?

6. **Los sordos** pueden comunicarse a través de señales. ¿Sabes el lenguaje por señales o conoces a alguien que lo sepa? ¿Enseñaban clases de lenguaje por señales en su escuela secundaria?

7. Hay gente que **se restriega** los ojos cuando llora. ¿Por qué hacen esto?

DE TERTULIA

La señora española. El autor de «El vaso de leche» nos dice bastante sobre la personalidad del joven del cuento, pero muy poco sobre la señora que lo ayuda. Imagínense cómo era la personalidad y el físico de ella y conversen sobre ese tema. Las siguientes preguntas les pueden ayudar a iniciar la conversación.

1. ¿Por qué creen Uds. que ella es tan bondadosa?

2. El autor dice que la señora es rubia. ¿Qué otras cosas se pueden imaginar de su apariencia física?

3. ¿Tendrá o habrá tenido familia?

4. ¿Habrá tenido dificultades en su vida? ¿Es por eso que comprende y ayuda al joven?

PAISAJES Y CURIOSIDADES

Francisco José de Goya

Francisco José de Goya y Lucientes nació en 1746 y, a los 46 años, fue nombrado pintor de la corte de Carlos III,* lo que aumentó el prestigio de su ya famosa pintura. Desde el inicio de su ascendente carrera como pintor, Goya representó[1] en sus lienzos[2] las clases populares de España.

Goya satirizó las costumbres y la corrupción de la realeza[3] de la época y con frecuencia expone en sus cuadros una imagen desagradable del físico de estos personajes en contraste con el esplendor de su vestimenta.[4]

La invasión francesa de España en 1808 causó en Goya una honda impresión que le motivó a pintar una de sus obras más famosas, *Los fusilamientos del 3 de mayo, 1808*. En esta obra se puede ver el horror en los ojos de los españoles que los soldados franceses están a punto de ejecutar. Éstas y otras experiencias dejaron en Goya una terrible marca de desaliento[5] y una visión macabra de la humanidad. Por eso, entre 1810 y 1814, trabajó en una serie de grabados[6] que tituló *Los desastres de la guerra*.

En 1824 Goya se exilió voluntariamente en el sur de Francia, para evitar las represiones de la monarquía española. Allí continuó pintando y contribuyó al desarrollo del impresionismo francés, hasta su muerte en 1828.

Los fusilamientos del 3 de mayo, 1808, *1814, del pintor español Francisco José de Goya (1746–1828)*

[1]*portrayed*   [2]*canvases*   [3]*royalty*   [4]*clothing*   [5]*disillusionment*   [6]*etchings*

---

*Rey de España entre 1759 y 1788. Durante su reinado España perdió el territorio de la Florida.

CHARLEMOS

1. Si pudiera pintar un cuadro crítico sobre una situación social, ¿qué situación escogería?
2. Si quisiera pintar un cuadro sobre un tema alegre y relajante, ¿qué pintaría?

SEGUNDA LECTURA

La muralla
Nicolás Guillén (1902–1989)

EN SÍNTESIS

Nicolás Guillén nació en Camagüey, Cuba. Desde muy joven se fue a vivir a La Habana, donde publicó su primer poemario *Motivos de son* (1930). Esta publicación fue el inicio de una fructífera producción literaria en la que se destaca la presencia de la cultura afrocubana. A este poemario le siguieron otros de igual éxito como *Sóngoro Cosongo* (1931), *El son entero* (1947), *La paloma del vuelo popular* (1965) y *El gran Zoo* (1967). En 1961 fue presidente de la Unión Nacional de Escritores y Artistas de Cuba. Es considerado el poeta nacional de Cuba.

En el poema «La muralla», Guillén utiliza el símbolo de una muralla construida por las razas blanca y negra juntas para hablarnos del esfuerzo colectivo en el logro de una meta común. Se trata de una muralla protectora detrás de la cual sólo podrán habitar las cosas y las personas buenas.

> ### Nota cultural
> Muchos escritores y artistas hispanos han dedicado su obra, o algunas de sus obras, a denunciar problemas e injusticias sociales o al logro[1] de una causa común. Tal es el caso del pintor español Francisco de Goya. Otro ejemplo es el de Pablo Picasso. El bombardeo[2] del pueblo español de Guernica, en 1937 por Alemania, inspiró a Picasso a pintar un cuadro que reflejara la angustia y los horrores de la guerra. Este cuadro, titulado *Guernica*, sirvió más tarde para recaudar[3] fondos para los damnificados[4] españoles.
>
> [1]*achieving*   [2]*bombing*   [3]*raise*   [4]*injured, aggrieved*

ANTES DE LEER: ¡CONVERSEMOS!

1. En «La muralla» el poeta propone crear un espacio colectivo ideal, libre de cosas negativas. Si Ud. pudiera crear un espacio similar, ¿cómo sería este sitio?
2. ¿A cuáles de sus amigos invitaría a formar parte de ese sitio? ¿Por qué invitaría a algunos y a otros no?
3. ¿A qué persona famosa o importante invitaría? ¿Por qué?

VOCABULARIO DE LA LECTURA

Sustantivos

el alacrán	scorpion
el clavel	carnation
el monte	large hill
el puñal	dagger

el sable	sabre
el veneno	poison

Verbos

alzar	to lift

LECTURA   *La muralla*

Para hacer esta muralla,
tráiganme todas las manos:
los negros, sus manos negras,
los blancos, sus blancas manos.
5   Ay,
una muralla que vaya
desde la playa hasta el **monte,**
desde el monte hasta la playa, bien,
allá sobre el horizonte.

10   —¡Tun, tun!°   *onomatopoeic sound imitating a knock*
      —¿Quién es?   *at a door*
      —Una rosa y un **clavel**...
      —¡Abre la muralla!

      —¡Tun, tun!
15   —¿Quién es?
      —El **sable** del coronel...
      —¡Cierra la muralla!

      —¡Tun, tun!
      —¿Quién es?
20   —La paloma y el laurel...
      —¡Abre la muralla!

—¡Tun, tun!
—¿Quién es?
—El **alacrán** y el ciempiés°...   *centipede*
25 —¡Cierra la muralla!

Al corazón del amigo,
abre la muralla;
al **veneno** y al **puñal,**
cierra la muralla;
30 al mirto y la yerbabuena,°   *mint*
abre la muralla;
al diente de la serpiente,
cierra la muralla;
al ruiseñor° en la flor,   *nightingale*
35 abre la muralla...

Alcemos una muralla
juntando todas las manos;
los negros, sus manos negras,
los blancos, sus blancas manos.
40 Una muralla que vaya
desde la playa hasta el monte,
desde el monte hasta la playa, bien,
allá sobre el horizonte...

*La muralla que rodea la ciudad de San Juan,
en Puerto Rico, fue construida por los
españoles en el Siglo XVII para proteger la
ciudad de las invasiones extranjeras. Con el
mismo propósito se construyeron allí los
fuertes El Morro, San Cristóbal y el Fuerte
San Jerónimo.*

DESPUÉS DE LEER
Comentemos

Ⓐ Comprensión. Indique si las oraciones son ciertas (**C**) o falsas (**F**). Corrija las falsas.

1. _____ El hablante poético desea construir una muralla con la ayuda de las razas negra y blanca.
2. _____ La muralla debe ser muy larga y debe ir desde el centro de la ciudad hasta la playa.
3. _____ La muralla simboliza un espacio detrás del cual todo es ideal.
4. _____ La rosa y el clavel tal vez sean símbolo de belleza. Por eso la voz poética los permite entrar.
5. _____ El sable del coronel tal vez sea símbolo de la violencia del gobierno. Por eso no lo permite entrar.
6. _____ La paloma y el laurel tal vez signifiquen conflicto. Por eso no sabe si debe permitirles entrar o no.
7. _____ El alacrán y el ciempiés pueden ser símbolos de peligro. Por eso les cierra la muralla.
8. _____ El corazón de un amigo, el mirto, la yerbabuena y el ruiseñor son símbolos de cosas buenas e inofensivas. Por eso les abre la muralla.
9. _____ El hablante poético tiene una visión pesimista del mundo al desear una muralla que sea símbolo de cooperación entre las razas.

Ⓑ En otras palabras.

1. Si fuera suya la voz poética del poema, ¿a qué cosas simbólicas les permitiría entrar? ¿A qué cosas no les permitiría entrar?
2. Si tuviera que construir una muralla protectora, ¿a quiénes les pediría ayuda?
3. Si pudiera construir algo en beneficio de la humanidad, ¿qué construiría?
4. Si pudiera fundar una organización benéfica, ¿qué beneficios brindaría ésta y a quiénes beneficiaría?
5. ¿Cree Ud. que el mensaje del autor tiene aplicación hoy en día?

Vocabulario en contexto

Ⓐ Complete las oraciones.

1. El trabajo de los estibadores es muy duro, porque tienen que _____ cosas pesadas.
   a. **alzar**   b. numerar
2. No es bueno que los niños consuman _____ en exceso.
   a. dulces   b. **venenos**
3. El _____ es un animal en peligro de extinción.
   a. **alacrán**   b. oso pardo

4. Los _____ son armas que se parecen a la espada.
    a. **sables**   b. tenedores
5. Para fabricar _____, se necesita madera de buena calidad.
    a. **un puñal**   b. una silla
6. Lo más agradable de un _____ es que hay mucha vegetación.
    a. **monte**   b. lago

B En parejas, háganse las siguientes preguntas.
1. ¿Hay **alacranes** en la comunidad donde tú vives? Si vieras un alacrán, ¿qué harías?
2. Si recibieras un ramo de **claveles,** ¿qué pensarías de la persona que te lo envió?
3. ¿Cuál es el símbolo que identifica los **venenos**? ¿Qué medidas de precaución se toman para que los niños no tengan acceso a los envases que contienen veneno?
4. ¿Quién **alza** las cosas muy pesadas en tu casa?

DE TERTULIA

Las cualidades personales. Parte 1. ¿Cuáles de las siguientes cualidades aprecia Ud. más en una persona que acaba de conocer? Indíquelas según el orden de importancia. Después, comparta sus respuestas con un compañero / una compañera.

MUCHA→ NINGUNA IMPORTANCIA

5	4	3	2	1	su sentido del humor
5	4	3	2	1	la forma en que se viste
5	4	3	2	1	la clase de amigos que tiene
5	4	3	2	1	sus planes para el futuro
5	4	3	2	1	su manera de expresarse
5	4	3	2	1	su posición socioeconómica
5	4	3	2	1	sus pasatiempos e intereses
5	4	3	2	1	su apariencia física
5	4	3	2	1	la forma en que trata a sus amigos
5	4	3	2	1	su origen étnico
5	4	3	2	1	sus opiniones políticas

Parte 2. En parejas, háganse las siguientes preguntas.
1. ¿Por cuál de las cualidades de la lista anterior te gustaría ser juzgado/a?
2. ¿Qué cualidades añadirías a la lista?

LÁPICES VELOCES

WRITING STRATEGIES

Characterization   Creating a realistic portrait of a character is a challenge to any author. The following activity will give you the chance to experience that challenge. In it, you will be asked to "flesh out" the character of the woman who showed compassion for the young man in the story "El vaso de leche."

Think about the various techniques for characterization that you have seen in the stories in this reader: a character's physical appearance, his or her actions and manner of speaking, his or her interior thoughts, the author's opinion about or reaction to the character. How many of these techniques can you use in the activity?

Imagínese que han pasado diez años y el joven del cuento regresa a visitar a la señora para agradecerle el favor que le hizo.

Párrafo 1: El autor dice que la señora era «rubia con un delantal blanquísimo». Escriba una descripción breve de cómo es ella ahora.

Párrafo 2: Ahora imagínese que ella es muy generosa, pero tiene poca paciencia. Invente una cosa positiva y una negativa que le han ocurrido a ella como resultado de su personalidad.

Párrafo 3: Finalmente, escriba un diálogo breve entre el joven y la señora.

Parque de Chapultepec, en México

Playa Bristol, en Mar del Plata, Argentina

En todas las culturas, la playa y los parques son lugares ideales para divertirse y descansar. ¿Qué actividad habría preferido hacer Ud. si hubiera estado en esta playa o en este parque?

¡A DIVERTIRNOS!

CAPÍTULO 9

El talento del Ballet Folklórico de México le ha ganado mucha fama internacional.

Esta pareja se divierte bailando merengue en una discoteca de la República Dominicana, país de origen de este baile popular.

LOS TIEMPOS DEL BAILE

A mucha gente no le divierte bailar pero le fascina ver espectáculos de baile. ¿Qué prefiere Ud., bailar o ver bailes? ¿Qué tipo de bailes prefiere y con qué frecuencia los ve bailar o los baila? ¿Sabe Ud. qué bailes habría aprendido si hubiera nacido en España? ¿en la Argentina? ¿en el Caribe?

PRIMERA LECTURA

Majestad negra°
Luis Palés Matos (1899–1959)

Majestad... *Her*
Black Majesty

Images   You have already learned about some of the symbols and images that are used, especially in poetry, to evoke ideas and feelings. In this way, poets transform reality into something new and different, something that transcends reality.

Here are some of the most common types of images used by writers. You are already familiar with the first three.

- **la metáfora** (*metaphor*): a direct comparison, often expressed in Spanish with the verb **ser**
  Mis hijos **son la luz de mis ojos.**
- **el símil** (*simile*): a comparison that uses **como** (*like, as*)
  Su pena era **como la esperanza** de un pobre, muy grande.
- **la personificación** (*personification*): the attribution of human behavior or characteristics to a nonhuman thing or abstraction
  El viento le **besaba** los cabellos.
- **la onomatopeya** (*onomatopoeia*): a word that imitates the sound of an object or action
  El cro cro de las ranas se oía a la distancia.

The following poem uses primarily metaphors. See how many you can find as you read.

EN SÍNTESIS

El conocido poeta puertorriqueño Luis Palés Matos cultivó con igual habilidad las tradicionales formas de la poesía española como el estilo de la poesía negroide. Pero es la poesía negroide la que lo coloca en un lugar de alta distinción en la historia de la literatura hispana, pues es un exponente extraordinario de las voces negras en la poesía hispana. A través de estas voces logra representar el ámbito social y espiritual del ambiente afroantillano.

En su poemario *Tuntún[1] de pasa y grifería[2]* (1937), Palés demuestra su talento para incorporar en su poesía los ritmos del habla negra y una serie de imágenes visuales y sonoras de alta musicalidad. «Majestad negra» es un poema

> **Nota cultural**
>
> La poesía negroide (negrista) fue un movimiento literario que tuvo como tema la cultura negra en América. En Puerto Rico este movimiento se inició hacia la primera mitad del siglo XX. Por medio del uso de recursos lingüísticos y por su ritmo, la poesía negroide busca reproducir la emotividad del negro hispanoamericano.

[1]*onomatopoeic sound that mimics a knock at the door*   [2]*pasa...references to the hair of black people*

Las puertorriqueñas Chita Rivera y Rita Moreno son dos bailarinas profesionales destacadas en su campo. Chita Rivera obtuvo el premio Tony por su actuación en la obra musical *El beso de la mujer araña*.[1] Rita Moreno es la única persona ganadora de los cuatro premios más distinguidos del mundo artístico. Ganó el Oscar por su actuación en la película *West Side Story*; luego, el Tony, por la comedia *The Ritz*; y el premio Grammy, por su participación en *The Electric Company*. Además, ha ganado dos veces el premio Emmy: la primera vez, por su actuación en *The Rockford Files*, y la segunda vez, por su actuación en *The Muppet Show*.

[1]El... *The Kiss of the Spider Woman*

de exaltación a la mujer negra de las islas del Caribe. Las imágenes poéticas del poema evocan la sexualidad y el exotismo de la mujer negra tal como la concibe el poeta.

En el poema, Palés describe una fiesta de negros en un pueblo de Las Antillas durante el tiempo de la zafra, o sea, del corte y molienda[3] de la caña de azúcar.[4] Entre todos los participantes en la fiesta, se destaca una mujer atractiva y sensual a la cual Palés le imparte atributos de reina o majestad. Al leer el poema la primera vez, trate de apreciar el ritmo creado por las palabras del poeta. La segunda vez que lea, enfóquese más en el sentido[5] de las palabras.

[3]corte... *cutting and grinding*   [4]caña... *sugar cane*   [5]*meaning*

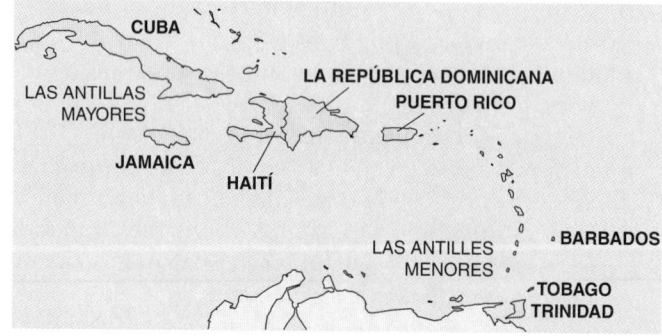

ANTES DE LEER: ¡CONVERSEMOS!

1. ¿Sabe Ud. quiénes son Langston Hughes y Maya Angelou? ¿Qué tienen ambos en común?
2. ¿Qué tipo de bailes le habían interesado a Ud. a los 12 años?

VOCABULARIO DE LA LECTURA

Sustantivos

la calabaza	pumpkin, squash
la conga	drum
el melao	sugar syrup
la melaza	molasses

Verbos

avanzar	to go, move forward
exprimir	to squeeze, press out

resbalar	to slip; to slide down (*fig.*)
tronar (ue)	to make a thunder-like sound

Adjetivos

encendido/a	vibrant
fogoso/a	fiery
prieto/a	very dark in color (*term of endearment in the Caribbean*)

LECTURA *Majestad negra*

Por la **encendida** calle antillana
Va Tembandumba de la Quimbamba
—Rumba,° macumba,° candombe,° bámbula°— *Rumba (danza cubana) / religión de los*
Entre dos filas°de negras caras. *negros brasileños / danza negra / danza negra*
                                   rows

5   Ante ella un congo°—gongo° y maraca— *person from the Congo region of Africa / drum*
Ritma° una **conga** bomba que bamba.° *Plays, beats out a rhythm / bomba... black*
                                        people's dance

Culipandeando° la Reina **avanza,** *Moving her hips*
Y de su inmensa grupa° **resbalan** *rump, hips*
Meneos cachondos° que el gongo cuaja *Meneos... Movimientos sensuales*

10 En ríos de azúcar y de **melaza.**
Prieto trapiche° de sensual zafra,° *machinery that extracts sugar from cane /*
                                         sugar cane harvest season
El caderamen, masa con masa,° *caderamen... her big hips*
Exprime ritmos, suda que sangra,° *suda... bleeds (fig.), sweats profusely*
Y la molienda culmina en danza.

15 Por la encendida calle antillana
Va Tembandumba de la Quimbamba
Flor de Tortola,° rosa de Uganda,° *one of the British Virgin Islands (in the*
                                    Caribbean) / African country
Por ti crepitan bombas y bámbulas;° *crepitan... dances crackle*
Por ti en calendas desenfrenadas.° *calendas... days of unbridled passion*

20 Quema la Antilla su sangre ñáñiga.° *black*
Haití te ofrece sus calabazos;
Fogosos rones te da Jamaica;
Cuba te dice: ¡dale, mulata!° *¡dale... go on, mulatta woman!*
Y Puerto Rico. ¡**melao,** melamba!° *me lama (play on words) = lick me*

25 ¡Sus,° mis cocolos° de negras caras! *Keep on going / black persons from the*
                                        Antilles
Tronad, tambores; vibrad, maracas.
Por la encendida calle antillana
—Rumba, macumba, candombe, bámbula—
Va Tembandumba de la Quimbamba.

DESPUÉS DE LEER

Comentemos

A Comprensión. Indique si las siguientes oraciones son ciertas (**C**) o falsas (**F**).
Explique las falsas.

Estrofa 1:

1. _____ Tembandumba va bailando entre dos filas de personas muy alegres.
2. _____ Ella va por una calle en África del Sur.
3. _____ Rumba, bámbula y candombe son bailes de origen negro.

Estrofa 2:

4. _____ Tembandumba es baja y delgada.
5. _____ Es una mujer muy inhibida.

Estrofa 4:

6. _____ Sus primos y sus hermanos le ofrecen rones y calabaza.

Estrofa 5:

7. _____ El hablante poético pide que cese la música vibrante de los tambores y las maracas.

B En otras palabras.

1. ¿Qué adjetivos utilizaría Ud. para describir a Tembandumba?
2. ¿Qué adjetivos utilizaría para describir la fiesta? ¿la última fiesta a que Ud. fue?
3. «Ríos de azúcar y de melaza» es una metáfora que el poeta utiliza para destacar la sensualidad de Tembandumba. ¿Qué otras metáforas de sensualidad utiliza el poeta?
4. ¿Qué otros rasgos de personalidad caracterizan a Tembandumba?

MIS PROPIAS PALABRAS

Escriba una lista de otras palabras que podrían ayudarlo/la a conversar sobre la lectura. Utilice un diccionario si es necesario.

_____

_____

_____

_____

_____

_____

_____

Vocabulario en contexto

A Complete las oraciones.

1. La _____ es un vegetal.
   a. **calabaza** b. chuleta
2. Para extraerle el jugo a una naranja, es necesario _____.
   a. **exprimirla** b. congelarla
3. El adjetivo **fogoso** se puede utilizar para describir _____.
   a. a un(a) artista b. a una bebida alcohólica
4. **La melaza** tiene un sabor parecido al del _____.
   a. azúcar b. limón
5. Es muy difícil **avanzar** cuando hay _____.
   a. impedimentos físicos b. recursos disponibles
6. El **melao** puede ser útil en la confección de los _____.
   a. cigarros b. dulces
7. Cuando hay nieve en las calles, alguna gente _____.
   a. camina sin zapatos b. **resbala**

B En parejas, contesten las siguientes preguntas.

1. En las islas hispanas del Caribe, **prieto** es un término de cariño y también sinónimo del color negro. ¿Qué otros términos de cariño en español conoces? ¿Tiene tu familia o tus amigos algún término de cariño?

2. Mucha gente le tiene miedo al **tronar** de los relámpagos. ¿Le tienes miedo al tronar? ¿A qué otro fenómeno de la naturaleza le tienes miedo?

3. ¿Conoces conjuntos musicales que utilizan **congas** u otros instrumentos de percusión? ¿Cómo se llaman los instrumentos?

4. El poeta dice que la calle está **encendida**. ¿Cómo te imaginas la calle? ¿Qué otro adjetivo podrías utilizar para describirla?

DE TERTULIA

Busque la firma. Busque entre sus compañeros la firma de una persona que, a los quince años, había…

1. _____ viajado a otro país.
2. _____ escrito poemas.
3. _____ vivido lejos de la familia.
4. _____ aprendido a tocar un instrumento musical.
5. _____ participado en alguna competencia.
6. _____ estudiado otra lengua.
7. _____ pasado por los ritos de una iniciación religiosa.
8. _____ aprendido a cocinar.
9. _____ practicado un deporte intensamente.
10. _____ perdido a un familiar muy querido.
11. _____ escogido la carrera de su futuro.
12. _____ ganado un premio o recibido un honor especial.
13. _____ sufrido mucho.
14. _____ logrado un triunfo extraordinario.
15. _____ mostrado interés por un pasatiempo en particular.

PAISAJES Y CURIOSIDADES

El flamenco

Los cantos y los bailes flamencos acompañados por la guitarra, las castañuelas,[1] las panderetas[2] y las palmadas,[3] o con los pitos[4] y el jalear[5] constituyen la expresión cultural más característica del pueblo andaluz.[6] En las celebraciones familiares como bodas o bautizos y en las fiestas tradicionales, se canta y se baila flamenco al son (ritmo) de las guitarras, las palmadas y los pitos en un ambiente de gran alegría y emoción.

El término flamenco define el conjunto de canciones, bailes y música de guitarra, originado y desarrollado entre los gitanos[7] de la Baja Andalucía, España. La palabra se usaba como sinónimo de gitano y designaba a las personas de la raza gitana, antiguo pueblo errante[8] de posible origen oriental que proviene o de India o Persia o de las regiones moriscas.[9]

La procedencia[10] oriental de los cantos flamencos puede apreciarse si se comparan éstos con las danzas y cantos tunecinos[11] o con los cantos bohemios rusos. Los modos o ritmos ondulantes y sus quejumbrosos giros melódicos,[12] entre otras cosas, presentan un parecido[13] concreto con el arte popular árabe de los siglos X a XV.

El flamenco tiene también su parte triste expresada en el **cante jondo:** el grito[14] liberador de gentes que viven en el dolor. Este dolor puede provenir de las injusticias humanas, de las dificultades de la vida diaria, de los amores contrariados, de la desesperación por la muerte de un ser querido y de la soledad del ser humano.

Desde sus principios el flamenco fue la expresión tanto de las alegrías como de la tristeza de un pueblo errante que, quizás, no hubiera cantado y bailado flamenco sin ese sentimiento de desarraigo[15] palpable desde sus orígenes. En la actualidad, el flamenco mantiene ese espíritu de angustia y emoción penetrante que se expresa tanto en los momentos tristes como en los alegres de la vida de los andaluces.

ESPAÑA

Andalucía

Durante los Juegos Olímpicos en Barcelona, España, esta compañía de flamenco hizo una presentación para el público.

[1]*castanets* [2]*tambourines* [3]*hand-clapping* [4]*whistles* [5]*sounds of animation for the performers* [6]*of Andalucía (region in southern Spain)* [7]*gypsies* [8]*nomadic* [9]*Moorish, Arab* [10]*origen* [11]*from Tunisia (in northern Africa)* [12]*quejumbrosos... mournful yet melodic notes* [13]*similarity* [14]*shout* [15]*uprootedness*

CHARLEMOS

1. ¿Qué temas del flamenco se encuentran también en algunas canciones que Ud. conoce?
2. Entre las canciones actuales que Ud. conoce, ¿son más populares los temas alegres o los tristes?

SEGUNDA LECTURA

Los que no danzan; Dame la mano
Gabriela Mistral (1889–1957)

EN SÍNTESIS

El verdadero nombre de la conocida poeta chilena Gabriela Mistral era Lucila Godoy Alcayaga. Primero fue maestra rural y, años después, miembro de una comisión educativa en México y cónsul de Chile en distintas partes del mundo. En 1945 tuvo la distinción de recibir el Premio Nobel de Literatura.

Muchos de sus poemas y otros escritos tienen un sentido religioso; expresan su sencillez y su amor por la humanidad y la naturaleza. En 1925 publicó la colección *Ternura*, en que se incluyen las siguientes rondas, que son juegos infantiles en que los niños forman un círculo y, tomados de la mano, cantan una canción.

ANTES DE LEER: ¡CONVERSEMOS!

1. ¿Recuerda Ud. sus juegos de la infancia? ¿Cuáles eran sus juegos preferidos cuando era niño/a?
2. ¿Qué opina Ud. de los bailes folclóricos comparados con los bailes modernos?

VOCABULARIO DE LA LECTURA

Sustantivos		Verbos	
el cardo	thistle	faltar	to be absent
la colina	hill(side)	ondular	to undulate
el corro	circle of people (*kind of dance*)	**Adjetivos**	
la espiga	ear, spike (*of a plant or bush*)	inválido/a	weakened by illness, handicapped
la quebrada	stream		
el viento	wind		

LECTURA   *Los que no danzan*

Una niña que es **inválida**
dijo: «¿Cómo danzo yo?»
Le dijimos que pusiera
a danzar su corazón...

5 Luego dijo la **quebrada:**
«¿Cómo cantaría yo?»
Le dijimos que pusiera
a cantar su corazón...

Dijo el pobre **cardo** muerto:
10 «¿Cómo danzaría yo?»
Le dijimos: «Pon al **viento**
a volar tu corazón...

Dijo Dios desde la altura:
«¿Cómo bajo del azul?»
15 Le dijimos que bajara
a danzarnos en la luz.

Todo el valle está danzando
en un **corro** bajo el sol.
A quien **falte** se le vuelve
20 de ceniza el corazón°...   se... *his heart will turn to ashes*

Dame la mano

A Tasso de Silveira

Dame la mano y danzaremos;
dame la mano y me amarás.°   me... *you will love me*
Como una sola flor seremos,
como una flor, y nada más...

5 El mismo verso cantaremos,
al mismo paso bailarás.
Como una **espiga ondularemos,**
como una espiga, y nada más.

10 Te llamas Rosa y yo Esperanza;
pero tu nombre olvidarás,
porque seremos una danza
en la **colina,** y nada más...

DESPUÉS DE LEER

Comentemos

Ⓐ **Comprensión.** Indique si las siguientes oraciones son lógicas (**L**) o ilógicas
(**I**). Explique por qué lo son.

Los que no danzan
1. _____ El hablante poético tiene una actitud pesimista hacia las personas
   con impedimentos físicos.
2. _____ En la segunda estrofa, el hablante poético utiliza una imagen de personificación, pues la quebrada puede hablar.
3. _____ Cantar y bailar son actividades extrañas en el valle.
4. _____ El hablante poético invita a participar en una celebración en que
   todos tendrán algo que aportar.

Dame la mano
5. _____ El título del poema es una llamada a la unión y comprensión de las
   personas.
6. _____ En el poema, la espiga puede ser símbolo de conflicto.
7. _____ El danzar es una expresión de rebelión.
8. _____ Para el hablante poético, la flor es símbolo de la belleza que se
   encuentra en la unidad de los seres humanos.

B **En otras palabras.** Conteste las siguientes preguntas.

1. En el poema «Los que no danzan», la quebrada se personifica. El poema ofrece otro ejemplo de personificación. ¿Cuál es?

2. Observe los objetos a su alrededor. ¿Cómo los personificaría Ud.? ¿Qué imagen inventaría para personificar a alguno de ellos?

3. Si Ud. hubiera podido responder a la invitación de la poeta, ¿se habría unido a la danza? ¿Por qué sí o por qué no?

MIS PROPIAS PALABRAS

Escriba una lista de otras palabras que podrían ayudarlo/la a conversar sobre la lectura. Utilice un diccionario si es necesario.

_____

_____

_____

_____

_____

_____

_____

Vocabulario en contexto

A Complete las siguientes oraciones con las palabras de la lista.

cardos, colina, espigas, inválidos, quebrada, viento

1. A las tres de la tarde el _____ ya había dejado de soplar.
2. Los _____ hubieran subido el monte con dificultad.
3. Los animales se comieron los _____ del camino.
4. A mi amigo Jorge le gustaba tanto el café que hubiera deseado que en la _____ corriera café en vez de agua.
5. Si hubiera tenido talento, habría dibujado las _____ doradas que se veían a lo lejos.
6. Sobre la _____ se veían las vacas y los caballos del rancho.

B Indique la palabra que *no* pertenece a la serie.

1.	banda	**corro**	individuo	grupo
2.	**se ondula**	se mece	se aquieta	se mueve
3.	lago	río	**quebrada**	desierto
4.	asistir	convenir	**faltar**	ir
5.	**inválido**	limitado	autosuficiente	impedido
6.	**espiga**	naranja	papel	calabaza
7.	aire	melaza	**viento**	atmósfera

DE TERTULIA

Una feria de bailes. En parejas, imagínense que Uds. hubieran tenido la responsabilidad de organizar una feria de bailes folclóricos y clásicos en su universidad. ¿Qué bailes de los EE.UU. habrían incluido? ¿Cuáles le habrían enseñado a una persona de otra cultura? ¿Por qué?

LÁPICES VELOCES

Images As you have perhaps discovered, it can be more difficult to read poetry than prose. The same is true for writing. While we all write prose every day of our lives, not all of us write poetry; in fact, most of us do not!

Some poems, however, follow a definite, repeating pattern that facilitates both reading and writing. One well-known poetic form is the cinquain **(quintilla)**, a five-line stanza, the pattern for which is as follows.

First line: one word, generally a subject that is a noun.

Second line: two words, either a noun and an adjective or two adjectives that describe or are related to the subject.

Third line: three words that describe an action of the subject.

Fourth line: four words that express an emotion about the subject.

Fifth line: one word that restates the subject in another way.

MODELO: Bailarina
Juvenil vibración
Ondulante divino esplendor
Pasión júbilo sensibilidad serenidad
Armonía

A Escriba una quintilla. Elija un tema simple y de características bien definidas. Si un verso presenta dificultades, continúe con el próximo. Recuerde que no tiene que usar sólo palabras muy poéticas.

B Imagínese que Ud. tiene unos zapatos mágicos de bailar. En dos o tres párrafos, explique qué logra cuando se los pone, o qué anécdota interesante le ha ocurrido como resultado de esta magia.

CAPÍTULO 10

LA MÚSICA
AYER Y HOY

Los tres músicos, de Pablo Picasso (1881–1973), artista español. Imagínese que Ud. está frente a estos tres músicos. Invente una identidad para ellos. ¿Quiénes son? ¿Dónde están? ¿Qué tipo de música tocan?

PRIMERA LECTURA

Zulema de Mirkin (1922–)
Una entrevista por Yolanda Rosas

EN SÍNTESIS

La doctora en literatura, compositora, ensayista y poeta argentina Zulema de Mirkin es autora laureada[1] de letras[2] para canciones populares, entre ellas, la de la conocida canción «Recuerdos de Ypacaraí». Ha publicado tres poemarios, *Una grieta[3] en el espacio invisible, Huellas en el espacio curvo* y *Proyecto secreto*, además de numerosos artículos sobre crítica literaria.

«Recuerdos de Ypacaraí» es una canción conocida internacionalmente. En la canción, alguien recuerda con nostalgia a la persona amada ausente y los recuerdos tienen como fondo el lago Ypacaraí, en Paraguay.

[1]*award-winning*   [2]*song lyrics*   [3]*crack*

ANTES DE LEER: ¡CONVERSEMOS!

1. ¿Cómo se titula la canción más famosa del cantante o conjunto musical preferido de Ud.? ¿Por qué le gusta esa canción?
2. Imagínese que su compañero/a es un(a) cantante que acaba de recibir un premio por su talento artístico. Ud. también quiere obtener uno de esos premios. Hágale preguntas para saber cómo pudo lograrlo.

VOCABULARIO DE LA LECTURA

Sustantivos

el fondo	background
el reconocimiento	homage
el rincón	secluded place, corner

Verbos

cesar (de) + *inf.*)	to stop (*doing something*)
desenvolverse (ue)	to develop, mature

presentir (ie, i)	to predict, sense ahead of time
temblar (ie)	to tremble

Adjetivos

foráneo/a	foreign
inquieto/a	restless

Expresiones

tener entendido	to understand

LECTURA *Zulema de Mirkin, una entrevista por Yolanda Rosas*

La música tiene la capacidad de unir gentes de todas las edades y épocas. En la siguiente entrevista, Zulema de Mirkin nos habla, entre otras cosas, sobre el origen de Recuerdos de Ypacaraí, *una canción que han cantado millones de personas en todo el mundo.*

5   YOLANDA ROSAS: Dra. Mirkin, ¿cuándo y por qué empezó Ud. a escribir?

ZULEMA DE MIRKIN: Era una necesidad en mí. Empecé a escribir cuando aún estaba en la escuela, luego sentí la influencia del Surrealismo*

---

*An art/literary movement (first half of the 20th century) that seeks to overcome the rational by portraying the subconscious aspects of human experience via incongruous images, juxtaposition, and symbolic objects.

y la angustia de la realidad social. Cuando conocí a Jorge, mi esposo, también escribí canciones.

10 YR: Entre sus letras de canciones está «Recuerdos de Ypacaraí», cuya música ya había escrito el paraguayo Demetrio Ortiz antes de que Ud. escribiera la canción. ¿Cuál fue su inspiración para esta canción?

ZM: Cuando Demetrio la tocó por primera vez yo sentí en mi interior algo muy bello. Tuve la visión de un **rincón** del Paraguay, con agua, árboles y una pareja
15   joven caminando entre árboles. Yo no conocía el Paraguay, pero la visión persistía en mí y se transformó en los versos de «Recuerdos de Ypacaraí».

YR: ¿A cuántos idiomas se ha traducido?

ZM: Se ha traducido por lo menos a siete idiomas.

YR: **Tengo entendido** que «Recuerdos de Ypacaraí» ha servido de **fondo** musi-
20   cal en algunas películas. ¿Se acuerda Ud. de algunas?

ZM: Sí, ha servido de fondo musical en varias películas. Entre otras, *El asesinato de Trotski*,[1] con Alan Delon y Richard Burton; *La burrerita de Ypacaraí*,[2] con Isabel Sarli y Armando Bo, y *80 leguas a través del Amazonas*.[3]

YR: ¿Qué nos dice [Ud.] sobre el lago de su inspiración?

25 ZM: Sí, el lago es mucho más grande de lo que me imaginé. Pero los árboles y algunos rincones que yo había **presentido** estaban allí. Es un lugar muy poético; al verlo tuve que tocarlo para convencerme de que era real.

YR: ¿Cuándo lo conoció?

ZM: En 1995, el gobierno del Paraguay me invitó a asistir a un acto en homenaje
30   del compositor Demetrio Ortiz, quien cumplía 20 años de muerto. Al cabo de haber cumplido 43 años de haber escrito[4] «Ypacaraí» llegué al aeropuerto de Asunción donde me esperaban representantes del gobierno, periodistas, cámaras de televisión y miembros de la familia Ortiz. Yo estaba muy emocionada y **temblaba** como una hoja. En el hotel tenía dos teléfonos que no
35   **cesaban de** sonar. Hubo entrevistas, fotógrafos, como en el cine, me decía a mí misma. Lo que siempre les pasa a otros... ahora me sucede a mí. Una semana en otra dimensión.

YR: Hace 40 años, la situación de la mujer latinoamericana era muy distinta. ¿Se le hacía fácil **desenvolverse** en el mundo artístico?

40 ZM: Oh, no. No era fácil ser autora. Al firmar el contrato de «Ypacaraí» el editor me dijo que era mejor que la parte de piano no tuviera mi nombre. «Si saben que está escrito por una mujer no lo van a querer cantar.» Lo pensé un poco y decidí poner sólo la letra Z; podrían pensar que me llamaba Zoilo Mirkin. Caminé mucho por Buenos Aires llevando mis canciones.

45 YR: ¿Qué nos dice de la música actual argentina?

ZM: Hay una invasión de acentos **foráneos.** Cantantes de todos los lugares del mundo nos visitan y nos entretienen con las obras de sus tierras. Hay un rock nacional, algunas veces con letra en castellano.[5]

YR: Dra. Mirkin, en el campo de la música, ¿qué ha escrito últimamente?

50 ZM: En el homenaje que me hicieron en el Paraguay se estrenó[6] una canción mía titulada «Esa flor pequeñita», la cual escribí motivada por una flor que me

---

[1]*El... 1972 movie, joint effort of France, Great Britain, and Italy* [2]*La... Argentine movie* [3]*80... Argentine-Mexican movie* [4]*Al... Just after the 43rd anniversary of writing* [5]español [6]*se... was played for the first time*

había enviado mi esposo hace muchos años y que encontré después dentro de un libro. Pero los tiempos cambian, y yo también. Mis composiciones más recientes exploran otros temas, otros ritmos, como por ejemplo, «El otro». Es

55   una balada rock que alude al mundo del futuro. Los adelantos técnicos también influyen en el arte. Mi último poemario, *Huellas*[7] *en el espacio curvo,* es un disco para computadora que ya se puede encontrar en la red[8] informática.

YR: Dra. Mirkin, ¿qué consejos le da Ud. a la nueva generación que desea seguir el camino de la música?

60   ZM: Primero, cuiden la salud. Hace falta tener una larga vida...Yo esperé 43 años para tener un **reconocimiento** en Paraguay. No se desesperen. Insistan. Busquen innovar la difusión,[9] exploren rutas poco transitadas. Mientras esperan, trabajen en una actividad bien lucrativa; eso ayuda a ver pasar las horas **inquietas,** vacías y, a veces, angustiosas que preceden al éxito.

65   YR: Dra. Mirkin, ha sido un gran placer conversar con Ud. y le agradezco su gentileza.[10] Espero que el futuro le traiga muchos más éxitos.

ZM: El placer fue mío, Dra. Rosas. Muchas gracias.

[7]*Tracks, Traces*   [8]*network*   [9]Busquen... *Look for creative ways to make your work known,*   [10]*kindness*

DESPUÉS DE LEER

Comentemos

Ⓐ **Comprensión.** Indique si las siguientes oraciones son ciertas (**C**) o falsas (**F**). Explique las falsas.

1. _____ La compositora y poeta Zulema de Mirkin empezó a escribir como resultado de un viaje al extranjero.
2. _____ La letra de la canción «Recuerdos de Ypacaraí» fue inspirada después de ver un volcán.
3. _____ La canción ha servido de fondo musical en varias películas.
4. _____ El compositor Demetrio Ortiz fue a saludarla.
5. _____ La Dra. Mirkin se desenvolvía con facilidad en el mundo de la música.
6. _____ Ella estaba emocionadísima cuando vio el lago por primera vez.
7. _____ En el Paraguay, se hospedó en casa de una familia conocida.
8. _____ La mujer argentina siempre ha tenido un lugar privilegiado en la sociedad.
9. _____ A la juventud argentina le gusta oír el rock en español.

Ⓑ **En otras palabras.**

1. A menos que Zulema de Mirkin hubiera tenido iniciativa propia, no habría logrado triunfar. ¿Qué habría hecho Ud. en una situación similar?
2. Aunque la Dra. Mirkin es muy famosa, ella es una persona sencilla y simpática. En general, ¿qué imagen tiene la gente de las personas famosas en el mundo de la música?

3. Para que una persona llegue a tener éxito en cualquier campo, tiene que ser perseverante y dedicada. ¿Tiene Ud. estas características?

Vocabulario en contexto

A Seleccione la palabra que mejor reemplace las palabras **en negrilla.**

1. Aunque la mujer **se desenvuelva** con facilidad en el ambiente artístico, todavía tendrá que trabajar muchísimo para poder triunfar.
   a. se desarrolle   b. se interese
2. Aunque la presencia del público la haga **temblar,** tendrá que asistir al homenaje.
   a. pensar   b. estremecerse
3. **Tiene entendido** que, a menos que siga las reglas, no podrá participar en el concurso.
   a. Ignora   b. Sabe
4. Ella compondrá lindas canciones con tal de que no **cesen** los aplausos.
   a. empiecen   b. terminen
5. Al lago lo describe en detalle para que comprendamos que es un **rincón** acogedor.
   a. lugar   b. pan
6. El gerente trató de calmar a los artistas nerviosos.
   a. **inquietos**   b. tranquilos
7. Al final, los mejores artistas recibieron un aplauso.
   a. castigo   b. **reconocimiento**

B En parejas háganse las siguientes preguntas.

1. En las ciudades siempre hay **rincones** que uno desea visitar con frecuencia. ¿Qué lugares apartados en la ciudad donde tú vives te parecen acogedores? ¿Los visitas con frecuencia?
2. Hay películas que tienen un tema o **fondo** musical excelente. ¿Recuerdas alguno de esos temas? ¿En qué película salió?
3. ¿**Te desenvuelves** con facilidad en los ambientes extraños? ¿Por qué sí o por qué no?
4. Hay quien puede reconocer fácilmente el acento de un turista **foráneo.** ¿Puedes hacerlo tú? ¿Cuántos acentos foráneos puedes reconocer? ¿Cuáles son?
5. ¿A veces has **presentido** la presencia de una persona antes de que ésta entre en un cuarto? ¿Has presentido el nombre de la persona que llama cuando suena el teléfono? ¿Crees que eres especial en este particular o que todos presienten las cosas de vez en cuando?

MIS PROPIAS PALABRAS

Escriba una lista de otras palabras que podrían ayudarlo/la a conversar sobre la lectura. Utilice un diccionario si es necesario.

_____

_____

_____

_____

_____

_____

DE TERTULIA

Ⓐ Un concurso. En grupos, planeen las reglas de un concurso de compositores (conjuntos musicales, bailes, etcétera) para su facultad. Indiquen, entre otras cosas, el tema de las canciones, las reglas que deben observar los participantes, las características de las canciones y el plazo para inscribirse en el concurso. Establezcan también por lo menos tres categorías de premios.

Ⓑ El precio de la fama. Imagínese que repentinamente Ud. se ha hecho muy famoso/a. Explíquele a su compañero/a cómo esto ha cambiado su vida personal y, cómo ha afectado su trabajo, sus relaciones con su familia, sus estudios, etcétera.

PAISAJES Y CURIOSIDADES

Los villancicos:[1] España en el mundo

Un coro canta villancicos durante la época de Navidad en San Antonio, Texas.

Los villancicos son una de las aportaciones[2] más grandiosas de España a las culturas del mundo. Estas canciones populares tienen su origen en la Edad Media,[3] cuando tenían como tema el nacimiento de Jesucristo. Se cantaban entre los campesinos cuando iban en ruta a sus faenas[4] diarias y de regreso a sus hogares. En el siglo XV ya eran populares en toda España y cada región le daba su color especial. Ya para el siglo XVII, los villancicos eran una tradición que se había extendido por toda Europa.

Contribuyen al júbilo[5] de los villancicos no sólo las voces vibrantes y animadas de los campesinos sino también los instrumentos musicales que los acompañan: panderetas, campanillas, xambombas, tamboriles.[6]

Al pasar los años, son los jóvenes los que continúan cantando los villancicos. Llega el tiempo en que la guitarra y las castañuelas[7] son instrumentos obligados en las fiestas de Nochebuena. Pero el ruido y la alegría son muy importantes y por eso algunos usan hasta calderos[8] para acompañar la música y los cantos.

Es natural que tanta alegría y devoción reli-

[1]*Christmas carols* [2]*contributions* [3]*Edad... Middle Ages* [4]*chores* [5]*joyful tone* [6]panderetas... *tambourines, small bells, rustic instruments made of clay, drums* [7]*castanets* [8]*small kitchen cauldrons*

giosa llegue a América con los españoles. En América, también, cada región le imparte[9] sus características particulares. Hoy en día, se puede ver en Navidad coros de niños cantando estos mismos villancicos en las iglesias o grupos de adultos que van cantándolos de casa en casa. En Puerto Rico, una de las costumbres típicas navideñas es organizar «asaltos navideños», o sea, grupos de vecinos acompañados de músicos que se reúnen para sorprender a una familia con una visita inesperada. Todos saborean comi-

das regionales hasta muy tarde y cantan los villancicos de los tiempos antiguos, como el siguiente:

Pero mira cómo beben
los peces en el río
pero mira cómo beben
por ver al Dios nació.[10]
Beben y beben y vuelven a beber
los peces en el río
por ver a Dios nacer

[9]da   [10]nacido

CHARLEMOS

1. ¿Cuáles son sus villancicos favoritos?
2. ¿Por qué cree Ud. que los villancicos son tan bien acogidos por la gente?

SEGUNDA LECTURA

El concierto
Elena Poniatowska (1933–)

EN SÍNTESIS

La escritora mexicana Elena Poniatowska tuvo la distinción de ser la primera mujer en recibir el Premio Nacional de Periodismo, destacándose en el género de la entrevista. Su actividad literaria abarca los géneros del ensayo, la crónica, el cuento y la novela. En sus obras pone de manifiesto los conflictos inherentes a la relación hombre-mujer en la sociedad mexicana como resultado de cambios socioeconómicos actuales. Entre sus escritos más conocidos se incluyen *Los cuentos de Lilus Kikus* (1950) y las novelas *Hasta no verte Jesús mío* (1969) y *Querido Diego, te abraza Quiela* (1978).

En «El concierto», que es uno de los cuentos de *Lilus Kikus,* la narradora cuenta lo que ocurre en un concierto al cual asisten una madre y su hija. Describe cómo Lilus, una niña alegre y curiosa, se distrae viendo los diferentes tipos de espectadores que asisten al concierto.

ANTES DE LEER: ¡CONVERSEMOS!

1. ¿A Ud. le gusta un solo tipo de música o todo tipo de música? ¿Cuál(es)? ¿Por qué cree Ud. que a algunas personas les gusta la música clásica pero no la popular? ¿y por qué a otros les gusta lo opuesto?
2. ¿Cree Ud. que a los niños se les debe dar a conocer todo tipo de música? ¿Por qué sí o por qué no?

VOCABULARIO DE LA LECTURA

Sustantivos		**entregarse(a)**	to yield (to)
la arruga	wrinkle	**equivocarse**	to make a mistake
la mueca	funny face	**inculcar**	to implant
el ronquido	snoring	**sonarse (ue)**	to blow one's nose
la trenza	braid (*hair*)	**vigilar**	to watch over; to censor
Verbos		**Expresiones**	
abanicarse	to fan oneself	**estar pendiente de**	to be anxious about

LECTURA   *El concierto*

Un día decidió la mamá de Lilus llevarla a un concierto en Bellas Artes.[1] Ese edificio bodocudo,[2] blanco, con algo de dorado y mucho de hundido.[3]

Lilus tenía tres álbumes de discos que tocaba a todas horas. Como era medio teatrera,[4] lloraba y reía al son de la música. Y hasta en la Pasión Según
5 San Mateo[5] hallaba modo de hacer **muecas,** sonreía y se jalaba[6] los pelos... Deshacía sus **trenzas,** se tendía sobre la cama **abanicándose** con un cartón y fumando en la pipa oriental de su papá... A Lilus no le **vigilaban** las lecturas, y un día cayó en este párrafo: «Nada expresa mejor los sentimientos del hombre, sus pasiones, cólera, dulzura,[7] ingenuidad, tristeza, que la música.
10 Usted encontrará en ella el conflicto que tiene en su propio corazón. Es como un choque entre deseos y necesidades; el deseo de pureza y la necesidad de saber.» Así que cuando su mamá le anunció que la llevaría al concierto, Lilus puso cara de explorador, y se fueron las dos...

Un pobre señor chiquito dormía en el concierto. Un pobre señor chapa-
15 rrito[8] de sonora respiración. Dormía tristemente, con la cabeza de lado, inquieto por haberse dormido. Cuando el violín dejaba de tocar, el sueño se inte-

---

[1]Bellas... *Palace of Fine Arts*   [2]*awkward-looking*   [3]de... *sunken, sagging*   [4]medio... *somewhat theatrical*
[5]la... *the Passion (of Christ) According to St. Matthew (choral by Bach)*   [6]se... *she pulled*   [7]*sweetness*
[8]*short*

rrumpía y el señor levantaba tantito[9] la cabeza; pero al volver el violín, la cabeza caía otra vez sobre su hombro. Entonces los **ronquidos** cubrían los pianísimos[10] del violín.

20 Esto irritaba a las gentes. Unas jóvenes reían a escondidas. Las personas mayores se embebían[11] en la música, aparentando[12] que no podían oír otra cosa. Sólo un señor y una señora (esos seres que se preocupan por el bienestar de la humanidad) le daban en la espalda, a pequeños intervalos, unos golpecitos[13] secos y discretos.

25 Y el pobrecito señor dormía. Estaba triste y tonto. Tonto porque es horrible dormirse entre despiertos. Triste porque tal vez en su casa la cama era demasiado estrecha, y su mujer en ella demasiado gorda. Y el sillón de pelusa[14] que le servía de asiento en Bellas Artes, debió parecerle entonces sumamente cómodo.

30 Muchas veces las gentes lloran porque encuentran las cosas demasiado bellas. Lo que les hace llorar, no es el deseo de poseerlas, sino esa profunda melancolía que sentimos por todo lo que no es, por todo lo que no alcanza su plenitud. Es la tristeza del arroyo[15] seco, ese caminito que se retuerce[16] sin agua... del túnel en construcción y nunca terminado, de las caras bonitas con
35 dientes manchados... Es la tristeza de todo lo que no está completo.

Lilus la exploradora se dedica a mirar a los espectadores. Hay unos que concentran su atención inquieta en la orquesta, y que sufren como si los músicos estuvieran a punto de **equivocarse.** Ponen cara de grandes conocedores, y con un gesto de la mano, o tarareando[17] en voz bajísima algún pasaje
40 conocido, **inculcan** en los vecinos su gran conocimiento musical. Hay otros que oyen con humildad. Avergonzados,[18] no saben qué hacer con sus manos. **Están** muy **pendientes de** la hora del aplauso, vigilan su respiración, y se mortifican cada vez que a un desconocido se le ocurre **sonarse,** toser, o aplaudir a destiempo.[19] Son los inocentes que participan en la culpa de
45 todos. Los demás están muy conscientes de su humanidad, preocupados por su menor gesto, el pliegue[20] o la **arruga** de su vestido. De vez en cuando alguien se abandona a sus impulsos. Con el rostro en éxtasis, los ojos cerrados y los agujeritos[21] de la nariz muy abiertos, **se entrega a** sabe Dios qué delicias...

50 «¡Bravo!» «¡Bravísimo!» Entre aplausos, y con su cara sonriente, la mamá de Lilus se inclina para advertirle: «El andante[22] estuvo maravilloso. ¡Ay, mi pobre niña, pero si tú no sabes lo que es un andante! Ahora mismo te voy a contar la vida de Mozart, y la de sus andantes y todo....»

Las dos se van muy contentas. Lilus porque cree que le van a contar un
55 cuento. La mamá, porque está convencida de que es una intelectual...

[9]*a little bit* [10]*soft notes* [11]*se...were absorbed* [12]*pretending* [13]*little shoves* [14]*velour* [15]*stream* [16]*se... winds* [17]*humming* [18]*Embarrassed* [19]*a...at the wrong time* [20]*fold* [21]*nostrils* [22]*musical composition characterized by its slow pace*

DESPUÉS DE LEER

Comentemos

A Comprensión. Indique si las siguientes oraciones son ciertas (**C**) o falsas (**F**). Explique las falsas.

1. _____ A Lilus le gustaba oír música y tenía muchísimos discos.
2. _____ Ella asistió al concierto para poder entender un párrafo que había leído.
3. _____ Un señor chiquito era el que ponía más atención en el concierto.
4. _____ En cambio, Lilus se dedicaba a mirar a los espectadores.
5. _____ Ella se dio cuenta de que todos disfrutaban relajadamente del concierto.
6. _____ Para que Lilus se divierta en un concierto, es necesario que presenten una ópera.
7. _____ En cuanto la madre tenga tiempo, le contará a Lilus la historia de Mozart.
8. _____ Definitivamente, cuando Lilus sea mayor, sabrá apreciar los conciertos de Mozart.

B En otras palabras.

1. A Lilus «la exploradora», no le interesaba el concierto y estaba muy pendiente de lo que hacían las personas a su alrededor. ¿Qué haría Ud. en una situación similar a la de ella?
2. Al final del cuento, la narradora dice con cierto sarcasmo que la madre de Lilus cree que es «una intelectual.» ¿Está Ud. de acuerdo con esta opinión?
3. ¿Le inculcaron a Ud. el aprecio por algún tipo de música en particular? Si hubiera tenido que escoger, ¿qué tipo de música habría preferido?

Vocabulario en contexto

A Explique cómo se asocian los siguientes pares de palabras.

1. **una mueca** / una sonrisa
2. **un ronquido** / el silencio
3. cometer un error / **equivocarse**
4. descuidar / **vigilar**
5. estimular / **inculcar**
6. estar atento / **estar pendiente**
7. el pelo / **la trenza**
8. **la arruga** / la vejez
9. **abanicarse** / el calor
10. la nariz / **sonarse**

B En parejas, háganse las siguientes preguntas.

1. Muchas personas tienen la habilidad de **entregarse** por completo a un proyecto o actividad o a alcanzar una meta. ¿Puedes hacer lo mismo? ¿Por qué sí o por qué no?

2. En la niñez, **las muecas** son una especie de lenguaje que puede usarse para expresar sentimientos negativos. ¿Recuerdas alguna anécdota de tu niñez que tuvo que ver con una mueca?

3. ¿Te avergüenzas cuando **te equivocas** al hablar español? Si te equivocas, ¿continúas hablando o corriges tu error al instante? ¿Qué aconseja tu profesor(a) que hagas?

DE TERTULIA

El mundo de la música

Parte 1. Lea el siguiente artículo de una revista española y conteste las preguntas.

DESPUÉS DE "MACARENA"

Luego de vender montones de discos de sus canciones "Sevilla tiene un color especial" y "Macarena", Antonio Romero y Rafael Ruiz, integrantes del dúo "Los del Río", han continuado cosechando éxitos.

Entres sus últimos logros, los cantautores han sido nombrados el grupo español que más discos vende a nivel mundial y, no bastando con esto, han sido incluidos en el libro *Guinness de Records Mundiales*, porque "Macarena" fue la primera canción bailada por 15.000 personas a la vez, suceso que ocurrió en Nueva York.

Ahora el dúo aplaudido en cinco continentes, que comenzó a cantar hace 33 años, prepara su próximo disco.

"Creo que vamos a dar mucho que hablar con canciones que serán muy bien acogidas, como 'Manzanilla' y 'Sevillana de la media papa'", afirman. "Sabemos que serán aún más exitosas que 'Macarena'".

---

1. ¿Cómo se titulan las dos canciones más famosas del dúo «Los del Río»?
2. ¿Por qué el dúo fue incluido en el libro *Guinness de Récords Mundiales?*

Parte 2. Ahora hágale una entrevista a un compañero / una compañera de clase. Imagínese que él/ella es una persona muy famosa en el mundo de la música. Hágale preguntas sobre su pasado, presente y futuro relacionadas con su trabajo, giras, conciertos y éxitos logrados. Haga apuntes que utilizará en la sección **Lápices veloces.**

LÁPICES VELOCES

WRITING STRATEGIES

The Summary A summary is a brief synopsis of something that you have read or heard. The purpose of a summary is to present just the essential information about what you are summarizing. For this reason, summaries are generally brief, and they follow a simple, repeating format:

- an introduction, which tells the reader what is being summarized
- the body of the summary, which presents the essential information in skeletal form
- a conclusion, which sums up the main idea of the work summarized.

Here are some simple steps to follow in preparation for writing a summary:
1. First, skim the reading to get the gist of it. Then, as you read for a second time, underline the main ideas in the reading as you read.
2. Put down the reading and try to remember the essential information, especially the main idea. Can you sum it up in one sentence?
3. Look at the sentences you have underlined in the reading, eliminate repetition, and organize the information in those sentences so that it flows logically in the body of your summary.

A Escriba un resumen de la entrevista a Zulema de Mirkin que se encuentra en este capítulo.

B Escriba un resumen de la conversación con su compañero «famoso» / compañera «famosa» (**De tertulia**).

C Escriba el resumen de una película, un drama o un programa de televisión real o imaginario al cual Ud. haya asistido.

Tomás Rivera (1935–1984), conocido escritor mexicoamericano cuya obra ha servido de inspiración a muchos escritores. Si Ud. se hubiera visto obligado/a a escoger tres libros solamente para leer por el resto de su vida, ¿cuáles habría escogido? ¿Por qué?

LA MAGIA DE
LAS PALABRAS

CAPÍTULO 11

LA LITERATURA EN ESPAÑOL EN LOS ESTADOS UNIDOS: LA NARRATIVA

Un padre hispano le lee cuentos a su hijo. ¿Le leían a Ud. sus padres cuando era niño/a? ¿Qué libros recuerda Ud. que le leían? ¿Cuáles eran sus personajes favoritos? ¿Tenía Ud. un héroe / una heroína en particular? ¿Leía cierto libro repetidamente?

PRIMERA LECTURA

Zoo Island (Parte 1)
Tomás Rivera (1935–1984)

EN SÍNTESIS

La obra del escritor Tomás Rivera, nacido en Texas de padres mexicanos, no fue amplia pero sí muy difundida. En 1971 publicó ...*Y no se los tragó la tierra,* una aclamada novela en la cual narra sus experiencias como trabajador migratorio. A pesar de sus limitaciones económicas, en 1969 obtuvo un doctorado en literatura en la Universidad de Oklahoma. Más tarde fue profesor de español y llegó a ocupar distintos cargos administrativos en las universidades de Texas. En 1979 fue nombrado Presidente de la Universidad de California, en Riverside, puesto que ocupó hasta su muerte inesperada.

Después de su muerte se encontraron dos cuentos suyos inéditos: «La cosecha» y «Zoo Island», que luego se publicaron junto con otros cinco previamente publicados. La acción de «Zoo Island», se desarrolla en un ambiente campesino en Iowa. Un día, José, el joven hijo de trabajadores migratorios, se despierta con el deseo de pertenecer al lugar donde él y su familia trabajan; por eso, decide enumerar a los trabajadores migrantes del rancho[1] y fundar un pueblo. El título alude al estado de subdesarrollo[2] económico y social en que ellos viven y a la curiosidad con que los miran las personas anglosajonas que viven en el mismo lugar.

[1]*camp, where migrant workers labor*   [2]*underdevelopment*

ANTES DE LEER: ¡CONVERSEMOS!

1. ¿Qué medios de transporte y qué vías se llenan de trabajadores por la mañana y por la tarde en la ciudad donde Ud. vive? ¿Sabe Ud. cuáles son los centros de trabajo principales de la ciudad?
2. En su opinión, ¿cómo afecta las oportunidades educativas de los hijos el tipo de trabajo que desempeñan sus padres?

VOCABULARIO DE LA LECTURA

Sustantivos		Verbos	
el candado	padlock	arrancar	to pull up by the roots; to pick
las ganas	desire		
el guante	glove	conseguir (i, i)	to get, obtain
la maldición	curse, "bad" word	repartir	to distribute, divide up
la ristra	line (*coloquial*)		

LECTURA *Zoo Island (Parte 1)*

José tenía apenas los quince años cuando un día despertó con unas **ganas** tremendas de contarse,[1] de hacer un pueblo[2] y de que todos hicieran lo que él decía. Todo había ocurrido porque durante la noche había soñado que estaba lloviendo y, como no podrían trabajar el día siguiente, había soñado con hacer varias cosas. Pero cuando despertó no había nada de lluvia. De todas maneras ya tenía las ganas.

Al levantarse primeramente contó a su familia y a sí mismo —cinco. «Somos cinco», pensó. Después pasó a la otra familia que vivía con la de él, la de su tío—«cinco más, diez». De ahí pasó al gallinero[3] de enfrente. «Manuel y su esposa y cuatro, seis». Y diez que llevaba —«diez y seis». Luego pasó al gallinero del tío Manuel. Allí había tres familias. La primera, la de don José, tenía siete, así que ya iban veinte y tres. Cuando pasó a contar la otra le avisaron que se preparara para irse a trabajar.

Eran las cinco y media de la mañana, estaba oscuro todavía, pero ese día tendrían que ir casi las cincuenta millas para llegar a la labor llena de cardo[4] donde andaban trabajando. Y luego que acabaran ésa,[5] tendrían que seguir buscando trabajo. De seguro no regresaban hasta ya noche. En el verano podían trabajar hasta casi las ocho. Luego una hora de camino de regreso, más

---

[1]de... *to count people up*   [2]de... *to found a town*   [3]*living quarters, (lit., henhouse)*   [4]*thistle*   [5]Y... *And after they finished that (job)*

la parada en la tiendita para comprar algo para comer. «Llegaremos tarde al
20 rancho», pensó. Pero ya tenía algo que hacer durante el día mientras **arran-
caba** cardo. Durante el día podría asegurarse exactamente de cuántos eran los
que estaban en aquel rancho en Iowa.

—Ahí vienen ya estos sanababiches.[6]

—No digas **maldiciones** enfrente de los niños, viejo.[7] Van a aprender.
25 Luego van a andar diciéndolas ellos también a cada rato. Entonces sí
quedan muy bien, ¿no?

—Les rompo todo el hocico[8] si les oigo que andan diciendo maldiciones.
Pero ahí vienen ya estos bolillos.[9] No lo dejan a uno en paz. Nomás[10] se
llega el domingo y se vienen a pasear por acá a vernos, a ver cómo vivimos.
30 Hasta se paran para tratar de ver para dentro de los gallineros. El domingo
pasado ya vites[11] la **ristra** de carros que vino y pasó por aquí. Todos risa y
risa y apuntando con el dedo. Nada vale la polvadera[12] que levantan. Ellos
qué...con la ventana cerrada, pues, se la pasan pero suave.[13] Y uno acá
haciéndola de chango[14] como en el parque en San Antonio, el
35 Parquenrich.[15]

—Déjalos, que al cabo no nos hacen nada, no nos hacen mal, ni que
jueran húngaros.[16] ¿Para qué te da coraje[17]?

—Pues a mí, sí me da coraje. ¿Por qué no van a ver a su abuela? Le voy a
decir al viejo[18] que le ponga un **candado** a la puerta para que, cuando ven-
40 gan, no puedan entrar.

—Mira, mira, no es pa'tanto.[19]

—Sí es pa'tanto.

• • •

—Ya mero[20] llegamos a la labor Apá.[21] ¿Cree que encontramos trabajo
después de acabar aquí?
45 —Sí, hombre, hay mucho. A nosotros no nos conocen por maderistas.[22]
Ya vites cómo se quedó picado[23] el viejo cuando empecé a arrancar el
cardo en la labor sin **guantes.** Ellos para todo tienen que usar guantes. Así
que de seguro nos recomiendan con otros rancheros. Ya verás que luego
nos vienen a decir que si queremos otra labor.

• • •

50 —Lo primero que voy a hacer es apuntar los nombres en una lista. Voy a
usar una hoja para cada familia, así no hay pierde.[24] A cada soltero también,
uso una hoja para cada uno. Voy también a apuntar la edad de cada quién.

---

[6]*sons-of-bitches* [7]*old man, my husband* [8]*face (lit., snout)* [9]*white people (lit., white bread)* [10]Nada más - *As
soon as* [11]*viste* [12]*cloud of dust* [13]se...*they have a good time* [14]haciéndola...*behaving as if we were monkeys*
[15]*Brackenridge Park (zoo in San Antonio)* [16]ni...*not even if they were untrustworthy (lit., Hungarians)* [17]te...
does it make you mad [18]*ranch owner* [19]no...no es para tanto - *it's not such a big deal* [20]*casi* [21]*Papá* [22]*lazy
workers* [23]*enojado* [24]no...*no one will get lost, be left out*

¿Cuántos hombres y cuántas mujeres habrá en el rancho? Somos cuarenta y nueve manos de trabajo, contando los de ocho y los de nueve años. Y luego
55 hay un montón de güerquitos,[25] luego las dos agüelitas[26] que ya no podían trabajar. Lo mejor sería **repartir** el trabajo de contar también entre la Chira y la Jenca. Ellos podrían ir a cada gallinero y coger toda la información. Luego podríamos juntar toda la información. Sería bueno también ponerle número a cada gallinero. Yo podría pintar los números arriba de cada
60 puerta. Hasta podríamos recoger la correspondencia del cajón y repartirla, y así hasta la gente podría poner el número del gallinero en las cartas que hacen. Te apuesto[27] que se sentirían mejor. Luego podríamos también poner un marcador al entrar al rancho que dijera el número de personas que viven aquí, pero... ¿cómo llamaríamos al rancho?, no tiene nombre. Esto se
65 tendrá que pensar.

El siguiente día llovió y el que siguió también. Y así tuvo José tiempo y la oportunidad de pensar bien su plan. A sus ayudantes, la Chira y la Jenca, les hizo que se pusieran un lápiz detrás de la oreja, reloj de pulsera, que **consiguieron** con facilidad, y también que se limpiaran bien los zapatos. También
70 repasaron todo un medio día sobre las preguntas que iban [a] hacer a cada jefe de familia o a cada solterón. La demás gente se dio cuenta de lo que se proponían hacer y al rato ya andaban diciendo que los iban a contar.

—Estos niños no hallan qué hacer. Son puras ideas que se les vienen a la cabeza o que les enseñan en la escuela. A ver, ¿para qué? ¿Qué van a hacer
75 contándonos? Es puro juego, pura jugadera.

—No crea, no crea, comadre.[28] Estos niños de hoy en día siquiera se preocupan con algo o de algo. Y a mí me da gusto, si viera que hasta me da gusto que pongan mi nombre en un hoja de papel, como dicen que lo van a hacer. A ver ¿cuándo le ha preguntado alguien su nombre y que cuántos
80 tiene de familia y luego que lo haya apuntado en una hoja? No crea, no crea. Déjelos. Siquiera[29] que hagan algo mientras no podemos trabajar por la lluvia.

—Sí, pero, ¿para qué? ¿Por qué tanta pregunta? Luego hay unas cosas que no se dicen.

85 —Bueno, si no quiere, no les diga nada, pero, mire, yo creo que sólo es que quieren saber cuántos hay aquí en la mota.[30] Pero también yo creo quieren sentirse que somos muchos. Fíjese, en el pueblito donde compramos la comida sólo hay ochenta y tres almas y, ya ve, tienen iglesia, salón de baile, una gasolinera, una tienda de comida y hasta una escuelita. Aquí
90 habemos[31] más de ochenta y tres, le apuesto, y no tenemos nada de eso. Si apenas tenemos la pompa[32] de agua y cuatro excusados,[33] ¿no?

---

[25]niños   [26]abuelitas   [27]*I'll bet*   [28]*godmother (of the child of the person who is talking)*   [29]*At least*   [30]*shady hill*
[31]tenemos   [32]*pump*   [33]*outhouses*

DESPUÉS DE LEER

Comentemos

A **Comprensión.** Indique si las siguientes oraciones son ciertas (**C**) o falsas (**F**). Explique las falsas.

1. _____ José deseaba fundar un pueblo y quería que todos hicieran lo que él decía.
2. _____ El lugar era pequeño y las familias eran numerosas.
3. _____ Aunque el lugar era pequeño, había muchas tiendas y almacenes donde podían comprar lo necesario.
4. _____ La gente de otros pueblos nunca iba por ese lugar.
5. _____ Los caminos nunca habían sido pavimentados.
6. _____ José creía que la gente del lugar se sentiría mejor si numeraba los gallineros, repartía la correspondencia y se le ponía un nombre al rancho.
7. _____ No había escuelas donde los niños pudieran educarse.
8. _____ Había mucho respeto entre la gente del lugar.
9. _____ Una mujer comenta que, aunque ellos son más de 83, no tienen ni escuela ni iglesia.

B **En otras palabras.** Con un compañero / una compañera o con la clase, contesten las siguientes preguntas.

1. Si Ud. hubiera sido José, ¿qué habría hecho para evitar que la gente del pueblo fotografiara la pobreza en que vivía?
2. ¿Conoce algún pueblo cuyo nombre esté relacionado con la historia del lugar?

Vocabulario en contexto

A Busque la relación entre las palabras de cada par numerado. Después, marque con una **X** el par de palabras a la derecha que tiene la misma relación que el par numerado.

1. **candado** / puerta
   a. _____ llave / entrada   b. _____ escalera / salida
2. **guante** / manos
   a. _____ pies / barbilla   b. _____ gorra / cabeza
3. **maldición** / bendición
   a. _____ denigración / humillación   b. _____ condenación / consagración
4. **conseguir** / obtener
   a. _____ disminuir / aumentar   b. _____ alcanzar / lograr
5. **arrancar** / sembrar
   a. _____ destruir / propagar   b. _____ romper / eliminar

B En parejas, háganse las siguientes preguntas.

1. Cuando tienes **ganas** de divertirte, ¿qué prefieres hacer? ¿En qué momentos prefieres leer?

MIS PROPIAS PALABRAS

Escriba una lista de otras palabras que podrían ayudarlo/la a conversar sobre la lectura. Utilice un diccionario si es necesario.

_____

_____

_____

_____

_____

_____

_____

2. Hay gente muy anciana que **reparte** sus cosas antes de morir. ¿Qué opinas de eso?

3. ¿Cómo te sientes cuando hay una **ristra** de autos en la calle y tienes prisa por llegar a un lugar? ¿Qué haces?

4. ¿Qué opinas de la gente que **arranca** las flores cuando visita un jardín botánico? ¿Qué consejos le darías?

DE TERTULIA

A **Un día de lluvia.** En el cuento «Zoo Island», el joven José sueña que va a llover al día siguiente. ¿Qué efecto tendría la lluvia en la vida de José? ¿Cuál es la relación entre la lluvia y el proyecto que José empieza al día siguiente? ¿Se acuerda Ud. de un día durante su niñez o juventud cuando llovía o nevaba mucho y por eso tuvo que cambiar de planes? ¿Qué hizo Ud.? ¿Algo extraordinario, como lo que hizo José? Explíqueselo a la clase.

Nota cultural

En la actualidad, el 60% de los residentes de descendencia hispana en los EE.UU. es mexicano, un 15% es de origen puertorriqueño y un 10%, cubano. Recientemente se ha visto un incremento de inmigrantes centroamericanos a causa de las crisis económicas y políticas de esa región.

B **El pueblo o la ciudad donde Ud. vive.** Con un compañero / una compañera, hagan una lista de cinco cosas positivas y cinco negativas sobre la ciudad donde está ubicada su universidad. Luego comparen su lista con las de otros estudiantes. ¿Están de acuerdo todos? ¿Qué cambios creen Uds. que habrá experimentado la ciudad dentro de 20 años? ¿Qué problemas nuevos habrá? ¿Qué mejoras habrá experimentado la ciudad?

PAISAJES Y CURIOSIDADES

La ruta de los hispanos en los Estados Unidos

La penetración de la cultura hispana en los EE.UU. comenzó a principios del siglo XVI, cuando España procuraba asegurarse[1] los territorios americanos y establecer su misión cristianizadora. En 1513, el explorador Juan Ponce de León descubrió la Florida y la proclamó territorio de la corona española. En 1565, el colonizador Pedro Menéndez fundó San Agustín, la ciudad europea más antigua en territorio estadounidense. En la actualidad, conviven[2] allí personas de todo el mundo hispano.

La ciudad de Santa Fe, capital de lo que hoy es el estado de Nuevo México, fue fundada por don Pedro de Peralta en 1609, y desde un principio fue centro misionero de una vasta región que se extendía hasta San Luis, Colorado. Como no hubo inmigración del resto de los EE.UU. hacia Nuevo México sino hasta después de

[1]*to win for herself* [2]*live together in harmony*

El Santuario de Chimayo (1813–16), cerca de Santa Fe, Nuevo México. Se calcula que para el año 2000, el 12.0% de la población estadounidense será de descendencia hispana. El 75% de ellos hablará español en la casa. Los estados de Nueva York, Florida, California, Texas, Nuevo México y Arizona son los que tienen hoy en día la población hispana más numerosa.

1848, esta región ha logrado preservar su herencia hispana en su forma más auténtica. Algunas de sus costumbres y canciones se remontan[3] hasta la España medieval.

El área de la actual ciudad de Los Ángeles, en California, donde el 70% de los habitantes es de origen hispano, fue descubierta por Gaspar de Portola en 1769. Doce años después, otro explorador español, Felipe de Neve, estableció

un poblado permanente que llamó el Pueblo de Nuestra Señora la Reina de los Ángeles de Porciúncula.

Hacia 1542, el portugués Juan Rodríguez, quien hacía exploraciones para la corona española, había descubierto la bahía de San Diego. En 1769, Gaspar de Portola estableció una base de exploraciones en el lugar, y ese mismo año el padre Junípero Serra fundó la primera misión franciscana, iniciando así una cadena de 21 misiones que se fueron añadiendo a lo largo de California por un período de 54 años.

Álvar Núñez Cabeza de Vaca fue un famoso explorador español que viajó entre Florida y México. En 1528 una expedición suya llegó a Texas y, en 1682, se fundó el poblado Ysleta, el primer establecimiento europeo en la región. También en Texas se establecieron numerosas misiones, comenzando con la del Álamo, en 1718. Hoy en día, los hispanos representan el 29 por ciento de la población del estado, mientras que más de la mitad de los habitantes de San Antonio es de origen hispano. En 1981, Henry Cisneros fue elegido alcalde de San Antonio, siendo así uno de los primeros alcaldes mexicoamericanos en la historia de la nación.

Museos y monumentos, iglesias y restaurantes, medios de comunicación, instituciones y ciudades enteras dan testimonio de la fuerte hispanidad presente en los EE.UU., y conmemoran su herencia cultural con orgullo.

[3]se... *date back*

CHARLEMOS

1. ¿Sabe Ud. algo de la fundación de la ciudad donde vive? ¿y de la fundación de la ciudad donde está ubicada su universidad? Trate de inventar un cuento sobre la fundación de una de estas ciudades o de otra ciudad que Ud. conoce. ¿En qué detalles pondría Ud. más énfasis?
2. ¿Cómo es la ciudad donde Ud. vive? ¿Qué cambios haría Ud. si fuera alcalde/alcaldesa de esa ciudad?

SEGUNDA LECTURA
Zoo Island (Parte 2)

EN SÍNTESIS

En la segunda parte del cuento, José logra contar a todas las personas que viven en el rancho. Ellos están contentos de saber que hay más gente que en el poblado donde compran la comida. Simón sugiere un nombre para el poblado.

ANTES DE LEER: ¡CONVERSEMOS!

1. ¿Qué estereotipos conoce Ud. sobre su propia cultura?
2. ¿Qué estereotipos conoce sobre otras culturas?
3. En los EE.UU., cada diez años se hace un censo de los residentes en este país. ¿Qué importancia tiene este censo? ¿Qué importancia tiene este censo para las comunidades hispanas?

VOCABULARIO DE LA LECTURA

Sustantivos		
el costal	sack	
el pleito	dispute	
la tajada	cut (*colloquial*)	

Verbos	
arrastrar	to drag
molestar	to bother

parir	to give birth (*usually said of animals*)

Expresiones	
colmarle el plato	to exasperate (*someone*)
caerle encima	to attack (*someone*)
echársele encima	to attack (*someone*)

LECTURA   *Zoo Island (Parte 2)*

—Ustedes son los que van a recoger los nombres y la información. Van juntos para que no haya nada de **pleitos.** Después de cada gallinero me traen luego, luego toda la información. Lo apuntan todo en la hoja y me la traen. Luego yo apunto todo en este cuaderno. Vamos a empezar con la familia
5   mía. Tú, Jenca, pregúntame y apunta todo. Luego me das lo que has apun-

tado para apuntarlo yo. ¿Comprenden bien lo que vamos a hacer? No tengan miedo. Nomás suenen la puerta y pregunten. No tengan miedo.

Les llevó toda la tarde para recoger y apuntar detalles, y luego a la luz de la lámpara de petróleo estuvieron apuntando. Sí, el poblado del rancho
10 pasaba de los ochenta y tres que tenía el pueblito donde compraban la comida. Realmente eran ochenta y seis pero salieron con la cuenta de ochenta y siete porque había dos mujeres que estaban esperando,[1] y a ellas las contaron por tres. Avisaron inmediatamente el número exacto, explicando lo de las mujeres preñadas y a todos les dio gusto saber que el rancho era en
15 realidad un pueblo. Y que era más grande que aquél donde compraban la comida los sábados.

Al repasar todo la tercera vez, se dieron cuenta de que se les había olvidado ir al tecurucho[2] de don Simón. Sencillamente se les olvidó porque estaba al otro lado de la mota. Cuando don Simón se había disgustado y
20 peleado con el mocho,[3] aquél[4] le había pedido al viejo que **arrastrara** su gallinero con el tractor para el otro lado de la mota donde no lo **molestara** nadie. El viejo lo había hecho luego, luego.[5] Don Simón tenía algo en la mirada que hacía a la gente hacer las cosas luego, luego. No era solamente la mirada sino que también casi nunca hablaba. Así que, cuando hablaba, todos
25 ponían cuidado, bastante cuidado para no perder ni una palabra.

Ya era tarde y los muchachos se decidieron no ir hasta otro día, pero de todos modos les entraba un poco de miedo el sólo pensar que tenían que ir a preguntarle algo. Recordaban muy bien la escena de la labor cuando el mocho le había **colmado el plato** a don Simón y éste se le había **echado**
30 **encima,** y luego él lo había perseguido por la labor con el cuchillo de la cebolla. Luego el mocho, aunque joven, se había tropezado y se había caído enredado[6] en unos **costales.** Don Simón le cayó encima dándole **tajadas** por todas partes y por todos lados. Lo que le salvó al mocho fueron los costales. De a buena suerte que sólo le hizo una herida en una pierna y no
35 fue muy grave, aunque sí sangró mucho. Le avisaron al viejo y éste corrió[7] al mocho, pero don Simón le explicó cómo había estado todo muy despacito y el viejo le dejó que se quedara, pero movió el gallinero de don Simón al otro lado de la mota como quería él. Así que por eso era que le tenían un poco de miedo. Pero como ellos mismos se dijeron, nomás no colmándole el plato, era
40 buena gente. El mocho le había atormentado por mucho tiempo con eso de que su mujer lo había dejado por otro.

---

[1]estaban... *were pregnant*   [2]*shack, shanty*   [3]*nickname for a person who has had some part of his body amputated*   [4]*don Simón*   [5]luego... *immediately*   [6]*tangled up*   [7]*fired*

—Don Simón, perdone usted, pero es que andamos levantando el censo del rancho y quisiéramos preguntarle algunas preguntas. No necesita contestarnos si no quiere.

45 —Está bien.

—¿Cuántos años tiene?

—Muchos.

—¿Cuándo nació?

—Cuando me parió mi madre.

50 —¿Dónde nació?

—En el mundo.

—¿Tiene usted familia?

—No.

—¿Por qué no habla usted mucho, don Simón?

55 —Esto es para el censo ¿verdad que no?

—No.

—¿Para qué? ¿A poco creen ustedes que hablan mucho? Bueno, no solamente ustedes sino toda la gente. Lo que hace la mayor parte de la gente es mover la boca y hacer ruido. Les gusta hablarse a sí mismos, es todo. Yo tam-
60 bién lo hago. Yo lo hago en silencio, los demás lo hacen en voz alta.

—Bueno, don Simón, yo creo que es todo. Muchas gracias por su cooperación. Fíjese, aquí en el rancho habemos ochenta y ocho almas. Somos bastantes ¿no?

—Bueno, si vieran que me gusta lo que andan haciendo ustedes. Al con-
65 tarse uno, uno empieza todo. Así sabe uno que no sólo está sino que es.[8] ¿Saben cómo deberían ponerle a este rancho?

—No.

—Zoo Island.

El siguiente domingo casi toda la gente del rancho se retrató[9] junto al mar-
70 cador que habían construido el sábado por la tarde y que habían puesto al entrar al rancho. Decía: *Zoo Island, Pop. 88½.* Ya había **parido** una de las señoras.

Y José todas las mañanas nomás se levantaba e iba a ver el marcador. Él era parte del número, él estaba en Zoo Island, en Iowa y, como decía don Simón,
75 en el mundo. No sabía por qué pero le entraba un gusto calientito por los pies y se le subía por el cuerpo hasta que lo sentía en la garganta y por dentro de los sentidos. Luego este mismo gusto le hacía hablar, le abría la boca. Hasta lo hacía echar un grito a veces. Esto de echar el grito nunca lo comprendió el viejo cuando llegaba todo dormido por la mañana y lo oía gritar. Varias veces
80 le iba a preguntar, pero luego se preocupaba de otras cosas.

---

[8]que... *that one is not only (located) here but is (a real person)*   [9]se... had their picture taken

DESPUÉS DE LEER
Comentemos

Ⓐ Comprensión. Al comenzar a leer el cuento, no sabemos que, al final del tercer día José habrá hecho muchas cosas. Escriba los números del 1 al 7 para indicar la secuencia en que las habrá hecho.

Al final del tercer día:
a. _____ José habrá viajado casi 50 millas para llegar al trabajo.
b. _____ Se habrá levantado a las cinco y media de la mañana.
c. _____ Habrá pensado bien su plan.
d. _____ Les habrá pedido a la Chira y a la Jenca que le ayuden a contar a la gente.
e. _____ Se habrá contado a sí mismo y a su familia.
f. _____ Habrá parado en la tiendita para comprar comestibles.
g. _____ Habrá arrancado cardo de la tierra.

Ⓑ En otras palabras. En parejas, expresen su opinión sobre las siguientes ideas que aparecen en el cuento o expliquen su significado. ¿Qué nos dicen sobre el rancho y la gente?
1. «Les llevó toda la tarde para recoger y apuntar detalles, y luego a la luz de la lámpara de petróleo estuvieron apuntando.»
2. «Avisaron inmediatamente el número exacto, explicando lo de las mujeres preñadas y a todos les dio gusto saber que el rancho era en realidad un pueblo.»
3. «Lo que hace la mayor parte de la gente es mover la boca y hacer ruido.»
4. «Al contarse uno, uno empieza todo. Así sabe uno que no sólo está sino que es.»

Vocabulario en contexto

Ⓐ Con un compañero / una compañera, para cada una de las siguientes palabras, busquen tres palabras con las cuales puedan asociarlas.

MODELO: **molestar** → interrumpir, perturbar, enojar

1. **el costal**
2. **colmarle el plato**
3. **el pleito**
4. **parir**
5. **arrastrar**
6. **echársele encima**

MIS PROPIAS PALABRAS

Escriba una lista de otras palabras que podrían ayudarlo/la a comentar sobre la lectura. Utilice un diccionario si es necesario.

_____
_____
_____
_____
_____
_____

B En parejas, háganse las siguientes preguntas.

1. Algunas personas prefieren permanecer calladas cuando algo les **molesta.** Otras en cambio prefieren expresar sus sentimientos. ¿Qué opinas? ¿Cuál de esas dos actitudes te parece más saludable?

2. Si dos niños discuten y uno **le cae encima** al otro, ¿los separas o dejas que sigan peleando?

3. Si ves que un hombre ataca a otro con un cuchillo y le va a dar **una tajada,** ¿a quién llamarías para evitar una tragedia?

DE TERTULIA

Hablando de estereotipos. Existen muchos estereotipos sobre países, ciudades, barrios y otros lugares. ¿Qué estereotipos conocen Uds. sobre los siguientes ambientes? Indiquen si Uds. están de acuerdo **(A)** o en desacuerdo **(D)** con los siguientes estereotipos. ¿Tienen Uds. alguna evidencia que compruebe la validez o falsedad de cada estereotipo? ¿Confirma el cuento «Zoo Island» algún estereotipo?

1. _____ Los que residen en vecindarios pobres son víctimas de la violencia constantemente.

2. _____ En las zonas residenciales exclusivas, nunca ocurren actos de violencia.

3. _____ En las grandes ciudades, mucha gente no tiene principios morales porque hay un exceso de privacidad y de libertad.

4. _____ En las ciudades costeras la gente vive una vida relajada.

5. _____ En las grandes ciudades, la vida de la gente es más agitada.

LÁPICES VELOCES

WRITING STRATEGIES

Joining Sentences   As you know, it is important that the sentences in a narration flow naturally from one sentence to the next. You have already learned a number of expressions that can help you with the chronological sequence of a narration. Other conjunctions can help with the logical flow of a narration. Here are some of the most important ones.

- **por eso** (*therefore*): explains

  José era soñador; **por eso** se le ocurrió fundar un pueblo.

- **porque** (*because*): gives a justification

  Todos se alegraron de haber sido contados, **porque** sentían que así pertenecían a un pueblo.

- **pero** (*but*): provides information that offers an alternative

  A ellos les gustaría que José fuera su alcalde, **pero** él era muy joven todavía.
- **ya que** (*since, because*): gives a justification

  Los niños también trabajaban, **ya que** la familia era muy pobre.
- **también** (*also*): adds information

  Simón les dio buenos consejos y **también** sugirió el nombre para el pueblo.
- **y** (*and*), **o** (*or*): join related information

  Eran 34 hombres, 15 mujeres **y** 38 niños.

Ⓐ Reescriba el siguiente párrafo, utilizando las conjunciones apropiadas para lograr mayor fluidez de expresión. Haga los cambios necesarios.

José tenía 15 años. Vivía en un rancho. Un día se despertó temprano. Quiso contar a la gente. Llamó a sus amigos. Les distribuyó papel y lápices. Les pidió que llevaran reloj. Después, fueron a hablar con don Simón. Él inventó un nombre para el pueblo. Todos estaban felices. Por fin pertenecían a un lugar. Quizás más tarde tuvieron una escuela. Tuvieron un hospital. Tuvieron una iglesia. Tuvieron un mercado.

Ⓑ Escriba cinco preguntas para hacerle a José. Su compañero / a tratará de contestarlas como si él/ella fuera José. Entre otras cosas, pregúntele si todavía le gusta el nombre que don Simón inventó para el pueblo, o si ahora le pondría uno diferente. Después, escriba un resumen de sus respuestas.

Ⓒ Escríbale una carta a José.

Párrafo 1: Felicítelo por su iniciativa de fundar un pueblo.

Párrafo 2: Hágale algunas sugerencias sobre cómo seguir progresando a pesar de que tendrán que emigrar a otros ranchos en busca de trabajo.

CAPÍTULO 12

LA LITERATURA EN ESPAÑOL EN LOS ESTADOS UNIDOS: TEATRO Y POESÍA

Escena de «Easy Money.» del dramaturgo cubano Pedro R. Monge-Rafuls. A pesar del título en inglés, esta obra es en español. Pone de manifiesto la honradez de un hombre que se encontró un dinero y lo devolvió. Entre las anécdotas de su vida o de la vida de un familiar o persona amiga de Ud., ¿cuál podría servir para una escena u obra teatral? ¿Por qué?

PRIMERA LECTURA

Botánica (Selección)
Dolores Prida (1943–)

READING STRATEGIES

Dialogue   You already know that dialogue is a critical element in drama. It is through dialogue that the ideas and feelings of the characters are expressed directly to the audience, without any need for the intervention of the author of the play. Through dialogue we also learn about the personality and moral character of the cast, as well as about their social class. Dialogue can be "low brow" or cultured, elegant or simple. As for tone, the characters can deliver their lines in a direct or ironic or sarcastic manner, and their portrayal of a character can be happy or sad, low key or agitated. The pace of a dialogue—slow or rapid—can also affect its meaning.

When one of the goals of a playwright is to create a realistic portrayal of his or her characters, the use of regional dialects can be an important strategy. In *Botánica*, the roles are written in a dialect characteristic of some Puerto Ricans. Some Puerto Rican slang is used, as well as colloquial expressions common to many Hispanic cultures. In addition, the dialogue shows the characteristic mixture of English and Spanish that is typical of Puerto Ricans (and other Hispanics) living in this country.

Una botánica en Nueva York.

Nota Cultural:

Como resultado de las mezclas culturales, en el área del Caribe hay un alto grado de sincretismo religioso, o sea, la fusión de varias religiones. Ahí, una botánica es una tienda donde se venden artículos religiosos cristianos y, también, artículos relacionados con los cultos africanos que, según la creencia popular, tienen poderes especiales. En Nueva York, estas tiendas son populares entre los inmigrantes caribeños.

EN SÍNTESIS

La cubanoamericana Dolores Prida es periodista, libretista[1] para televisión y dramaturga. Sus dramas han sido incluidos en varias antologías y representados en todos los EE.UU. Algunos de los temas tratados en su obra son el racismo, el feminismo y el biculturalismo.

En 1991, Prida publicó *Beautiful Señoritas & Other Plays,* colección de dramas en la cual se incluye *Botánica.* En este drama, la autora presenta a tres personajes femeninos puertorriqueños residentes en una comunidad puertorriqueña de Nueva York. En la obra hay una mezcla de inglés y español y abundan las expresiones coloquiales del habla popular puertorriqueña.

El conflicto básico del drama consiste en el deseo de la joven Milagros de incorporarse al mundo estadounidense, mientras que su madre y abuela insisten en mantenerla fiel a su propia cultura y al barrio donde vive su familia. Al final, Milagros, a pesar de tener un título universitario, decide quedarse en el barrio trabajando en la botánica, el negocio de la abuela de ella. De esta manera, Milagros representa en el drama la superación personal a la vez que la reafirmación de sus valores culturales.

[1]*script writer*

ANTES DE LEER: ¡CONVERSEMOS!

1. ¿Es Ud. la primera persona en obtener una educación universitaria en su familia? Si no lo es, ¿quién fue esa persona?
2. ¿Cree Ud. que las primeras personas en obtener una educación universitaria en una familia tienen mayores dificultades en sus estudios? ¿Cuál ha sido su situación o experiencia al respecto?
3. ¿Estudia Ud. en una institución que está cerca de su casa o en una que está lejos? ¿Asisten estudiantes extranjeros? ¿Conoce Ud. a algunos de ellos?

VOCABULARIO DE LA LECTURA

Sustantivos		Verbos	
el birrete	cap; mortarboard	bregar	to struggle
la bolsa	bag	congelar	to freeze
la masa	plantain puree, basis for many dishes	derramar	to pour
el pastel	(Puerto Rico) turnover made mainly of green bananas and pork	**Adjetivos**	
		escandaloso/a	gaudy
el pelotero	baseball player	**Expresiones**	
la sortija	ring (*jewelry*)	dar mareo	to make (*someone*) dizzy

LECTURA *Botánica (Selección)*

*A*l principio del drama, Anamú y Geno están preparando pasteles para llevarle a su nieta Milagros, quien se gradúa en Administración de empresas en una universidad de New Hampshire. Pero Milagros se aparece inesperadamente en la casa y les explica que ya ella había ido a la ceremonia de graduación, pues la fecha había sido adelantada sin que ella tuviera tiempo de avisarles.

RUBÉN: (*Entra Rubén vestido de* **pelotero,** *bate en mano. El uniforme es de colores muy* **escandalosos.** *En la espalda dice* «Leones del Barrio».) Buenas por aquí, doñas.[1] ¿Qué se cuenta?[2]

ANAMÚ: Qué tal, hijo...

GENO: (*Tapándose los ojos con el abanico.*[3]) ¡Alabao,[4] Rubén! ¡Ese uniforme **da mareo!**

RUBÉN: (*Se siente incómodo en el uniforme.*) Bueno... a caballo regalao no se le miran los dientes[5]... José, el dueño del restaurant «La Bella Boricua[6]» donó los uniformes. Yo le dije que se iban a burlar de nosotros, pero él dice que y que es para «confundir» al equipo contrario.

GENO: Será para confundirlos con náusea.

RUBÉN: Lo malo es que a «Los Bueyes[7] del Bronx» no hay náusea que los maree. Pero, anyway, Doña Geno, para estar seguro deme acá una esencia[8] de «Amansaguapo».[9]

ANAMÚ: Ojalá que funcione. La última vez le dieron las nueve donas.[10]

RUBÉN: (*Geno le da una botellita.*) Gracias, Doña Geno. Me lo apunta.[11] (*Rubén la abre y la* **derrama** *sobre el bate.*)

GENO: No te preocupes, m'ijo.[12] Voy a chequear la **masa** (*Señalando el uniforme.*) y a descansar mis ojos de esos colorines. (*Geno sale.*)

RUBÉN: (*A Anamú.*) ¿Masa, dijo? ¿Por casualidad será masa para hacer los famosos y únicos **pasteles** de Doña Geno Domínguez, la Emperatriz del Pastel Puertorriqueño? (*Se relame.*[13])

ANAMÚ: No te hagas la boca agua,[14] Rubén. Los estoy haciendo yo. Mamá no se siente muy bien estos días. Además, son para la graduación de Milagros.

RUBÉN: ¿Ya se sabe la fecha?

---

[1]señoras [2]¿Qué... ¿Qué hay? [3]Tapándose... *Covering her eyes with her fan.* [4]*God be praised* [5]a... *don't look a gift horse in the mouth* [6]*Puerto Rican woman* [7]*Oxen* [8]*fragance, essence* [9]de... (*called*) *It Overpowers Strong Men* [10]le... *they shut you out* [11]*Me... Put it on my bill.* [12]mi hijo [13]Se... *His mouth waters (in anticipation).* [14]No... *Don't salivate* [15]Quedó... *She agreed to let us know.*

ANAMÚ: No, estamos esperando su llamada. Quedó en avisarnos.[15] Creo que es el otro fin de semana. Los vamos a **congelar** para tenerlos ready. Cincuenta pasteles no se hacen en un día.

35 RUBÉN: ¿Y Mila sabe que van a llevar pasteles a la graduación?

ANAMÚ: No, es una sorpresa.

RUBÉN: Una sorpresa, sí... ¿Quién lo iba a pensar, eh? Milagritos graduada en Business Administration. Lo digo, lo oigo y no lo creo.

GENO: (*Entra de atrás, caldero y cuchara en mano.*) Anamú, a esta masa no la
40 salva ni un mila.[16]

En ese momento se abre la puerta de la calle y entra Millie cargada de paquetes y arrastrando[17] una maleta.

RUBÉN: ¡Mila!

ANAMÚ: ¡Milagros!

45 GENO: ¡Milagritos!

ANAMÚ: M'ija, pero... (*Todos tratan de hablar a la vez, rodeándola y abrazándola.*)

RUBÉN: ¿Pero, qué tú hace aquí?

ANAMÚ: ...¿y la graduación?

50 GENO: ¿Te pasa algo? ¿Por qué no llamastes?

ANAMÚ: ¿Cómo que no avisaste que venías?

RUBÉN: What happened?

GENO: ¿Te graduastc?

ANAMÚ: (*Confundida, ansiosa.*) ¿Y qué vamos a hacer con todos esos pasteles?

55 MILLIE: Cálmense, cálmense.

ANAMÚ: No me digas que no te graduaste. Después de tanto esfuerzo... .

MILLIE: Mami, sí me gradué. La graduación fue ayer. Mira la **sortija...** Y aquí está el diploma.

GENO: ¡Ayer! ¿Cómo es posible? ¿Y por qué no avisaste? Aquí tu mamá y yo
60 estábamos preparadas para arrancar[18] para allá

ANAMÚ: Con cincuenta pasteles congelados... Bueno... todavía están sin congelar... .

RUBÉN: Milagritos... .

MILLIE: (*Corrigiéndolo.*) Millie.

RUBÉN: Millie... yo los iba a llevar en mi carro hasta allá arriba. Hasta un gabán[19]
65 me había comprado... y una corbata seria... .

MILLIE: Mamá, abuela, Rubén... lo siento muchísimo... es que... hubo problemas y adelantaron[20] la fecha... fue una ceremonia privada... fue poquísima gente... No hubo tiempo de avisar a nadie.

GENO: ¿Y es que en Nu Jamprish[21] no hay teléfonos?

70 MILLIE: Es que con el nerviosismo y el apuro[22] pensé que no quería que ustedes salieran corriendo para allá, así de un momento para otro. Además, no se

---

[16]no... *not even a miracle could save it* [17]*dragging behind her* [18]*leave in a hurry* [19]*jacket* [20]*they moved up*
[21]Nu... *New Hampshire* [22]*hurry* [23]nada... *anything special*

perdieron nada del otro mundo.[23] Fue aburridísimo todo.

ANAMÚ: ¡Nada del otro mundo! Mi hija se gradúa de la universidad y eso no es
nada del otro mundo! Yo que estaba preparada para sentirme tan orgu-
75 llosa.

Millie se siente obviamente incómoda y avergonzada. No sabe qué decir. Doña
Geno la mira con ojos llenos de preguntas. Anamú aparta la vista. Rubén se da
cuenta del embarazo[24] general. Tratando de salvar la situación.

RUBÉN: Hey, people! Nos podemos sentir orgullosos aquí mismo. ¿No es verdad...
80 Mila... digo, Millie? Vamos a celebrar la graduación aquí mismo. No tengo
mi gabán nuevo, pero, ¡qué diablos, este uniforme es nuevo también!
(*Saca el* **birrete** *que sobresale de una de las* **bolsas** *que Millie trae. Se*
lo pone a Millie.) A ver, el diploma... ¿dónde está?... Here it is! Man, are
we proud or what! (*Agarra el diploma y lo enarbola como una*
85 *espada.[25]*) ¡A la carga, a hervir[26] pasteles! (*Salen. Apagón.*)
Más tarde ese mismo día. Rubén y Millie están solos en la botánica.

RUBÉN: Entre tú y yo, Mila... Millie, los pasteles de tu mamá no son tan buenos
como los de la abuela. Pero, fíjate, hoy me supieron de maravilla.[27] Será
por la ocasión... Tú casi ni los probaste.

90 MILLIE: Es que ya no como cerdo. Es un veneno[28] para el cuerpo.

RUBÉN: No me vengas con ésas.[29] Si eso fuera verdad ya no quedaría un puertorriqueño vivo.

MILLIE: Tú te imaginas, ¡mamá y abuela llegando a mi graduación con cincuenta
pasteles congelados!

95 RUBÉN: ¿Tú sabías que los iban a llevar?

MILLIE: No, pero me lo imaginaba. Yo las conozco. Cuando era chiquita íbamos a
Orchard Beach en el subway. Todos los demás niños iban cargando sus
juguetes, salvavidas,[30] cubetas,[31] palitas, toallas. Yo no. Yo iba cargando
shopping bags llenos de pasteles y arroz con gandules.[32] Creo que por
100 eso no me gusta la playa.

RUBÉN: ¿Es por eso que no quisiste que fueran a la graduación?

MILLIE: (*Evasiva.*) ¿Por qué dices eso? Claro que no, fue porque... no hubo
tiempo... no se dio la oportunidad... I thought I'd explained all that.

RUBÉN: Has cambiado mucho, Milagros...

105 MILLIE: Millie. No me gusta que me llamen Milagros.

RUBÉN: Es un nombre muy bonito, ¿qué tiene de malo?

MILLIE: Es que en la universidad... cada vez que les explicaba lo que quería decir
se reían: «Miracles, what kind of a name is that!» decían.

RUBÉN: ¿Y tú le hacías caso a esa pendejá[33]?

110 MILLIE: Tú no entiendes, Rubén. No fue fácil, ¿sabes? Llegar, sola a un lugar donde
no conoces a nadie. Yo no había salido del Barrio como quien dice. Y caer

---

[24]*embarrassment* [25]*lo... he holds it high like a sword* [26]*a... let's cook* [27]*me... they tasted fantastic* [28]*poison*
[29]*No... Don't give me that.* [30]*(toy) life preservers* [31]*sandpails* [32]*pigeon peas* [33]*foolishness*

allí, en New Hampshire, en una universidad donde casi todo el mundo era tan diferente a mí. It wasn't easy, believe me. Tuve que **bregar** con muchas cosas. Lo del nombre fue una de las mas faciles. Milagros en el

115   Barrio puede ser común y corriente. Miracles in New Hampshire... no way.

RUBÉN: Bueno, ya eso pasó. You're home now. Ahora estás aquí y tu familia está muy contenta —aunque no hayan podido ir a tu graduación.

MILLIE: ¿Nunca vas a olvidar eso?

120 RUBÉN: Es que tú no sabes lo entusiasmadas que estaban... estábamos... .

MILLIE: Bueno, ya pasó. No quiero hablar más de eso. Lo que cuenta es el futuro.

RUBÉN: Eso sí. Doña Geno ya tiene sus años, y últimamente no se ha sentido bien... .

MILLIE: ¿Cómo puede ser? ¿Con tantos remedios y milagros al alcance de su

125   mano[34]? Yo la veo muy saludable. Ella es muy fuerte. Siempre lo dice: «A esta ceiba no hay rayo que la parta».[35]

RUBÉN: Con tu preparación, serás una gran ayuda para tu abuela y tu mamá en la botánica.

MILLIE: Rubén, if you think I got a degree in business administration to run a

130   botánica, you're out of your mind. Yo tengo otros planes.

RUBÉN: ¿Por ejemplo?

MILLIE: Por ejemplo: vice presidente del Chase Manhattan Bank—International Department.

RUBÉN: ¡Vaya, nena![36] Si vas a empezar por allá arriba, ¿por qué no presidente?

135 MILLIE: En un par de años. Ya verás. El caso es que ya tengo trabajo. Ellos fueron a reclutar al campus y me entrevistaron.

RUBÉN: ¿Tu familia sabe eso?

MILLIE: Mamá lo sabe, pero todavía no hemos encontrado el momento... oportuno para decírselo a abuela.

140 RUBÉN: Good luck! Doña Geno piensa que te vas a quedar aquí. Yo también pensaba lo mismo.

MILLIE: Pues no, en cuanto empiece a trabajar me voy a mudar downtown. Quiero mi propio apartamento.

RUBÉN: Ahora sí que me convencí.

145 MILLIE: ¿De qué?

RUBÉN: De que se te cayó un tornillo por allá arriba.[37] Hasta los gringos andan locos buscando apartamentos por aquí y tú, teniendo uno gratis aquí arriba, te vas a ir downtown a pagar por lo menos mil dólares de renta.

MILLIE: ¿Qué apartamento?

150 RUBÉN: El de Doña Fela. Se retira y se va para Puerto Rico. Tu abuela no lo va a rentar para dártelo. ¿No lo sabías?

MILLIE: No me ha dicho nada.

RUBÉN: La comunicación familiar aquí es de primera.[38]

---

[34]al... *within reach*   [35]A... *No one can defeat me.*   [36]¡Vaya... *Come on, girl!*   [37]se... *you have a screw loose*   [38]de... *excellent*

MILLIE: Será otra «sorpresa» que me tiene preparada... Pero yo no puedo aceptar
155 eso. A ella le hace falta la renta para el mortgage. Esta casa no está pagá[39] todavía.

RUBÉN: Eso no es problema. Tú le pagas la misma renta que Doña Fela y ya está. Mira, el apartamento está bien chulo.[40] Yo le puse pisos nuevos de
160 madera, nada de carpeta. Se lo dije a Doña Geno, «a Milagros no le gusta ese linóleo del cinco y diez.[41] She likes the real thing: parquet floors...» Costó un fracatán,[42] pero quedó por la maceta.[43] Muchacha, ¡Doña Fela casi cambia de idea!

MILLIE: Rubén, yo no quiero vivir aquí. No voy a vivir aquí. Yo tengo mis propios planes. Quiero algo diferente. Quiero salir de todo esto, olvidarme del
165 olor a plátano frito y a Agua de Florida.[44] I hate this business. Siempre he querido escaparme de aquí, del incienso, del alcanfor, de los despojos y los santos, de la gente buscándole soluciones fáciles a los problemas de la vida, de mi abuela, manejándole la vida a todo el mundo, como una reina en su palacio de colesterol y pachulí.[45] Yo habré nacido en el ghetto pero
170 no tengo que vivir en él.

RUBÉN: Pero es que... mira... muchos profesionales hispanos se están mudando pa'cá otra vez... ayudando a... .

MILLIE: No me interesa eso. No soy una social worker. Allá afuera hay un mundo más grande y yo quiero ser parte de él, para eso me he preparado. No
175 quiero ser como tú, soñando con dar jonrones en el Yankee Stadium y conformarse con fly balls en el Parque Central. (*Rubén se quita la gorra y baja la cabeza. Pausa.*) I'm sorry, Rubén. Perdóname, pero es que desde que llegué me siento presionada por todos. Todo el mundo tiene planes para mí. Me tienen la vida planificada sin contar conmigo. It is MY
180 life, you know.

RUBÉN: I know. Lo que pasa es que yo siempre he pensado que uno estudia y adelanta en la vida para superarse,[46] para ser una MEJOR persona, no para convertirse en OTRA persona. (*Rubén sale tirando la puerta.*)

MILLIE: Rubén, wait... !

[39]pagada [40]lindo [41]cinco... *five and dime (store)* [42]un... *a lot* [43]quedó... quedó muy bonito [44]Agua... *Florida Water (perfume)* [45]*perfumed oil from an aromatic plant* [46]*improve oneself*

DESPUÉS DE LEER
Comentemos

A Comprensión. Escoja la respuesta correcta para cada pregunta.
1. ¿Cómo es el estilo del diálogo?
   a. popular y humorístico
   b. culto y elegante
   c. irónico y sencillo

2. ¿Cómo es el tono del diálogo?
   a. sarcástico y triste
   b. alegre e informal
   c. animado y serio

3. ¿Cómo es el ritmo?
   a. lento
   b. animado
   c. tranquilo

4. A juzgar por el tono del diálogo entre los personajes, se puede concluir que ellos...
   a. son buenos amigos.
   b. se conocen muy bien.
   c. todo lo anterior.

5. Al principio, Rubén y Geno conversan sobre...
   a. el uniforme de Rubén.
   b. un equipo de béisbol.
   c. todo lo anterior.

6. Anamú cree que Milagros recibirá los pasteles con...
   a. alegría.
   b. indiferencia.
   c. incomodidad.

7. Millie está orgullosa de haberse graduado, pero...
   a. no le da la fecha exacta a su familia.
   b. no le avisa a su familia de la fecha.
   c. le pide a su familia que no vaya a la ceremonia.

8. Millie desea mudarse...
   a. con su familia a otro apartamento en la comunidad puertorriqueña.
   b. con su familia a otra comunidad.
   c. a su propio apartamento fuera de la comunidad puertorriqueña.

9. Millie desea mudarse porque quiere...
   a. estar cerca del Parque Central.
   b. ser parte del mundo estadounidense también.
   c. estar cerca de la gente que conoce.

B **En otras palabras.**

1. Podría concluirse que la preparación de los pasteles para llevar a la graduación simboliza la fuerza de la tradición y la identidad cultural. ¿Qué hay en la familia de Ud. que puede ser un símbolo de su identidad cultural?

2. Millie simboliza el conflicto de los valores en cambio y una generación en transición. ¿En qué aspectos se siente Ud. diferente de sus padres?

3. Rubén dice: «Lo que pasa es que yo siempre he pensado que uno estudia y adelanta en la vida para superarse, para ser una MEJOR persona, no para convertirse en OTRA persona.» ¿En este contexto, cuál es la diferencia entre ser una mejor persona y ser otra persona?

Vocabulario en contexto

A Escoja las palabras del vocabulario que corresponden a las siguientes definiciones.

1. Brillante, subido de tono.
2. Hacerle sentir a alguien que se pierde el equilibrio.
3. Se lleva en la cabeza y es parte tradicional del traje de graduación.
4. Se usa para echar cosas cuando uno va de viaje, de compras, etcétera.
5. Enfriar hasta el punto de solidificación.
6. Se usa en los dedos de la mano.

B Complete las oraciones con la palabra apropiada de la lista.

bolsas, brega, derramó, escandalosos, mareo, masa, pasteles, pelotero

1. Se _____ mucho en las situaciones difíciles.
2. Este plato se prepara a base de la _____.
3. Hay quienes se visten con ropa de colores _____ para llamar la atención.
4. Se temía que el _____ fuera causado por el intenso calor de la temporada.
5. Se usan _____ de tela para evitar el desperdicio de papel.
6. Los _____ eran el plato más suculento de la cena.
7. Se dice que un _____ necesita entrenarse diariamente para poder triunfar.
8. La botánica se llenó de un olor fuerte cuando Rubén _____ la esencia.

DE TERTULIA

La graduación. En grupos de tres, escriban un pequeño diálogo y represéntenlo frente a la clase. Imagínense que por alguna razon, Uds. se encuentran por casualidad y comienzan a hablar sobre su graduación en la escuela secundaria. Cada grupo debe seleccionar uno de los siguientes lugares para la escena: un parque, un teatro, un festival, una discoteca, una biblioteca.

PAISAJES Y CURIOSIDADES
Las contribuciones de los hispanos en los Estados Unidos

Los hispanos han contribuido de diversas maneras a la sociedad estadounidense. Muchos, aunque de forma sencilla, han contribuido al bien común y han logrado reconocimientos especiales. Otros se han destacado en los campos de las ciencias, las artes y la política. Tal es el caso del astronauta costarricense de la NASA, Franklin Chang-Díaz, quien ahora reside en los EE.UU. Chang ha sido condecorado cuatro veces con la Medalla de Vuelo Espacial[1] de la NASA. En 1986, el presidente de los EE.UU. lo condecoró con la Medalla de la Libertad.

La participación de los hispanos en el teatro y en el cine es notable. El puertorriqueño José Ferrer (1912–1992), actor, director y productor de cine, fue galardonado[2] en 1950 por su papel en *Cyrano de Bergerac* con el primer premio Oscar obtenido por un hispano. En la actualidad, uno de los actores más conocidos es el mexicanoamericano Edward James Olmos, quien en 1985 ganó el premio Emmy por su

Edward James Olmos es un conocido actor mexicoamericano.

actuación en la serie de televisión *Miami Vice*, y en 1989 fue nominado para el premio Oscar por su actuación en la película *Stand and Deliver*. Recientemente ha surgido una generación de jóvenes actores y actrices que se han popularizado por sus actuaciones, entre ellos el cubanoamericano Andy García y la puertorriqueña Josie Pérez.

Uno de los campos en que la contribución hispana es más notoria es el de la música. La salsa, género musical hoy conocido internacionalmente, se originó en los años cincuenta entre los puertorriqueños residentes en Nueva York. Tito Puente es un famoso percusionista y director de orquesta que ha contribuido grandemente a la difusión de este género musical. Y una de las cantantes favoritas del público estadounidense es la conocida cubanoamericana Gloria Estefan, cuyo talento se dio a conocer en el conjunto Miami Sound Machine.

La política es uno de los campos en que los hispanos están logrando cada día mayor participación. El mexicanoamericano Henry Cisneros (1947–) fue el primer hispano elegido alcalde[3] de San Antonio, Texas (1981), mientras que la puertorriqueña Lydia Velázquez y la

La puertorriqueña Lydia Velázquez es diputada del Congreso de los Estados Unidos.

cubanoamericana Ileana Ros-Lehtinen son dos diputadas[4] del Congreso de los EE.UU. Sin duda, a medida que aumenta el voto de la comunidad hispana en los EE.UU. una nueva generación de políticos lucha por lograr cambios que beneficien a la sociedad en general.

[1]Vuelo... *Space Travel*   [2]*decorated*   [3]*mayor*   [4]*representatives*

CHARLEMOS

1. ¿Conoce Ud. a alguien que haya contribuido de alguna forma al beneficio de la comunidad en general? ¿Qué ha hecho esa persona?
2. ¿De qué maneras puede contribuir la gente mayor al mejoramiento de la comunidad donde vive?

SEGUNDA LECTURA

Abuelo
Elías Miguel Muñoz (1954–)

Mi abuela
Lydia Vélez Román (1946–)

EN SÍNTESIS

Elías Miguel Muñoz es un escritor cubanoamericano. Ha publicado novelas, cuentos y poesía en inglés y español. En su poemario *En estas tierras / In this Land* (1989), el hablante poético recuerda con nostalgia la Cuba precastrista. También habla de la complejidad del ambiente norteamericano. El poema «Abuelo» trata el tema de la nostalgia por los lugares de la infancia en Cuba. El abuelo ha perdido la memoria y el regreso es imposible.

Lydia Vélez Román es una escritora puertorriqueña residente en los Estados Unidos. Ha publicado cuentos y poesías. En 1991 publicó *Osadía de los soles truncos,* poemario en el cual trata temas feministas y en el que se incluye el poema «Mi abuela». En este poema, el hablante poético describe a una mujer amigable y luchadora a pesar de los agobios[1] de la vida diaria.

[1]*burdens*

ANTES DE LEER: ¡CONVERSEMOS!

1. Todavía están vivos sus abuelos? ¿Dónde viven?
2. ¿Quiénes le parecen que son más tradicionales, sus padres o sus abuelos (hijos)? ¿Por qué?
3. ¿Le gustaría que todos sus parientes vivieran cerca de Ud.? ¿Por qué sí o por qué no?

VOCABULARIO DE LA LECTURA: ABUELO

Sustantivos		Verbos	
el gancho	lock	**atrapar**	to trap
la rabia	madness	**gatear**	to crawl
la telaraña	spiderweb	**huir**	to run away
el umbral	threshold	**tumbar**	to shake down

VOCABULARIO DE LA LECTURA: MI ABUELA

Sustantivos

el alfiler	pin
los botines	booties
la estampida	stampede
el tacón	high heel
el tropezón	crash

Verbos

desatarse	to break free

enterrar (ie)	to bury
estirar	to extend
sacudir	to shake
tejer	to knit

Adjetivos

prendido/a	fastened

LECTURA *Abuelo*

Abuelo se orina°   *se… urinates*
dondequiera que esté.
Le molesta su cuerpo.
Se pone a buscar
5   objetos invisibles
en el suelo,
o le da por **atrapar**
telarañas en cada rincón,
o **gatea** como un niño
10 por toda la sala.

Le han puesto **ganchos**
en la puerta del cuarto.
Hay que tenerlo allí
encerrado el día entero.
15 Porque si sale, desnudo,
le puede entrar la **rabia,**
o el impulso de **huir,**
de recorrer los
matorrales°   *bushy places*
20 de su infancia,
de subir a las palmas
reales,

de **tumbar** el palmiche,°   *palm seeds*
de ayudar a su padre.

25 Porque según mi abuelo
no hay más que cruzar
el **umbral** de la puerta
para llegar a Cuba.

LECTURA *Mi abuela*

Así era la historia,
mi abuela resumía el hambre
en dos palabras como dos grandes ojos.°   *en... The poetic voice evokes the big, sunken eyes of people who are suffering from hunger.*

No tuvo tiempo para **tejer botines,**
5 era un silencio a **tropezones**
que le cubría las manos de callos,°   *callouses*
y aunque le habían dicho del futuro,
en ella habitaban días lentos en que,
con la mano al hombro del vecino,
10 **enterraba** memorias y memorias

La conocí hace tiempo,
cuando su caminar era una **estampida**
de **tacones**
y sus ojeras encendidas°   *ojeras... burning dark circles (under her eyes)*
15 encontraban caras familiares,
entonces le era fácil **sacudir**
la lluvia de los ojos
y **estirar** la mano en dirección al sol.

En su vestido bailaban las flores,
20 se sabía de memoria cada esquina
y no aquel mapa de **alfileres**
que al final tenía **prendido** al corazón.

Un día **se desató** de la lluvia
de palabras del abuelo
25 y se fue.

DESPUÉS DE LEER

Comentemos

A **Comprensión.** Indique si las siguientes oraciones son ciertas (**C**) o falsas (**F**). Explique las falsas.

Abuelo

1. _____ El abuelo busca objetos invisibles.
2. _____ Su familia lo lleva a pasear al parque.
3. _____ Él quiere irse a Cuba, pero su familia no se lo permite.
4. _____ Recuerda siempre los lugares de su infancia en Cuba.
5. _____ Su familia lo consuela y le dice que algún día podrá regresar.
6. _____ Él cree que Cuba está al cruzar el umbral de la puerta.
7. _____ Ha perdido la memoria.

Mi abuela

8. _____ La abuela pertenecía a una familia de bajos recursos económicos.
9. _____ Era una mujer a quien no le gustaba recordar el pasado.
10. _____ Le gustaba conversar con los vecinos.
11. _____ Cuando era joven, caminaba con rapidez.
12. _____ Ella conocía pocos lugares y a poca gente.
13. _____ Cuando ella murió, sus familiares le rindieron homenaje.
14. _____ Era una mujer muy amigable.

B **En otras palabras.**

1. El abuelo cree que «no hay más que cruzar / el umbral de la puerta / para llegar a Cuba.» ¿Por qué cree Ud. que él quiere regresar a Cuba?
2. Los recuerdos tienen una función muy importante en ambos poemas. ¿Cuáles cree Ud. que son los recuerdos de la abuela? ¿y los del abuelo?
3. ¿De qué habrían conversado el abuelo y la abuela si se hubieran encontrado?

Vocabulario en contexto

A Indique la palabra que *no* pertenece a la serie.

1. **atrapar**	encarcelar	encerrar	**desatar**
2. **botines**	guantes	medias	zapato
3. mano	pie	**tacón**	zapato
4. botas	**ganchos**	sandalias	zapatos
5. cocinar	hilo	**tejer**	tela
6. algodón	lana	seda	**telarañas**
7. combatir	bregar	**huir**	luchar
8. atados	pegados	**prendidos**	sueltos
9. acortar	disminuir	**estirar**	reducir
10. destapar	**enterrar**	extraer	sacar

B Explique de qué manera se asocian las siguientes palabras.
1. **los ganchos** / cerrar
2. **la rabia** / la alegría
3. **el umbral** / la entrada
4. **tumbar** / sembrar
5. **los alfileres** / el dolor
6. **la estampida** / la explosión
7. **los tropezones** / los caminos
8. **sacudir** / mover
9. **desatarse** / liberar
10. **gatear** / los niños

DE TERTULIA

Influencias durante la niñez. Se cree que la familia es lo que tiene mayor influencia en la formación de nuestra personalidad y que los rasgos más fuertes de nuestro carácter se desarrollan durante la niñez. ¿Qué recuerdos importantes tiene Ud. de su niñez? ¿Quién tuvo mayor influencia en su vida? ¿Con quién pasó la mayoría de su tiempo?

Organice sus pensamientos sobre este tema. Luego, con toda la clase, comparen sus respuestas. ¿Qué miembro de la familia parece haber tenido mayor influencia en la vida de los miembros de la clase?

LÁPICES VELOCES

WRITING STRATEGIES

Style and Tone   In order to create believable characters, writers must be sensitive to the ways in which their characters speak—tone, dialect, and so on. These elements must be consistent with the social status and level of education of the characters, as well as with the particular circumstances of the action of the play or short story. As you write the following composition, be particularly attentive to the question of dialogue.

Before you start to write, invent a history for each character. Where is he/she from? Where does he/she live now? What is his/her level of education? profession? family history? and so on.

Imagínese que Ud. conoce a los abuelos que se ven en esta foto. Escriba un diálogo entre ellos. Elija el estilo y tono más adecuados de acuerdo con la situación y modo de ser de los personajes que Ud. tiene en mente. La situación puede ser amistosa o conflictiva.

OCABULARIO

This vocabulary contains all the words that appear in the text, with the following exceptions: (1) most identical cognates; (2) most conjugated verb forms; (3) absolute superlatives in -**ísimo/a;** and (4) most adverbs in -**mente.** Only meanings that are used in the text are given.

The gender of nouns is indicated, except for masculine nouns ending in -**o** and feminine nouns ending in -**a.** Stem changes and spelling changes are indicated for verbs: **dormir (ue, u); llegar (gu).** Because **ch** and **ll** are no longer considered separate letters, words beginning with **ch** and **ll** are found as they would be found in English. The letter **ñ** follows the letter **n: añadir** follows **anuncio,** for example.

The following abreviations are used:

abbrev.	abbreviation	*irreg.*	irregular
adj.	adjective	*m.*	masculine
adv.	adverb	*Mex.*	Mexico
Arg.	Argentina	*n.*	noun
coll.	colloquial	*obj. of prep.*	object of preposition
conj.	conjunction	*pl.*	plural
dimin.	diminutive	*pol.*	polite
d.o.	direct object	*poss.*	possessive
f.	feminine	*p.p.*	past participle
fig.	figurative	*prep.*	preposition
Guat.	Guatemala	*pron.*	pronoun
indef. pron.	indefinite pronoun	*refl. pron.*	reflexive pronoun
inf.	informal	*sing.*	singular
infin.	infinitive	*Sp.*	Spain
inv.	invariable	*sub. pron.*	subject pronoun
i.o.	indirect object		

A

a to; at; **a la(s)** at (*time*); **al** *contraction* of **a** + **el** to the; **a través de** through, by means *of*, across

abajo down, below

abandonar to abandon

abanicarse (qu) to fan oneself

abanico fan

abarcar (qu) to include

abatido/a dismayed

abierto/a (*p. p.* of **abrir**) open; opened

abogado/a lawyer

abono nutrient

abrazar (c) to hug, embrace

abrigo overcoat

abril *m.* April

abrir (*p.p.* **abierto**) to open

abuelito/a grandfather/mother

abuelo/a grandfather/mother; **abuelos** grandparents

abundante abundant

abundar to abound, be plentiful

aburrido/a boring, bored

abusar (de) to take unfair advantage of

abuso abuse

acá here

acabamiento finishing, completion; end

acabar to finish; **acabarse** to end; **acabar de** + *infin.* to have just (*done something*)

acariciar to caress; to touch

acaso perhaps

acceso access; **acceso de llanto** fit of crying

acción *f.* action; **Día** (*m.*) **de Acción de Gracias** Thanksgiving Day

acechar to spy on; to watch, observe

aceite *m.* oil

acento accent

acentuación *f.* accentuation

aceptar to accept

acera pavement, sidewalk

acercarse (qu) a to approach, come near

aclamar to acclaim

acogedor(a) welcoming, warm

acoger (j) to receive, welcome; **acogerse** to avail oneself, to resort to

acometer to seize, take hold

acomodar to arrange, put straight

acompañar to accompany

acondicionado: aire (*m.*) **acondicionado** air conditioning

aconsejar to give advice, advise

acontecer (zc) to happen, occur

acontecimiento event

acordarse (ue) (de) to remember

acortar to cut off

acoso: acoso sexual sexual harassment

acostado/a lying down

acostarse (ue) to go to bed

acostumbrar + *infin.* to be in the habit of (*doing something*)

acreditar to give credit to

actitud *f.* attitude

actividad *f.* activity

activo/a active

acto act

actor *m.* actor

actriz *f.* (*pl.* **actrices**) actress

actuación *f.* acting

actual current, present-day

actualidad: en la actualidad currently, nowadays

actualmente at present, currently

acuarela watercolor

acudir to come; to answer (*a call*)

acuerdo agreement; **de acuerdo** O.K.; **de acuerdo con** according to; **estar de acuerdo** to be in agreement

acumulación *f.* accumulation

acumulado/a accumulated

acumular to accumulate, amass, gather

acusación *f.* accusation

acusar to accuse

adecuado/a appropriate

adelantar to accelerate; to move forward, advance

adelante ahead, forward; **de hoy en adelante** from this day forward; **seguir adelante** to go on, carry on

adelanto advance, progress; loan

además *adv.* besides, moreover; **además de** *prep.* besides, in addition to

adentro inside; indoors; within

adherir (ie, i) to stick

adiós good-bye

adivinanza riddle

adivinar to guess

adjetivo adjective

administración *f.* administration

administrativo/a administrative

admiración *f.* admiration

admirar to admire

admitir to admit

adobe *m.* adobe, sun-dried brick

adolescencia adolescence

adolescente *m./f.* adolescent

adonde: adonde tú digas wherever you say

adorar to adore; to worship

adornar to embellish

adulto/a *n.* adult; *adj.* adult

advertir (ie, i) to warn; to advise

afanar to strive

afinar to refine, polish

afinidad *f.* relationship; **primo/a por afinidad** cousin by marriage

afirmación *f.* statement; affirmation

afirmar to affirm, assert, state; to steady

afortunado/a fortunate

africano/a African

afroantillano/a Afro-Carribean

afrocubano/a Afro-Cuban

afuera *adv.* outside, outdoors

agitar to wave

agobio nervous strain

agosto August

agotado/a exhausted

agotar to exhaust

agradable pleasant

agradecer (zc) to thank

agradecido/a grateful

agradecimiento gratitude

agrado pleasure

agravar to offend; **agravarse** to worsen

agregar (gu) to add

agresividad *f.* aggressiveness

agrícola *adj., m./f.* agricultural

agrio/a bitter; pessimistic; sharp, crisp

agrupar to group

agua *f.* (*but* **el agua**) water

agudo/a acute

agujerito nostril (*fig.*); small hole

ahí there

ahijado/a godson/goddaughter

ahora *adv.* now; **ahora mismo** right now; **ahora que** *conj.* now that

ahorro saving, economy

aire *m.* air; **aire acondicionado** air conditioning; **al aire libre** outdoors

airosamente successfully

aislamiento isolation

aislar to isolate

al *contraction of* **a** + **el** to the; **al** + *infin.* upon (*doing something*)

ala *f.* (*but* **el ala**) wing

alabao *coll.* praised be God

alacrán *m.* scorpion

alambre *m.* wire

alameda public walk lined with trees

albahaca basil

álbum *m.* album

alcalde *m.* / **alcaldesa** *f.* mayor

alcance *n. m.* reach

alcanfor *m.* camphor

alcanzar (c) to reach, attain

alcohólico/a alcoholic

aldea small village

alegrar to make happy; **alegrarse (de)** to be happy, glad (about)

alegre happy, glad

alegría happiness

alejamiento absence

alejar to put at a distance; **alejarse (de)** to move away, distance oneself (from); to withdraw

Alemania Germany

aleteo *n.* fluttering, flapping

alfiler *m.* pin

alfombra rug; carpet

algo *pron.* something; *adv.* somewhat; **algo que hacer** something to do

algodón *m.* cotton

alguien someone

algún, alguno/a some; any; **algún día** someday; **alguna vez** once; ever; **algunas veces** sometimes; **algunos/as** some

aliado/a *p.p.* allied

alimentación *f.* food, nourishment

alimenticio/a *adj.* food, relating to food; nutritive; **producto alimenticio** food product

alimento nourishment, food; *pl.* food

allá there; far away; **más allá** farther; **más allá de** beyond; **para allá** over there

allí there

alma *f.* (*but* **el alma**) soul

almacén *m.* (grocery) store

almohada pillow

almuerzo lunch

alquilar to rent

alquiler *n. m.* rent

alrededor (*m.*): **a su alrededor** all around oneself; **alrededor de** *prep.* around

altar *m.* altar

alterar to change

alto/a high; tall, upper; **en voz alta** out loud

altura height

aludir (a) to allude, refer (to)

alzar (c) to raise, lift

ama *f.* (*but* **el ama**): **ama de casa** homemaker

amable *adj.* kind

amado/a *adj.* beloved

amansa *n.* taming, breaking in

amante *m./f.* lover

amar to love

amargar (gu) to spoil, upset

amarillo/a yellow

amarrar to fasten; to tie up (to, on); to moor

Amazonas Amazon

ambición *f.* ambition

ambicionar to be out for, covet

ambicioso/a ambitious

ambiental *adj.* environmental, relating to the environment

ambiente *m.* atmosphere; environment; **medio ambiente** environment

ámbito boundary, perimeter

ambos/as *indef. pron.* and; *adj.* both

ambulante *adj.* traveling; itinerant

amenazar (c) to threaten

americano/a American

amical friendly

amigable friendly

amigo/a friend; **mejor amigo/a** best friend; **ser amigo/a;** to be a friend, friendly

amistad *f.* friendship

amistoso/a friendly

amnistiado/a granted amnesty

amor *m.* love

amplio/a full; wide, broad

ancho/a wide

anciano/a old

Andalucía Andalusia (*region of Spain*)

andaluz(a) Andalusian (*from southern Spain*)

andante *m.* andante (*musical rhythm, form*)

andar (irreg.) to walk; **andar loco/a** to go crazy

anécdota anecdote, story

anglosajón/anglosajona *n.* and *adj.* Anglo-Saxon

angustia anxiety, distress

angustioso/a distressed, anxious, anguished

anhelante *adj.* yearning, longing

animado/a animated, lively

animal *m.* animal

animar to encourage

ánimo spirit, energy; **estado de ánimo** state of mind

animosamente in a lively fashion

anoche last night

ansiedad *f.* anxiety

ansioso/a anxious

antagonista *m./f.* antagonistic
ante before, in the presence of; in front of; with regard to; **ante todo** above all
anteojos *pl.* glasses
antepasado/a ancestor
anterior previous
antes *adv.* before; **antes (de)** *prep.* before; **antes de eso** before that; **antes (de) que** *conj.* before
anticipar to anticipate
antiguo/a old; ancient; former
antillano/a of or pertaining to the Antilles
Antillas *pl.* Antilles, West Indies
antipoema *m.* poem in the **antipoesía** style
antipoesía type of poetic style
antología anthology
antónimo antonym, opposite
anual annual
anunciar to announce
anuncio announcement; advertisement; commercial
añadir to add
año year; **Año Nuevo** New Year's Day; **¿cuántos años tiene(s)?** how old are you?; **cumplir años** to have a birthday; **de... años** ... years old; **hace... años** ... years ago; **tener... años** to be ... years old; **tengo... años** I'm ... years old
apa = **papá** dad, father
apagar (gu) to turn off (*the light, an appliance*); to put out (*a fire*); to soothe
apagón *m.* blackout; power outage
aparecer (zc) to appear
aparentar to pretend
apariencia outward appearance
apartado/a removed
apartamento apartment
apartar to put aside; to push away
apellido family name, last name
apenas hardly, barely
apertura opening
aplastar to flatten, crush
aplaudir to applaud; to praise

aplauso applause; approval
aplicación *f.* application
aplicar (qu) to apply
apoplejía apoplexy; stroke
aportación *f.* contribution
aportar to bring, contribute
apostar (ue) to bet
apóstol *m.* apostle
apoyar to support, back up
apreciar to appreciate; to hold in esteem, think well of
aprender to learn
apresuradamente hurriedly
apretado/a tight
apretar (ie) to press; to squeeze; to clench
apretón *m.* squeeze (*handshake*)
aprobación *f.* approval
apropiado/a appropriate
aprovechar to take advantage of
aproximadamente approximately
apuntar to point out; to note, note down
apunte *m.* note
apurar to drain, drink up; to finish off
apuro haste, hurry
aquel (*pl.* **aquellos**), **aquella** *adj.* that (over there); **aquél(la)** *pron.* that one (over there); **en aquel entonces** at that time
aquí here; **por aquí** around here
aquietar to quiet down
árabe Arabic
araña spider
arándano cranberry
árbol *m.* tree
archipiélago archipelago
arcipreste *m.* archpriest
arco iris rainbow
ardiente burning; **capilla ardiente** funeral chamber
área *f.* (*but* **el área**) area
arena sand
argentino/a *n.* and *adj.* Argentinian
arma *f.* (*but* **el arma**) weapon
armonía harmony
armonioso/a harmonious
arquitectura architecture
arrancar (qu) to pull up by the

roots; to pick
arrasar to fill
arrastrar to drag
arreglar to arrange; to straighten up, clean; to fix
arrendamiento renting, leasing
arrendar (ie) to rent, lease
arrepentido/a repentant
arrepentimiento repentance
arrepentirse (ie, i) to repent
arriba above
arriesgar (gu) to risk; **arriesgarse** to take a risk
arrogante arrogant
arrojar to toss, throw
arroyo stream, brook; river
arruga wrinkle
arte *m.* (*but* **las artes**) art; **bellas artes** fine arts
artefacto appliance; artifact
artículo article
artificio: fuegos de artificio fireworks
artista *m./f.* artist
artístico/a artistic
arzobispo archbishop
asamblea meeting; assembly
ascendente *adj.* rising
ascender (ie) to rise; to add up
asegurar to assure, guarantee; to insure; **asegurarse** to make sure
asepsia asepsis (*the study of pathogens*)
aserrín *m.* sawdust
asesinar to murder
asesinato murder
asesino/a murderer
así thus, so, in this way; **así pues** so, then; **así que** so (that), with the result of
asiático/a Asian
asiento seat
asignado/a assigned
asignar to assign, to alot
asignatura subject
asilo asylum, refuge
asimilar to assimilate
asistir (a) to attend; to be present (at)

asociación *f.* association
asociar to associate
asomar to show, stick out; **asomarse (a)** to appear (at, on)
asombroso/a astonishing
aspecto aspect; appearance
aspirante *m./f.* applicant
aspirar to inhale
astrológico/a astrological
astronauta *m./f.* astronaut
asunto topic, matter, affair; issue
asustado/a scared
atacar (qu) to attack
atado/a (a) tied up (to)
atañer: atañe a it concerns, has to do with
atardecer *m.* late afternoon
atención *f.* attention; **llamar la atención a** to call attention to
atender (ie) to assist, take care of
atenerse (ie) a (*irreg.*) to depend on
atento/a attentive; polite
ateo/a *n.* atheist
atestiguar (gü) to attest to, bear witness to
atlántico/a *adj.* Atlantic
atmósfera atmosphere
atormentar to torment, torture
atorrante *m.* bum
atractivo/a attractive
atraer (*irreg.*) to attract
atrapar to trap
atrás behind; **hacia atrás** backward
atravesar (ie) to cross
atreverse (a + infin.) to dare (to *do something*)
atribuir (y) to attribute
atributo attribute
aturdido/a confused
aula *f.* (*but* **el aula**) classroom
aumentar to increase
aun even
aún still, yet
aunque although, even though
ausente absent
austriaco/a Austrian
auténtico/a authentic
auto car, automobile

autoconocimiento self-knowledge; self-awareness
autodidacto/a self-taught
autoengaño self-deception
automotriz (*pl.* **automotrices**) pertaining to automobiles
autónomo/a autonomous; independent
autor(a) author
autoridad *f.* authority
autoritario/a authoritarian
autorretrato self-portrait
autosuficiente self-sufficient
avanzar (c) to go, move forward
avergonzado/a ashamed
avergonzar (gü) (c) to shame, put to shame; **avergonzarse (de)** to be ashamed (of)
avión *m.* airplane
avisar to notify, inform; to advise
ayer yesterday
ayuda help, assistance
ayudar to help
ayundante *m.*, **ayundanta** *f.* helper
azar *m.* chance
azotar to punish
azote *m.* lash, stroke
azúcar *m.* sugar; **caña de azúcar** sugar cane
azul blue

B
bahía bay
bailar to dance
bailarina (professional) dancer, ballerina
baile *m.* dance; **salón** (*m.*) **de baile** ballroom, dance hall
baja: darse de baja to withdraw, to drop (*a class*)
bajar to lower; to go down
bajo *prep.* under
bajo/a short (*in height*); low; lower; **en voz baja** in a low voice
balada ballad
balancearse to balance (*achieve equilibrium*)
balcón *m.* balcony
ballet *m.* ballet

bamba Brazilian dance
bambolearse to swing, sway
bámbula dance of black African origin
banano banana tree
banco bank
banda band, gang
bandido bandit, outlaw
baño bath
bar *m.* bar
barato/a inexpensive, cheap
barbilla (tip of the) chin
barca small boat; **pasearse en barca** to take a boat ride
barcaza barge
barco boat, ship
barquillo ice-cream cone
barrio neighborhood
basado/a (en) based (on)
base *f.* base; **a base de** on the basis of, by means of
básico/a basic
bastante *adj.* enough, sufficient; *adv.* rather, quite
bastar to be enough
bastón *m.* cane
basura trash
bata bath robe
batir to beat
bautizo christening ceremony, baptism
bayonetado/a bayoneted
bebé *m./f.* baby
beber to drink
bebida drink
béisbol *m.* baseball
belleza beauty
bello/a beautiful; **bellas artes** fine arts
bendición *f.* blessing
beneficiar to benefit
beneficio benefit
benéfico/a charitable
besar to kiss
beso kiss
biblioteca library
biculturalismo biculturalism
bien *adv.* well; **bien + adj.** very + *adj.*
bienes *m. pl.* possessions, goods

bienestar *m.* well-being; **bienestar social** social welfare
bienvenida: dar la bienvenida to welcome
bigote *m.* moustache
bilingüe bilingual
biodiversidad *f.* biodiversity
birrete *m.* cap
bizcocho sponge cake; type of pastry
blanco/a white; **espacio en blanco** blank; **tiro al blanco** target practice
blandamente gently, softly
blanquinegro/a black-and-white
boca mouth
bocado mouthful
boda wedding
bodega grocery store
bodocudo/a awkward looking
bohemio/a Bohemian
bolillo bread
bolsa bag, purse
bolsillo pocket
bomba traditional dance of Puerto Rico
bombardeo bombing
bombilla light bulb
bondadoso/a good, kindly
bonito/a pretty
bordear to go along
boricua *n. m./f.* Puerto Rican
borracho/a *n.* and *adj.* drunk
bosque *m.* forest, woods
bota boot
botánica store where medicinal herbs and religious items are sold
botánico: jardín (*m.*) **botánico** botanical garden
botica pharmacy
botín *m.* booty
boxeador *m.* boxer
boxeo boxing
bracero farmhand, farm laborer
brazo arm
bregar (ue) (gu) to struggle
breve *adj.* brief
brevedad *f.* brevity, shortness
brillante bright

brindar to offer, present
brisa breeze
brizna small amount, scrap, shred
brote *m.* bud, shoot
bruscamente suddenly; abruptly
buen, bueno/a good; **buena/mala suerte** (*f.*) good/bad luck; **bueno** O.K.; **bueno...** well ...; **estar de buen humor** to be in a good mood
buey *m.* ox
burguesía middle class, bourgeoisie
burlar to trick, deceive; **burlarse (de)** to make fun (of)
burrerita *dimin.* donkey
busca search; **en busca de** in search of
buscar (qu) to search (for), look (for)
búsqueda search

C

caballero gentleman
caballo horse
cabello hair
cabeza head
cable *m.* cable
cablegrafía cablegram
cabo: al cabo de + *time expression* at the end of + *time expression;* **al fin y al cabo** after all, at last; **llevar a cabo** to carry out, fulfill
cachondo/a sensual
cada *inv.* each, every; **a cada rato** every now and then; **cada vez que** whenever, every time that
cadena chain
caderamen *m.* big hips, massive hips
caer (*irreg.*) to fall; **caerle encima** to attack (*someone*)
café *m.* coffee; café
cafetucho seedy little café
cajón *m.* drawer
calabaza pumpkin, squash
calcular to calculate
caldero pot
calenda of unbridled passions

calendario calendar
calentito/a *dimin.* (*of* **caliente**) hot
calidad *f.* quality
cálido/a hot
caliente warm; hot
calificación *f.* grade; **sacar malas calificaciones** to get bad grades
callado/a quiet
callar to quiet
calle *f.* street
callejuela narrow street; alley
calma calm
calmar to calm; **calmarse** to calm down
calor *m.* heat
caloría calorie
cama bed
cámara camera
cambiar (de) to change
cambio change; **a cambio de** in exchange for; **en cambio** on the other hand
caminar to walk
camino road, path
camisa shirt; **camisa de noche** nightshirt
camita small bed
campana bell
campanilla small bell
campeón *m.* champion
campesino/a peasant
campo field; countryside; **pista y campo** track and field
caña de azúcar sugar cane
cancha court (*sports*)
canciller *m.* chancellor
candado lock
candombe dance of black African origin
canoa canoe
cansado/a tired
cantante *m./f.* singer
cantar to sing
cantautor(a) singer-songwriter
cante *m.*: **cante jondo** Andalusian gypsy music
cantidad *f.* quantity
canto singing

cañuela fescue grass
caos *m.* chaos
capacidad *f.* capacity
caparazón *m.* cover, shell
capataz *m.* (*pl.* capataces) foreman
capaz (*pl.* capaces) capable
capellán *m.* chaplain
capital *f.* capital (city)
capítulo chapter
captar to capture
capturar to capture
cara face; poner cara (de) to take
    on the appearance (of)
carácter *m.* character
característica *n.* characteristic
caracterizar (c) to characterize
cardo thistle
careta mask
carga burden; load, weight
cargado/a weighted down
cargador *m.* loader, docker
cargar (gu) to load; to carry
cargo post, responsibility, duty
Caribe *m.* Caribbean
caribeño/a Caribbean
caricia caress
cariño affection
carnaval *m.* carnival
carne *f.* meat
caro/a expensive
carpeta carpet
carrera career, profession
carretera road, highway
carro car
carta letter (*correspondence*)
cartón *m.* cardboard
cartucho cartridge
casa house
casarse (con) to get married (to)
cascada cascade
casi almost; casi nunca very rarely
caso case; en caso de in case of;
    venir al caso to be relevant
castañear to chatter (*of teeth*)
castañuela castanet
castellano Spanish (language)
castigo punishment
castillo castle
casualidad *f.* chance; coincidence
categoría category

católico/a *n.* Catholic
cauda shower
causa cause; a causa de because of
causar to cause
caza hunt, hunting
cebiche *m.* raw fish marinated in
    lemon juice (Peru)
cebolla onion
ceiba silk-cotton tree
celebración *f.* celebration
celebrar to celebrate
cemento cement
cena dinner
cenar to have dinner
ceniza ash
censo census
censurable censurable, blamewor-
    thy
centavo cent; small unit of
    currency
centenario centennial
centinela *m./f.* sentry, sentinel
centolla (large) crab
centro center; downtown
Centroamérica Central America
centroamericano/a Central
    American
cerca *adv.* nearby, close by; cerca
    de *prep.* near, close to
cerdo pork
cerebro brain
ceremonia ceremony
cerezo cherry tree
cerrado/a closed
cerrar (ie) to close; to turn off
cesar (de + *inf.*) to cease, stop
    (*doing something*)
chango/a mischievous, playful
chaparro short, squat, chubby
charlar to chat
chequear to check
chicano/a *n. and adj.* Chicano,
    Mexican-American
chico/a boy, girl; child
chileno/a *n. and adj.* Chilean
chiquito/a *adj.* small, young; *n.*
    child
chira jitterbug
chispa spark
chivo goat, kid

choque *m.* shock
chorro stream; flood
chuleta chop
chulo/a charming; attractive
cicatriz *f.* (*pl.* cicatrices) scar
cielo sky; heaven
ciempiés *m. sing.* centipede
cien, ciento hundred; por ciento
    percent
ciencia science
científico/a *n.* scientist; *adj.* scien-
    tific
cierto/a certain; true
cigarrillo cigarette
cigarro cigar
cincuenta fifty
cine *m.* movie theater
cínico/a cynic
cinquain quinilla (*five-line stanza
    that follows a pattern*)
cinturón *m.* belt
circo circus
círculo circle
cita appointment; date
ciudad *f.* city
cívico/a civic
claro/a clear; claro que no of
    course not
clase *f.* class
clásico/a classical
clavel *m.* marigold; carnation
clero clergy
cliente/clienta customer
clientela clientele, customers
club *m.* club
coche *m.* car, automobile
cochesar to reap, gain
cocina kitchen
cocinar to cook
cocolo black person from the
    Antilles
coeducacional coeducational
coger (j) to catch, seize, grab;
    coger del brazo to go arm in
    arm
coherente coherent
cohete *m.* rocket
colcha quilt, bedspread
colección *f.* collection
coleccionista *m./f.* collector

colectivo/a communal, common; collective
colegio primary or secondary school
cólera anger
colesterol *m.* cholesterol
coletazo sway
colgar (ue) (gu) to hang
colina hill
colmar to fill to the brim; **colmarle el plato** to exasperate (*someone*)
colocar (qu) to put, place
Colón: Cristóbal Colón Christopher Columbus
colonia colony
colonizador(a) colonizer
coloquial colloquial, informal
color *m.* color
colorear to color
colorido color(ing)
colorines *m. pl.* bright colors
columna column
comadre *f.* very good friend (*female*); godmother
combatir to fight against
combinar to combine
comedia comedy; play, drama
comentar to comment on, make a comment about
comentario comment
comenzar (ie) (c) to begin; **comenzar a** (+ *infin.*) to begin to (*do something*)
comer to eat
comercio business; trade
comestibles *m. pl.* food; groceries
cómico/a comical, funny; **tira cómica** comic strip
comida food; meal; dinner
comienzo *n.* beginning
comilón/comilona heavy eater
comisión *f.* commission
comité *m.* committee
como like, as; **tal como** such as; **tal y como** exactly the same as; **tan... como** as. . . as; **tanto... como...** ...as well as . . .; **tanto como** as much as, as often as; **tanto(s)/tanta(s)...**

como as many . . . as
¿cómo? how?; what?
cómo no of course
cómodo/a comfortable
compañero/a companion; **compañero/a de clase** classmate
compañía company
comparación *f.* comparison
comparar (con) to compare (with)
compartir to share
compasión *f.* compassion
compatriota *m./f.* fellow countryman/woman, fellow citizen
compensar to compensate
competencia competition
competir (i, i) to compete
compilador(a) compiler
complacencia pleasure, satisfaction
complejidad *f.* complexity
complejo complex
completar to complete
completo/a complete; **por completo** completely
complicación *f.* complication
componer (*irreg.*) to make up, compose
composición *f.* composition
compositor(a) composer
compra purchase; **ir de compras** to go shopping
comprar to buy
comprender to understand
comprensión *f.* comprehension, understanding
comprensivo/a *adj.* understanding
comprobar (ue) to confirm, prove
comprometerse a (+ *infin.*) to pledge oneself, promise to (*do something*)
computadora computer
computarizado/a computerized
común common; **común y corriente** common, ordinary, everyday
comunicación *f.* communication; **medios de comunicación** means of communication
comunicarse (qu) (con) to communicate (with)
comunidad *f.* community
comunión *f.* communion
con *prep.* with; **con tal (de) que** *conj.* provided that; **con todo** nevertheless
coñac *m.* cognac
concebir (i, i) to conceive, to imagine
concentrar to concentrate
concepto concept
concesión *f.* concession; grant(ing); award
conciencia conscience
concierto concert
concluir (y) to conclude
conclusión *f.* conclusion
concreto/a *adj.* concrete
concurso contest
condecorar to decorate (*with an honor, award*)
condenación *f.* condemnation
condenar to condemn
condensado/a condensed
condición *f.* condition
condicional *m.* conditional (*verb tense*)
conducta conduct, behavior
confección *f.* making, manufacture
conferencia lecture
confesar (ie) to confess, admit
confiar (confío) to trust
confirmar to confirm
confiscación *f.* confiscation
conflictivo/a troubled
conflicto conflict
conformarse (con) to make do (with), resign oneself (to)
confrontar to confront
confudido/a confused
confundir to mistake, confuse
confuso/a confused
conga drum
congelar to freeze
congo person from the Congo region of Africa
congreso congress
conjugar (gu) to conjugate
conjunción *f.* conjunction
conjunto *n.* (musical) group

conjunto/a *adj.* joint
conmemoración *f.* commemoration
conmemorar to commemorate, remember
conmigo with me
conmiseración *f.* commiseration
conmovido/a moved, touched
conocedor(a) connoisseur, expert
conocer (zc) to know, be acquainted with; to meet; **darse a conocer (a alguien)** to make oneself known (to someone)
conocido/a known, familiar
conocimiento knowledge
consagración *f.* consecration, dedication
consciente conscious; aware
consecuencia consequence
conseguir (i, i) (g) to get, obtain
consejos *pl.* advice
conservación *f.* preservation
conservador(a) *adj.* conservative
conservar to preserve, maintain; to keep
considerar to consider
consistir (en) to consist (of)
consolar (ue) to console
constante constant
constar (de) to be composed (of)
constitución *f.* constitution
constituir (y) to constitute
construcción *f.* construction
construir (y) to build
consueta rule (*of an ecclesiastical order*)
cónsul *m.* consul
consultar to consult
consumir to consume, use
consumo consumption, use
contabilidad *f.* accounting
contacto contact
contados/as few, scarce
contaminación *f.* pollution
contaminar to pollute
contar (ue) to relate, tell (about); to count; **contarse** to consider oneself
contener (irreg.) to contain

contento/a happy
contestar to answer
contexto context
continente *m.* continent
continuar (continúo) to continue
continuo/a continual
contra against; in opposition to
contrabando contraband; smuggling
contrariado/a upset, put out
contrario/a contrary; unfavorable; opposite; **al contrario** on the contrary
contrastar to contrast; to resist
contraste *m.*: **en contraste con** in contrast to
contratiempo setback; mishap
contrato contract
contribución *f.* contribution
contribuir (y) to contribute
contristar to sadden
control *m.* control
controlar to control
convencer (z) to convince
convencido/a convinced
conveniencia social conventions
convenir (irreg.) to be advisable, appropriate
conversación *f.* conversation
conversar to converse, talk, chat
convertir (ie, i) to convert, change; **convertirse en** to become
convicción *f.* conviction
convivir to live harmoniously, coexist
convocación *f.* meeting, convocation
convocar (qu) to summon, convoke, call together
cooperación *f.* cooperation
cooperar to cooperate
coordinación *f.* coordination
coordinar to coordinate
copa wine glass; **tomar una copa** to have a drink
copla verse
coraje *m.*: **dar coraje** to make angry, enrage
corazón *m.* heart

corbata tie (*clothing*)
Corea Korea
coro chorus
corona crown; garland
coronel *m.* colonel
correcto/a correct
corredor *m.* runner
corregir (i, i) (j) to correct
correos *pl.* post office
correr to run, to jog
correspondencia correspondence
corresponder to correspond
corriente: común y corriente common, everyday
corro circle of people (*kind of dance*)
corromper to corrupt
corrupción *f.* corruption
cortar to cut, trim; to cut short
corte *f.* court (*of law*); *m.* cutting; cut; **corte (*m.*) de pelo** haircut
cortésmente courteously
cortina curtain
corto/a short
cosa thing; matter; affair
cosecha crop, harvest
cosechero/a harvester
cosmopolita *m./f.* cosmopolitan
costa coast
costal *m.* sack
costar (ue) to cost
costarricense *m./f.* Costa Rican
costear to pay (for), finance
costero/a coastal
costilla rib
costo cost
costumbre *f.* custom
cotorra parrot; cockatoo
creación *f.* creation
creador(a) creator
crear to create
crecer (zc) to grow, grow up
creciente *adj.* growing
crédito credit
creencia belief
creer (y) to believe; to think
cremación *f.* cremation
crepitar to crackle
creyente *m./f.* believer
crianza raising, bringing up

crimen *m.* crime
crisis *f. inv.* crisis
cristal *m.* crystal, glass; pane of glass
cristianizador(a) Christianizing, converting to Christianity
cristiano/a Christian
Cristo Christ
Cristóbal Colón Christopher Columbus
crítica critique, criticism
crítico/a critical
crónica chronicle
cronicón *m.* succinct account of events
crueldad *f.* cruelty
crujido creaking
cruz *f.* (*pl.* **cruces**) cross
cruzar (**c**) to cross
ctvs. *abbrev. for* **centavos** cents
cuaderno notebook
cuadro painting, picture
cuajar to solidify
cual: lo cual which, a fact which
¿cuál? what?, which?; **¿cuál(es)?** which (ones)?
cualidad *f.* quality
cualquier(a) *adj.* any; any at all
cualquiera *indef. pron.* anyone, any other
cuando when; **de vez en cuando** once in a while, from time to time
¿cuándo? when?
cuanto how; how much; **en cuanto** as soon as; **en cuanto a** as far as . . . is concerned
¿cuánto/a? how much?; how long? **¿por cuánto?** for how much
¿cuántos/as? how many?; **¿cuántos/as (hay)?** how many (are there)?; **¿cuántos años tiene(s)?** how old are you?
cuarenta forty
cuarto *n.* room
cuarto/a fourth
cubano/a Cuban
cubanoamericano/a Cuban American

cubeta pail
cubierto/a covered
cubrir (*p.p.* **cubierto**) to cover
C.U.C. *abbrev. for* **Comité de Unidad Campesina**
cuchara spoon
cucharada spoonful
cuchillo knife
cuello neck
cuenta check, bill; account; **darse cuenta (de)** to realize, become aware (of); **tener en cuenta** to take into account, keep in mind
cuentista *m./f.* short-story writer
cuento story, tale, narrative
cuero leather
cuerpo body
cuestión *f.* question, issue, matter
cuestionario questionnaire
cuidado care; **poner cuidado** to take care
cuidar (de) to take care (of); **cuidarse** to take care of oneself
culipandear to swing the hips
culminar to culminate
culpa blame, guilt
culpar to blame
cultivar to grow, cultivate
cultivo growing, cultivation
culto/a educated; cultured
cultura culture
cumpleaños *m. sing./pl.* birthday
cumplir (con) to fulfill, carry out; **cumplir años** to have a birthday
curiosidad *f.* curiosity
curioso/a curious
curso course (*of study*)
curvo/a curved
cuyo/a whose

D
damnificado/a injured, aggrieved
danza dance
danzar (**c**) to dance
dañar to damage
dañino/a harmful
dar (*irreg.*) to give; **dar a** to look

out onto, face out onto; **dar la vuelta** to go around, circle; **dar mareo** to make dizzy; **dar miedo** to frighten; **dar paseos en barca** to go for boat rides; **dar vueltas** to go around; **darle coraje** to make (*someone*) angry, enrage; **darle gusto a alguien** to gratify (someone); **darle vergüenza a uno/a** to be ashamed; **darse a conocer (a alguien)** to make oneself known (to someone); **darse cuenta (de)** to realize; **darse la mano** to shake each other's hand
de *prep.* of; from; by; **del, de la** of the
deambular to stroll
debajo (de) under, below
deber should, ought to; to owe
debido/a due to, owing to, because of
debilidad *f.* weakness
década decade
decidido/a determined, decisive
decidir to decide; **decidirse** to make up one's mind
decir (*irreg.*) to say; to tell; **es decir** that is to say; **querer decir** to mean
decisión *f.* decision; **tomar una decisión** to make a decision
declaración *f.* declaration; statement
declarar to declare; **declararse en huelga** to go on strike
dedicación *f.* dedication
dedicar (**qu**) to dedicate; **dedicarse (a)** to dedicate oneself (to)
dedo finger; toe; **dedo gordo de los pies** big toe
defecto fault
defender (**ie**) to defend
defensivo/a defensive
defensor(a) defender
deficiente deficient
definición *f.* definition
definido/a defined

definir to define
deforestación *f.* deforestation
dejar to leave; to let, allow; **dejar de** + *infin.* to stop (*doing something*)
del *contraction of* **de** + **el** of the; from the
delantal *m.* apron
delante de in front of
delgado/a thin
delicia delight
delicioso/a delicious
delirio mania
demás: los/las demás the rest, others
demasiado *adv.* too, too much
demasiado/a *adj.* too much, too many
democracia democracy
democrático/a democratic
demográfico/a *adj.* population
demostrar (ue) to demonstrate
denigración *f.* denigration
dentro *adv.* inside; **dentro de** *prep.* inside; within; **por dentro** on the inside
denuncia report; denunciation; accusation
denunciar to denounce; to accuse; to report, turn in
departamento province
depender (de) to depend (on)
deporte *m.* sport
deportista *m./f.* sportsman, sportswoman; sports fan
deportivo/a *adj.* sporting, sports
deprimirse to get depressed
derecha: a la derecha at the right
derecho right
derramar to pour
derrotar to defeat
desacuerdo disagreement
desagradable disagreeable, unpleasant
desaliento discouragement, dejection
desaparecer (zc) to disappear
desarraigo uprooting
desarrollar to develop
desarrollo development

desastre *m.* disaster
desatarse to break free
descabellado/a wild, crazy
descansar to rest
descanso rest; leisure
descargar (gu) to shoot, fire, to give vent (*to feelings*)
descarrilamiento derailment
descendencia descent, origin
descender (ie) to descend, go down
descendiente *m./f.* descendant
descomponer (*irreg.*) to break down; to decompose
descomposición *f.* breakdown; decomposition; discomposure
desconocido/a *n.* stranger; *adj.* unknown
describir (*p.p.* **descrito**) to describe
descripción *f.* description
descubierto/a discovered
descubrir (*p.p.* **descubierto**) to discover
descuidar to neglect
desde *prep.* from; since; **desde entonces** from that time on; **desde hace... años** for ... years; **desde luego** of course; **desde que** *conj.* since
desdicha misfortune
desear to desire, wish
desembarcar (qu) to disembark; to set sail
desempeñar to fulfill (*a function*); to play (*a role*)
desenfrenado/a wild; uncontrolled
desenvolverse (ue) to develop, mature
deseo desire, wish
desertar (ie) to abandon, desert
desesperación *f.* desperation
desesperado/a desperate
desesperarse to become exasperated, desperate
desfilar to parade, march past
desfile *m.* parade
desforestación *f.* deforestation
deshacer (*irreg.*) to undo, unmake; to dissolve

deshonesto/a dishonest
desierto desert
designar to designate
desinhibido/a uninhibited
desintegrarse to disintegrate
desnudar to undress
desnudo/a naked
desocupado/a unemployed; unoccupied; vacant
despacio slowly
despedida farewell; leave-taking
despedirse (i, i) (de) to say goodbye (to)
despegue *m.* take-off (*airplane*)
desperdicio waste, refuse
despertar (ie) to awaken; **despertarse** to wake up
despido dismissal, firing
despierto/a awake; awakened
despojos *m. pl.* waste, debris
desprendido/a detached
después *adv.* after; **después de** *prep.* after; **después (de) que** *conj.* after
destacado/a outstanding
destacar (qu) to stand out; **destacarse** to distinguish oneself
destapar to uncover; to open
destiempo: a destiempo at the wrong time
destinado/a destined
destinatario/a addressee
destruir (y) to destroy
desvalido/a *adj.* poor; *n.* unfortunate person
desvanecerse (zc) to disappear
desvanecimiento vanishing, disappearance
desviar (desvío) to turn aside
detalle *m.* detail
detener (*irreg.*) to arrest; to detain
detenido/a arrested, detained
determinado/a specific
determinar to determine
detestar to hate
detrás de behind
deuda debt
devoción *f.* devotion
devolución *f.* return

devolver (ue) (*p.p.* **devuelto**) to return (something), give back

devuelto/a (*p.p.* of **devolver**) returned

día *m.* day; **cada día** each day; **Día de Acción de Gracias** Thanksgiving Day; **día del santo** saint's day; **hoy (en) día** nowadays; **ponerse al día** to become up to date; **todo el día** all day; **todos los días** everyday

diablo devil

dialogar (gu) to hold a dialogue

diálogo dialogue

diariamente daily

diario *n.* newspaper

diario/a daily; **a diario** *adj.* daily

dibujar to draw

diccionario dictionary

dicho/a (*p.p.* of **decir**) said

diciembre *m.* December

dictador(a) dictator

dictar to dictate

diente *m.* tooth

dieta diet

diez ten

diezmar to decimate

diferencia difference

diferenciarse to differ

diferente different

difícil difficult

dificultad *f.* difficulty

difundir to spread; to diffuse

difusión *f.* diffusion, spreading; dissemination

dignidad *f.* dignity

dilema *m.* dilemma

dimensión *f.* dimension

diminuto/a tiny, minute

dinero money

dios god, idol

Dios God

diploma *m.* diploma

diplomático/a diplomatic

diputado/a government deputy, representative

dirección *f.* direction; address

directivo/a: mesa directiva board of directors

directo/a direct

director(a) director

dirigir (j) to direct; **dirigirse (a)** to go (to), make one's way (to)

discernir (ie) to discern

disciplinado/a disciplined

disco record

discoteca discotheque

discreto/a discreet, tactful

discriminación *f.* discrimination

discurso speech

discutir to discuss; to argue

disfrazar (c) to disguise

disfrutar (de) to enjoy

disgustar to annoy, upset; to displease

disminuir (y) to diminish

disolver (ue) (*p.p.* **disuelto**) to dissolve

dispensar to give out, distribute

disponer (*irreg.*) to order

disponible available

disposición *f.*: **a mi disposición** at my disposition

dispuesto/a (*p.p.* **disponer**) willing

distancia distance

distante distant

distinción *f.* distinction

distinguido/a distinguished

distinto/a different

distracción *f.* distraction

distraerse (*irreg.*) to distract oneself

distribución *f.* distribution

distribuir (y) to distribute

distrito district

diversidad *f.* diversity

diversión *f.* entertainment

diverso/a diverse

divertido/a funny; amusing

divertir (ie, i) to entertain; **divertirse** to have fun, a good time

dividir to divide

divinidad *f.* divinity

divino/a divine

divisorio/a *adj.* dividing

doblar to turn

doblegar (gu) to bend

doctor(a) doctor

doctorado/a doctorate, Ph.D.

doctrina doctrine

dólar *m.* dollar

dolor *m.* grief, pain

doloroso/a painful

doméstico/a domestic; **empleado/a doméstico/a** servant

domicilio residence

dominado/a dominated, controlled

dominar to dominate; to control

domingo Sunday; **Domingo de Pascua** Easter Sunday

dominicano/a of the Dominican Republic

don title of respect used with a man's first name

dona doughnut

doña title of respect used with a woman's first name

donar to donate

donde where

¿dónde? where?; **¿de dónde es usted/eres?** where are you from?

dondequiera anywhere

dorado/a golden

dormido/a asleep; **quedarse dormido/a** to fall asleep

dormir (ue, u) to sleep; **dormirse** to fall asleep

drama *m.* drama, play

dramaturgia theater art, playwriting

dramaturgo/a playwright

ducha shower

duda doubt; **sin duda** certainly, undoubtedly

dudar to doubt

dudoso/a doubtful

dueño/a owner, landlord; master, mistress

dulce *m.* piece of candy; *adj.* sweet

dulzura sweetness; gentleness

dúo duo; duet

durante during

durar to last

duro/a hard; harsh

E

e and (*used instead of* **y** *before words beginning with* **i** *or* **hi**)

echar to throw, throw out; to emit; to make; **echar mano (de)** (*coll.*) to grab; **echarsele encima** to attack (*someone*)
ecológico/a ecological
economía economy
económico/a economic
ecosistema *m.* ecosystem
ecuménico/a ecumenical
edad *f.* age; **Edad Media** Middle Ages
edición *f.* edition
edificio building
editor(a) editor; publisher
educación *f.* education
educacional educational
educar (qu) to educate; to rear, bring up (*children*)
educativo/a educational
EE.UU. (*abbrev. for* **Estados Unidos**) United States
efectivamente in fact; sure enough; really
efecto effect
efectuado/a carried out
egoísmo selfishness; egoism
egoísta *m./f.* selfish, egotistical
ejecutar to execute
ejecutivo/a executive; **secretario/a ejecutivo/a** executive secretary
ejemplo example; **por ejemplo** for example
ejercer (z) to exercise, to exert (*influence*)
ejercicio exercise; **hacer ejercicio** to exercise
ejército army
el *m. definite article* the; **el lunes** on Monday
él *sub. pron.* he; *obj. of prep.* him
electricidad *f.* electricity
eléctrico/a electrical
electrónico/a electronic
elefante *m.* elephant
elegante elegant
elegido/a elected
elegir (i, i) (j) to elect; to select
elevado/a raised; high

eliminación *f.* elimination
eliminar to eliminate
ella *sub. pron.* she; *obj. of prep.* her
ello it; this matter
ellos/as *sub. pron.* they; *obj. of prep.* them
embajada embassy
embajador(a) ambassador
embarazo discomfort; obstacle; problem
embarcarse (qu) to embark, set sail
embargo: sin embargo nevertheless, however
embeberse (en) to be absorbed (in); to be enchanted (with)
embellecimiento embellishment
emborracharse to get drunk
emigrar to emigrate
emoción *f.* emotion
emocionado/a excited
emocionalmente emotionally
emocionantemente touchingly, movingly
emotividad *f.* emotive nature
empeño obligation; undertaking
emperatriz *f.* (*pl.* **emperatrices**) empress
empezar (ie) (c) to begin; **empezar a** (+ *infin.*) to begin to (*do something*)
empleado/a employee, worker; **empleado/a doméstico/a** servant
empleo employment
emprender to begin
empresa business, company
empréstito loan
empujar to push
en in; on; at
enajenado/a distant
enarbolar to raise; to flourish
enardecido/a very animated
encarcelar to imprison, jail
encarnado/a: ponerse encarnado/a to blush, turn red
encender (ie) to turn on (*lights*); to provoke, stir up
encendido/a vibrant

encerrar (ie) to shut in; to lock up; to jail
enciclopedia encyclopedia
encima on top, above; **caerle encima** to attack (*someone*); **echarsele encima** to attack (*someone*); **por encima** above
encontrar (ue) to meet; to find
enderezarse (c) to straighten up
energía energy
enérgico/a energetic
enero January
énfasis *m. inv.* emphasis; stress; **poner énfasis** to place emphasis, to emphasize
enfermedad *f.* illness; disease
enfermería: enfermería práctica practical nursing
enfermo/a sick, ill
enfocarse (qu) to focus
enfrentar(se) to face, confront
enfrente *adv.* in front; **de enfrente** in front, facing; **enfrente de** *prep.* in front of
enfriar(se) (enfrío) to cool off, down
engaño misconception
enmugrecido/a grimy
enojar to anger, to annoy; **enojarse** to get angry
enorme enormous
enredadera climbing plant, vine
enredar to entangle
ensayista *m./f.* essayist
enseñar to teach; to show
ensimismado/a lost in one's thoughts
ensoñadoramente dreamily
entender (ie) to understand
entendido: tener entendido to understand
enterarse (de) to find out (about)
entero/a whole, entire
enterrar (ie) to bury
entierro burial
entonces then, at that time; **desde entonces** from that time on; **en aquel entonces** at that time
entrada entrance

entrañar to contain; to entail
entrañas *f. pl.* insides
entrar to enter
entre between, among; **entre paréntesis** in parentheses
entrechocar rattling
entrega immersion, absorption
entregarse (gu) (a) to yield (to)
entrenador(a) trainer, coach
entrenarse to train
entresuelo mezzanine
entretener (*irreg.*) to entertain
entretenido/a entertaining, amusing
entretenimiento entertainment
entrevista interview
entrevistar to interview
entristecerse (zc) to become sad
entusiasmado/a excited
entusiasmo enthusiasm
enumerar to enumerate
envase *m.* container
enviar (envío) to send
envidia envy, jealousy
envidiable enviable
envilecido/a vilified, put down
epigrama *m.* epigram
época time, age, epoch
equilibrio balance
equipo team
equivaler (*irreg.*) to be equivalent; to equal
equivocarse (qu) to make a mistake, to be wrong
erguirse (i, i) (g) to raise
erogación *f.* distribution
errante *adj.* wandering
error *m.* error
escala scale; stopover
escalera stairway; stairs
escandaloso/a gaudy
escapa escape; escapade
escaparse (de) to escape, run away (from)
escarbar to scrape
escena scene
esclavitud *f.* slavery
esclavizar (c) to enslave
esclavo/a slave
escoba broom

escoger (j) to choose, pick
escolar *adj.* school
esconder to hide
escondida: a escondidas secretly, behind someone's back
escondite *m.* hiding place; **jugar al escondite** to play hide-and-seek
escotilla hatch, hatchway
escribir (*p.p.* **escrito**) to write
escrito/a (*p.p.* of **escribir**) written
escritor(a) writer
escritura *n.* writing
escrupuloso/a scrupulous, careful
escuchar to listen (to)
escuela school; **(escuela) primaria** elementary school; **(escuela) secundaria** high school; **escuela vocacional** vocational school
escultura sculpture
ese, esa *adj.* that; **ése, ésa** *pron.* that (one)
esencia essence
esencial essential
esfuerzo strength
esgrima fencing
eso: por eso that's why
esos/as *adj.* those; **ésos, ésas** *pron.* those (ones)
espacial: vuelo espacial space travel
espacio space; **espacio en blanco** blank (space)
espada sword
espalda back; shoulder; **de espaldas** with one's back turned
España Spain
español(a) *n.* Spaniard; *adj.* Spanish
espantosamente frightfully
especial special
especialista *m./f.* specialist
especie *f. sing.* species; type, kind; *pl.* species
especificar (qu) to specify
espectáculo spectacle; show; performance
espectador(a) spectator; **espectadores** audience
espejo mirror

espejuelos *pl.* spectacles, glasses
esperanza hope
esperar to hope; to wait (for), to expect
espiga ear, spike (*of a plant or bush*)
espinoso/a thorny, prickly
espíritu *m.* spirit
espiritual spiritual
espléndido/a splendid
esplendor *m.* splendor
espontaneidad *f.* spontaneity
esposo/a husband/wife
esquina corner (*of a street*)
establecer (zc) to establish
establecimiento establishment
estación *f.* season (*weather*)
estadio stadium
estado state; **estado de ánimo** state of mind; **Estados Unidos** United States
Estados Unidos *pl.* United States
estadounidense *n. m./f.* United States citizen; *adj.* of, from, or pertaining to the United States
estafeta post office
estallar to explode
estampa type of literary writing
estampida stampede
estar (*irreg.*) to be; **estar a punto de** to be on the verge of; **estar de acuerdo** to agree; **estar de buen/mal humor** to be in a good/bad mood; **estar de pie** to be standing; **estar dispuesto/a (a)** to be willing (to); **estar en casa** to be at home; **estar pendiente (de)** to be anxious
este, esta *adj.* this; **éste, ésta** *pron.* this (one)
estereotipo stereotype
estéril sterile, barren
estibador *m.* stevedore
estilo style
estimar to esteem, respect
estimular to stimulate; to encourage
estirar to extend
esto *pron.* this, this thing, this matter

estómago stomach
estorbar to get in the way
estos/as *adj.* these; **éstos, éstas** *pron.* these (ones)
estrangular to strangle
estrechar to narrow; **estrechar la amistad** to draw friendships tighter
estrechez *f.* narrowness, scarcity
estrecho/a narrow; tight
estrella star
estrenado/a debuted; released; appeared (for the first time)
estrenarse to be released
estrictamente strictly
estrofa stanza
estudiante *m./f.* student
estudiantil *adj.* of or pertaining to students
estudiantina university musical group
estudiantino/a *adj.* of or pertaining to students
estudiar to study
estudio study; *pl.* studies, schooling
etapa stage, period
eterno/a eternal
ética ethics
étnico/a ethnic
Europa Europe
europeo/a European
Eva Eve
evasivo/a evasive
evento event
eventualmente eventually
evidencia evidence
evitar to avoid
evocar (qu) to call forth, evoke
evolución *f.* evolution
exacto/a exact, precise
exagerado/a exaggerated
exaltación *f.* exaltation
examen *m.* test
examinar to examine
excelente excellent
exceso excess
exclusivo/a exclusive
excusado out house
exención *f.* exemption
exhausto/a exhausted

exigir (j) to demand
exiliado/a *n.* person in exile, refugee
exiliarse to go into exile
existencia existence
existir to exist
éxito success; **tener éxito** to be successful
exitoso/a successful
exotismo exoticism, exotic nature
expectación *f.* expectation
expedición *f.* expedition
experiencia experience; experiment
experimentar to experience
explicación *f.* explanation
explicar (qu) to explain
exploración *f.* exploration
explorador(a) explorer
explorar to explore
explosión *f.* explosion
explotación *f.* exploitation
exponente *m./f.* representative (*of a literary genre*)
exponer (*irreg.*) to expose
exportación *f.* export
expresar to express
expresión *f.* expression
exprimir to squeeze, press out
éxtasis *m. inv.* ecstasy
extenderse (ie) to extend oneself; to be extended; to be spread
extenso/a extensive
exterior *m.* exterior; outside
extinción *f.* extinction; end; **en vía de extinción** dying out, becoming extinct
extinguirse (g) to end, finish up; to extinguish, die out
extraer (*irreg.*) to extract
extra-escolar extra-curricular
extranjero/a foreign; **al/en el extranjero** abroad
extraño/a strange
extraordinario/a extraordinary
extremo/a extreme
extrovertido/a *n.* extrovert; *adj.* extroverted

F
fábrica factory

fabricar (qu) to manufacture
fabuloso/a fabulous
fachada façade
fácil easy
facilidad *f.* facility
facilitar to facilitate
fácilmente easily
facultad *f.* college, school (*of a university*)
faena work, task; *pl.* chores
falsedad *f.* falseness
falso/a false
falta *n.* lack; **hacer falta** to be necessary
faltar to be lacking, missing; to need; **faltar a** to miss, be absent at (*a function*)
fama fame; reputation
familia family
familiar *n. m./f.* member of the family; relative; *adj.* family; familiar
famoso/a famous
fantástico/a fantastic
fardo bundle; pack
fascinar to fascinate
fatiga fatigue
fatigante tiring
favor *m.* favor; **pedir un favor** to ask for a favor; **por favor** please
favorito/a favorite
fe *f.* faith
fecha date (*time*)
fecundidad *f.* fertility, fecundity
fecundo/a fertile
federación *f.* federation
felicidad *f.* happiness
felicitación *f.*: **felicitaciones** congratulations
felicitar to congratulate
feliz (*pl.* felices) happy
femenino/a feminine
feminismo feminism
feminista *m./f.* feminist
fenómeno phenomenon
feo/a ugly
feria fair
feriado: **día** (*m.*) **feriado** holiday
férreo: **línea férrea** railway line; **vía férrea** railroad track

ferrocarril *m.* railway
ferroviario conductor (*of a train*)
fértil fertile
fertilizante *adj.* fertilizing
festear to feast, to celebrate
festejar to celebrate
festejo celebration; feast
festival *m.* festival
festividad *f.* celebration, holiday
ficción *f.* fiction
fiel faithful
fiero/a fierce
fiesta party; celebration; **ir a fiestas** to go to parties
figón *m.* cheap restaurant
figura figure
figurarse to suppose, imagine
fijamente steadily, fixedly
fijarse to notice; to pay attention; **¡fíjate!, ¡fíjese!** just imagine!
fila line, row
filosófico/a philosophical
filósofo philosopher
fin *m.* end; purpose; **en fin** finally; in short; **por fin** finally
final *n. m.* end; *adj.* final; **al final** in the end; **al final de** at the end of
finalista *m./f* finalist
finca plantation
firmeza firmness, steadiness
física *n.* physics
físico *n.* physique
físico/a physical
flaco/a skinny
flamante brand-new
flamear to blaze
flamenco type of song and dance
flor *f.* flower
fluidez *f.* fluidity, smoothness
fogoso/a firey
folclore *m.* folklore
folclórico/a folkloric, relating to folklore
fomentar to encourage, promote
fonda restaurant
fondo bottom; back part (*of a room*); background; **de fondo** background; **en el fondo** at

the bottom
foráneo/a foreign
forma form; manner, way
formación *f.* formation
formalidad *f.* formality; established practice
formalmente officially
formar to form
formular to formulate
foro forum
fortalecido/a fortified
fortuna fortune
forzadamente forcibly
forzar (ue) (c) to force
foto *f.* photo; **sacar fotos** to take pictures
fotografía photography; photo
fotografiar (fotografío) to take pictures
fotógrafo *m./f.* photographer
fracaso failure
fracatán *m.* fortune, large sum of money
frágil fragile
francés, francesa *adj. and n.* French
Francia France
franciscano/a Franciscan (*order of monks*)
franqueza frankness
frasco container
frase *f.* phrase
frecuencia frequency; **con frecuencia** frequently
frecuente frequent
frenesí *m.* frenzy
frente *m.* front; **frente a** *prep.* faced with; in front of
fresco fresco; **hace fresco** it's cool weather
fresco/a fresh; cool
frescura freshness; coolness
frío: tener frío to be cold
frío/a *adj.* cold
frito/a fried
frotarse to rub
fructífero/a fruitful, productive
frustrado/a frustrated
fruta fruit
frutero/a *adj.* fruit, related to fruit

fruto fruit
fuego fire; **fuegos de artificio** fireworks
fuente *f.* source
fuera *adv.* outside; **fuera de** *prep.* outside of
fuerte *m./f. adj.* strong
fuerza force, strength
fumar to smoke
función *f.* function
funcionar to function, work
fundación *f.* founding
fundador(a) founder
fundar to found, establish
furia fury; violence
furtivo/a furtive, clandestine
fusión *f.* fusion
fútbol *m.* soccer
futuro *n.* future
futuro/a *adj.* future
G
gabán *m.* overcoat
gafas *pl.* eyeglasses
galápago turtle; **Islas Galápagos** Galapagos Islands
galardón *m.* reward
galardonar to reward; to give a prize
gallinero hen house
gama range, gamut
ganador(a) winner
ganar to win; to earn
ganas *pl.* desire, wish; **tener ganas de + infin.** to feel like (*doing something*)
gancho lock
gandules *m. pl.* pigeon peas
garantía guarantee
garganta throat
gasolinera gas station
gastado/a worn out
gastar to spend (*money*); to waste
gasto expense, cost
gastronomía gastronomy
gatear to crawl
gato cat
generación *f.* generation
general *adj.* general; **en general** in general; **por lo general** in general

generalización *f.* generalization
género genre; kind, type
generosidad *f.* generosity
generoso/a generous
génesis *f. mv.* genesis
genio genius
gente *f. sing.* people
gentileza elegance, charm
gerente *m./f.* manager, director
gesto gesture; expression
gimnasio gymnasium
Ginebra Geneva
Gioconda Mona Lisa
gira tour
girar to revolve
gitano/a gypsy
globo balloon
glorioso/a glorious
glotón, glotona gluttonous,
   greedy
gobernador(a) governor
gobernante *m./f.* ruler
gobernar (ie) to govern, rule
gobierno government
golondrina swallow
golpe *m.* blow, hit
golpeado/a bruised
goma rubber
gongo drum
gordo/a fat; **dedo gordo de los
   pies** big toe
gorra cap
gorrear to take advantage (*of
   others*)
gorro cap
gozar (c) (de) to enjoy
grabado/a recorded (*tape*)
grabado engraving
grabar to record
gracias thank you; **Día** (*m.*) **de
   Acción de Gracias**
   Thanksgiving Day; **gracias a**
   thanks to; **muchas gracias**
   thank you very much
gracioso/a funny
grado degree
graduación *f.* graduation
graduado/a *n. and adj.* graduate
graduarse (en) to graduate (from)
gran, grande big, large; great

grandemente greatly
grandeza grandeur, greatness
granito small grain
grasa *n.* fat
gratis *inv.* free (*of charge*)
grave grave, serious
gregario/a gregarious
gremial *adj.* union
gremio trade union
grieta crack, fissure
grifería reference to the hair of
   black people
gringo foreigner (*especially negative term for an American*)
gris gray
gritar to scream, shout
grupa rump; hips
grupo group
guante *m.* glove
guardar to keep; to save, put aside
guatemalteco/a *n. and adj.*
   Guatemalan
gubernamental governmental
guerquito/a little child
guerra war
guía *m.* guide, guidance
guiso sauce (*for food*); condiment
guitarra guitar
gustar to be pleasing
gusto taste, flavor; **a su gusto** one
   wants; **darle gusto (a
   alguien)** to give pleasure to
   (someone) gratify (someone)

H
Habana: La Habana Havana
habanera: paloma habanera kind
   of dove
haber (*irreg.*) to have (*auxiliary*);
   haber que + *infin.* must (*do
   something*); **hay** there is, there
   are
habilidad *f.* ability; skill
habitación *f.* room; dwelling
habitante *m./f.* inhabitant
hábito habit
habitual usual; regular; customary
habla *f.* (*but* **el habla**) speech
hablador(a) talkative
hablante *m./f.* speaker; **hablante**

poético poetic voice, speaker
   in a poem
hablar to talk; to speak
habrá there will be
habría there would be
hacer (*irreg.*) to do; to make; **hace
   + time** (*time*) . . . ago; **hacer
   ejercicio** to exercise; **hacer
   falta** to be necessary; **hace
   fresco** it's cool weather; **hacer
   muecas** to make faces; **hacer
   patente** to show clearly, establish; **hacer preguntas** to ask
   questions; **hacer un viaje** to
   take a trip; **hacerse** to
   become; to pretend or feign to
   be
hacia toward
hallar to find; **hallarse** to be found
hambre *f.* (*but* **el hambre**)
   hunger; **tener hambre** to be
   hungry
hambriento/a starving
hasta *prep.* until, up to; *adv.* even;
   hasta ahora up to today;
   hasta hoy día up to now;
   hasta que *conj.* until
hay (*from* **haber**) there is, there
   are; **hay que** one has to
hazaña deed, achievement
hecho *n.* fact; deed, event
hecho/a (*p.p.* of **hacer**) done,
   made
helio helium
hemisferio hemisphere
heraldo herald
heredar to inherit
heredero/a heir
hereditario/a hereditary
herencia heritage; inheritance
herida wound
herido/a *n.* wounded person; *adj.*
   wounded
herir (ie, i) to wound
hermanito *dimin.* **hermano** little
   brother
hermano/a brother/sister
hermoso/a beautiful
héroe *m.* hero
heroico/a heroic

heroína heroine
hervir (ie, i) to boil
hijita *dimin.* **hija** little daughter
hijo/a son/daughter; *m. pl.* children
hilera row, file
hilo thread
hispánico/a Hispanic
hispanidad *f.* Hispanic identity; Hispanic world
hispano/a *n.* and *adj.* Hispanic
Hispanoamérica Spanish America
hispanoamericano/a Spanish American
historia history; story
hocico snout; nose
hogar *m.* home
hoguera blaze
hoja page; leaf; sheet (*of paper*); **hoja de cálculo** spreadsheet
hombre *m.* man
hombro shoulder
homenaje *m.* homage; tribute; recognition; celebration
hondo/a deep
hondureño/a Honduran
honestidad *f.* honestly
honesto/a honest
honor *m.* honor; **de honor** of honor; **en honor de** in honor of
honorable honorable
honradez *f.* honesty; uprightness
honrado/a honest, honorable
honrar to honor, pay homage
hora hour; time; **a todas horas** at all hours; **a última hora** at the last minute; **¿qué hora es?** what time is it?
horariamente hourly
horizonte *m.* horizon
hormiga ant
horóscopo horoscope
horror *m.* horror
hospedarse (en) to stay (at)
hospital *m.* hospital
hotel *m.* hotel
hoy today; **hoy (en) día** nowadays
huelguista *m./f.* striker (*labor*)
huella trail, track
huérfano/a orphan

hueso bone
huir (y) (de) to run away, flee (from)
humanidad *f.* humanity
humanitarismo humanitarianism
humano/a *adj.* human; **ser** (*m.*) **humano** human being
humedad *f.* humidity
humedecer (zc) to dampen, wet
humedecido/a filled with tears
húmedo/a humid
humildad *f.* humility, humbleness
humillación *f.* humiliation
humor *m.* humor; mood; **estar de buen/mal humor** to be in a good/bad mood
humorístico/a humorous
hundido/a sunken
hundimiento sinking
hundir to submerge, sink; **hundirse** to sink
húngaro/a *n.* and *adj.* Hungarian

I

idea idea; **cambiar de idea** to change one's mind
idealista *m./f.* idealist
identidad *f.* identity
identificar (qu) to identify
idioma *m.* language
iglesia church
ignorancia ignorance
ignorar to not know, be unaware of
igual equal; same; **igual que** the same as
igualar to make equal
igualdad *f.* equality
ilegal illegal
ilegítimo/a illegitimate
ilícito/a illicit
ilógico/a illogical
iluminar to light up
ilusión *f.* illusion
imagen *f.* image, picture
imaginación *f.* imagination
imaginar(se) to imagine
imaginario/a imaginary
imitación *f.* imitation
impaciencia impatience

impajaritablemente without stopping
impartir to impart, give (*instruction*)
impedido/a disabled
impedimento impediment, obstacle
impedir (i, i) to impede, prevent
imperdonable unpardonable
implicar (qu) to implicate; to involve; to imply
imponer(se) (*irreg.*) to impose
importación *f.* import
importancia importance
importante important
importar to matter, be important; **no importa** it doesn't matter
imposible impossible
impresión *f.* impression
impresionante impressive
impresionismo Impressionism
impresor *m.* printer
impuesto tax
impuesto/a (*p.p.* **imponer**) imposed
impulso impulse; impetus
inagotable inexhaustible
inalcanzable unreachable
incalculable incalculable
incansable tireless, indefatigable
incapaz (*pl.* **incapaces**) incapable
incendio fire
incidente *m.* incident
incienso incense
inclinado/a bent over
inclinarse to lean; **inclinarse por** to lean toward
incluido/a included
incluir (y) to include
incomodidad *f.* inconvenience
incómodo/a uncomfortable
inconfesable that which cannot be told; shameful
incorporar to incorporate; **incorporarse (a, en)** to become part (of)
increíble unbelievable
incremento increment
inculcar (qu) to impress, teach
incurrir (en) to incur

indeciso/a indecisive; hesitant
indemnización *f.* compensation; indemnification
independencia independence; **Día** (*m.*) **de la Independencia** Independence Day; **Guerra de la Independencia** War of Independence
indicar (qu) to indicate
indicativo indicative (*verb, mood*)
índice *m.* index
indiferencia indifference
indiferente indifferent
indígena *n. m./f.* native (indigenous) inhabitant; *adj.* indigenous, native
indirectamente indirectly
indisciplinado/a undisciplined
indiscreto/a indiscreet
individuo person, individual
inédito/a unpublished
inesperado/a unexpected
inestable unstable
infalible infallible
infancia infancy, childhood
infantil *adj.* child; **guardería infantil** day-care center; **hospital** (*m.*) **infantil** children's hospital
infeliz *m./f.* (*pl.* **infelices**) wretch, poor soul
infinito/a infinite
influencia influence
influir (y) (ch) to influence
información *f.* information
informar to inform; **informarse** to be informed; to find out
informático/a *adj.* computer
ingeniero/a engineer
ingenuidad *f.* naïveté; simplicity
Inglaterra England
inglés *m.* English language
inglés, inglesa *n.* Englishman, Englishwoman; *adj.* English
ingrediente *m.* ingredient
ingresar to enter, join
ingresos *pl.* income
inherente inherent
inhibido/a inhibited
iniciación *f.* initiation

iniciador(a) initiator
inicialmente initially
iniciar to initiate; to begin
iniciativa initiative
inicio beginning
injusticia injustice
injusto/a unfair
inmediato/a immediate
inmenso/a immense
inmersión *f.* plunge, immersion
inmigración *f.* immigration
inmigrante *m./f.* immigrant
inmóvil immobile
innecesario/a unnecessary
innumerable innumerable
inocente innocent
inofensivo/a inoffensive
inolvidable unforgettable
inovar to introduce; to innovate
inquietar to upset, worry
inquieto/a restless, anxious
inquilino renter, tenant
inscribir (*p.p.* **inscrito**) to enter; to register, enroll
inscrito/a (*p.p.* **inscriber**) registered, enrolled
insecto insect
inseguro/a unsure
insistentemente insistently
insistir (en) to insist (on)
insólito/a extraordinary, unusual
inspiración *f.* inspiration
inspirar to inspire; **inspirarse en** to be inspired by
instalar to install; **instalarse** to settle; to establish oneself
instante *m.* moment
instinto instinct
institución *f.* institution
instituto institute
instrucción *f.* instruction
instrumento instrument
insuficiente insufficient
intacto/a intact
integrado/a (de) integrated; made up (of)
integrante *m./f.* member
integrar to form
intelectual intellectual
intención *f.* intention

intensamente intensely
intensificar (qu) to intensify
intensivo/a intensive
intentar to attempt, try
intento attempt
interacción *f.* interaction
intercambiar to exchange
intercambio interchange
interés *m.* interest, concern
interesado/a interested
interesante interesting
interesar to be interesting to; **interesarse (en)** to become interested (in)
interior *adj.* interior, inner; **ser** (*m.*) **interior** inner self
interior *m.* interior
internacional international
interrogar (gu) to interrogate
interrumpir to interrupt
intervalo interval
intervenir (*irreg.*) to intervene
íntimo/a close, intimate
intrépido/a brave, fearless
introducción *f.* introduction
introducir (*irreg.*) to introduce
inútil useless
inválido/a weakened by illness; handicapped
invariablemente invariably
invasión *f.* invasion
inventar to invent
invernadero: efecto invernadero greenhouse effect
investigación *f.* research; investigation
investigar (gu) to investigate
invierno winter
invitación *f.* invitation
invitado/a invited; guest
invitar to invite
ir (*irreg.*) to go; **ir** + **a** + *infin.* to be going to (*do something*); **ir a fiestas** to go to parties; **ir de compras** to go shopping; **ir de vacaciones** to take a vacation; **ir de visita** to visit; **ir por partes** to go step by step; **irse** to go away, leave
ira ire, anger, rage

iris: arco iris rainbow
irónico/a ironic
irracional irrational
irresoluto/a indecisive
irritar to annoy, irritate
isla island
izquierda left

J
jabalina javelin
jalar to pull (*Mex.*)
jalear to jeer; to encourage (*by shouting and clapping*)
jardín *m.* garden
jefe, jefa boss, chief
jerarquía hierarchy
Jerusalén Jerusalem
Jesucristo Jesus Christ
jocoso/a humorous, comical
jondo: cante (*m.*) **jondo** style of singing from Andalucía (Spain)
jonrón *m.* home run
jornada day
jornal *m.* (day's) wage
joven *n. m./f.* young person, youth; *adj.* young
júbilo joy, jubilation
juego game, play
juerga carousing
jugadera fun
jugador(a) player
jugar (ue) (gu) to play; **jugar al +** *sport* to play (*a sport*); **jugar al escondite** to play hide-and-seek
juglar *m.* minstrel
jugo juice
juguete *m.* toy
juntar to gather, collect; to join together; to assemble
junto (a) near, next (to)
juntos/as together
justicia justice
justificar (qu) to justify
justo/a fair
juvenil youthful
juventud *f.* youth
juzgar (gu) to judge

K
kilómetro kilometer
kiosko stand

L
la *f. definite article* the; *d.o.* her, it, you (*pol. sing.*)
laberinto labyrinth, maze
labio lip
labor *f.* labor, work
lado side; **al lado de** next to; **por otro lado** on the other hand; **por todos lados** on all sides
ladrillo brick
ladrón, ladrona thief
lago lake
lágrima tear
laguna pool; lagoon
lamentar to be sorry about; to regret
lámpara lamp
lana wool
lancha boat
lanchón *m.* barge
lanzamiento throwing
lanzar (c) to throw; to launch; to fire
lápiz *m.* (*pl.* **lápices**) pencil
largo/a long; **a largo plazo** in the long run; **a lo largo de** along, throughout
lata can (*food container*)
latigazo lashing
latino/a Latin
Latinoamérica Latin America
latinoamericano/a Latin American
laureado/a prize-winning; honored
laurel *m.* laurel
le *i.o.* to/for him/her; to/for you (*pol.*)
lección *f.* lesson
leche *f.* milk
lechería dairy store
lector(a) reader
lectura *n.* reading
leer (y) to read
lejano/a distant, remote
lejos *adv.* far away; **a lo lejos** in the distance; **lejos de** *prep.* far

from
lengua language
lenguaje *m.* language, speech
lento/a slow
león, leona lion/lioness
les *i.o.* to/for them, you (*pol. pl.*)
letal lethal, deadly
letra letter (*of the alphabet*); *pl.* letters, learning
levantar to raise, pick up; **levantarse** to get up; to stand up
levita frock coat (*used by men*)
ley *f.* law; **violar la ley** to break the law
liberación *f.* liberation
liberar to liberate, free
libertad *f.* liberty, freedom
libertador(a) liberator
libra pound
libre free; available; **aire** (*m.*) **libre** outdoors
libretista *m./f.* librettist
libro book
licencia excess, licentiousness; right
líder *m./f.* leader
lienzo artist's canvas
ligereza lightness
limitación *f.* limitation
limitar to limit
limón *m.* lemon
limpiar to clean
limpio/a clean
lindo/a pretty
línea line; **línea férrea** railway
linfático/a sluggish, phlegmatic
lingüístico/a linguistic
linóleo linoleum
líquido liquid
liso/a smooth, simple
lisonjero/a pleasing
lista list
listo/a bright, smart; ready
literario/a literary
literato/a person of letters
literatura literature
llamada call
llamado/a called
llamar to call; **llamar la atención**

(a) to call, attract attention (to); **llamarse** to be called, named
llanto *n.* weeping, crying
llave *f.* key
llegar (gu) to arrive; **llegar a +** *infin.* to manage to (*do something*); **llegar a ser** to become; **llegar al poder** to attain power
llenar to fill, fill up; to fill out
lleno/a full
llevar to bring; to carry; to wear; to take (*someone someplace*), to bear; **llevar +** *time expression* **para +** *infin.* to take + *time expression* to (*do something*); **llevar a cabo** to carry out, perform; to complete
llorar to cry
llover (ue) to rain
lluvia rain; **por la lluvia** in the rain
lo *d.o.* him, it, you (*pol. sing.*); **lo +** *adj.* the + *adj.* part, thing, that which is + *adj.*; **lo que** that which, what; **lo siento** I'm sorry; **por lo general** in general; **por lo menos** at least; **por lo tanto** therefore
local *m.* place; premises; *adj.* local
localizar (c) to locate
locatario/a tenant
loco/a *n.* crazy person; *adj.* crazy; **volver loco/a** to drive crazy
logia lodge; organization
lógicamente logically
lógico/a logical
lograr to achieve, attain; **lograr +** *infin.* to manage to (*do something*), succeed in (*doing something*)
logro success; achievement
lona canvas; sackcloth
longevidad *f.* longevity
loro parrot
los *m. pl. definite article* the; *d.o.* them, you (*pol. pl.*)
lucha fight
luchar (por) to fight, struggle (for)

lucrativo/a lucrative; profitable
luego *adv.* then, later, next; **desde luego** of course; **luego de** *prep.* after
lugar *m.* place; room; **en lugar de** instead of; **tener lugar** to take place
lugarejo far away place
lujo luxury
luna moon
luz *f.* (*pl.* **luces**) light; **apagar la luz** to turn off the light; **encender la luz** to turn on the light

M
macabro/a macabre
macarena *type of dance*
maceta: quedar por la maceta to come out very well
macumba religion of Brazilian black people
madera wood
maderista follower of Madero, ex-president of Mexico
madre *f.* mother
madurez *f.* maturity
maduro/a mature; ripe
maestría master's degree
maestro/a teacher; *adj.* master; **obra maestra** masterpiece
magia magic
mágico/a *adj.* magic
magistrado magistrate
majestad *f.* majesty
mal *n.* evil
mal, malo/a *adj.* bad; **estar de buen/mal humor** to be in a good/bad mood; **mala suerte** (*f.*) bad luck
maldición *f.* curse, bad word
maleta suitcase
maltratado/a poorly treated
mamá mother
mami = **mamá** mother
manatí *m.* manatee
manchado/a smudged, stained
mandar to order, command; to send

manejar to drive; to manage
manera manner, way; **de esa/esta manera** in this way; **de (tal) manera que** so that, in (such) a way that; **de ninguna manera** no way; **de todas maneras** whatever happens; by all means
manga sleeve
manía mania
maníaco/a maniacal
manifestar (ie) to show, demonstrate
manifiesto: poner de manifiesto to make clear
manita *dimin.* **mano** hand
mano *f.* hand; **darse la mano** to shake each other's hand
mantener (ie) (irreg.) to maintain; to keep; to support; **mantenerse** to keep going, keep oneself up
manto cloak
manzanilla camomile
mañana *n.* morning; *adv.* tomorrow; **por la mañana** in the morning
mañanero/a *adj.* early morning
mapa *m.* map
mar *m.* sea
maraca maraca, rattle
maratón *m.* marathon
maravilla wonder, marvel
maravilloso/a marvelous
marca mark
marcador *m.* sign
marcar (qu) to mark
marcha march
marchar to march; **marcharse** to go away, leave
marchito/a decayed
marear to make sick, dizzy
mareo sick feeling; **dar mareo** to make (*someone*) dizzy
margen *m.* margin; **al margen de** outside of
marinero sailor
marítimo/a *adj.* maritime, sea
marzo March

más more; **el/la más** (+ *adj.*) the most . . ., the _____ -est; **más de** + *number* more than + *number*; **más o menos** more or less; **más que** (**de**) more than; **más tarde** later; **por más que** no matter how much

masa plantain purée (*basis for many dishes*)

máscara mask

masculino/a masculine

masivo/a large scale

masón *m.* (free)mason

matar to kill

matemáticas *pl.* mathematics

material *m.* material

matorral *m.* thicket, brushwood

matricular to enroll, register

matrimonio marriage

matrona matron

mayo May

mayor *n.* older person; **mayor** (*m./f.*) **de edad** adult, person of legal age; *pl.* adults; *adj.* greater; older; higher; greatest; **la mayor parte** the majority

mayoría majority

me *d.o.* me; *i.o.* to/for me; *refl. pron.* myself

mecánico/a mechanical

mecerse (**z**) to rock to and fro; to sway

mechón *m.* lock, tuft (*of hair*)

medalla medal

media mean, average; stocking

mediados: a mediados de in the middle of; **desde mediados de** since the middle of

mediano/a average, medium; **mediana edad** (*f.*) middle age

medicina medicine

médico/a *n.* doctor; *adj.* medical

medida measure, means; **a medida que** as, at the same time as; **en la medida de lo posible** as far as possible; **tomar medidas** to take steps (*to solve a problem*)

medio *n.* method, way; **medio ambiente** environment;

medios de comunicación means of communication; **medios de transporte** means of transportation; **por medio de** by means of

medio/a *adj.* average; middle; half; **Edad** (*f.*) **Media** Middle Ages; **y media** half past (*with time*)

mediodía *m.* noon, midday

meditar to think about, ponder

mediterráneo/a Mediterranean

medrar to prosper, grow

mejilla cheek

mejillón *m.* mussel

mejor better; best; **a lo mejor** perhaps; **es... mejor que** (+ *subjunctive*) it is better that . . .; **lo mejor** the best thing; **mejor amigo/a** best friend

mejora improvement

mejoramiento improvement

mejorar to improve

melancolía melancholy

melao sugar syrup

melaza molasses

melódico/a melodic

memoria memory; **aprender de memoria** to learn by heart; **saber de memoria** to know by heart; **traer algo a la memoria** to recall something

memorizar (**c**) to memorize

mencionar to mention

meneo movement, swaying

menor younger, youngest; **menor** (*m./f.*) **de edad** minor; (legally) under age

menos *adj.* less; fewer; *prep.* except; **a menos que** *conj.* unless; **por lo menos** at least

mensaje *m.* message

mentalmente mentally

mente *f.* mind; **tener en mente** to keep in mind

mentir (**ie, i**) to lie

mentira lie

mentiroso/a liar

mercadeo marketing

mercadero/a *m.* merchant; shopkeeper

mercado market

mercancía merchandise

merecer(se) (**zc**) to deserve

mero: ya mero just

mes *m.* month

mesa table; **mesa directiva** board of directors

mesita *dimin.* **mesa** little table

mestizo/a racially mixed

meta goal

metáfora metaphor

metamorfoseado/a metamorphosized, changed

metamorfosis *f. inv.* metamorphosis, change

meter to put, place

metido/a placed

metro subway; meter

mexicano/a Mexican

México Mexico

mexicoamericano/a Mexican American

mezcla mixture

mezclar to mix

mi *poss.* my

mí *obj. of prep.* me; **¿a mí qué?** what is it to me?

microcomputadora microcomputer

miedo fear; **dar miedo** to frighten; **tener miedo** (**de**) to be afraid (of)

miembro member

mientras *adv.* meanwhile; **mientras que** *conj.* while

migrante: trabajador (*m.*) **migrante** migrant worker

migratorio/a: trabajador (*m.*) **migratorio** migrant worker

mil thousand, one thousand

milagrito *dimin.* **milagro**

milagro miracle

milla mile

millón *m.* million

mínimo/a *adj.* minimum

ministro minister; **primer ministro** prime minister

minoría minority

minuto minute

mío/a *poss.* my, (of) mine

miope myopic, near-sighted
mirada look, gaze
mirar to look (at); to watch
mirto myrtle
misa mass (*religious service*)
miseria poverty
misión *f.* mission
misionero/a missionary
mismo/a *adj.* same; *adv.* right;
  ahora mismo right now; **aquí
  mismo** right here; **lo mismo**
  the same thing; **sí mismo/a**
  one's self, itself; **valerse por sí
  mismo/a** to help one's self; to
  be self-sufficient
misterioso/a mysterious
mitad *f.* half
mocedades *f. pl.* younger days
mochila backpack
mocho/a *nickname for a person
  who has had a part of his or
  her body amputated*
modelo *n. m./f.* model
moderno/a modern
modesto/a modest
modismo idiom
modisto/a fashion designer, cou-
  turier
modo manner, way; mode; **a mi
  modo de ver** in my view; **a
  modo de** like; **de ningún
  modo** in no way; **de todos
  modos** by all means; anyway;
  modo de ser nature, disposition
molestar to bother, annoy; **me
  molesta que** it bothers me
  when; **molestarse** to take the
  trouble (*to do something*)
molienda grinding, milling
momento moment, time; **en este
  momento** now, at this time;
  en todo momento at every
  moment; **por un momento**
  for a moment
monarquía monarchy
montaña mountain
monte *m.* large hill
montón *m.* lot, great number
monumento monument

morado/a *adj.* violet, purple
moralizante moralizing
moreno/a dark-haired; dark-
  skinned
morirse (ue, u) to die; **morir
  ahogado/a** to drown
morisco/a Moorish
mortificarse (qu) to feel ashamed,
  embarrassed
mosca fly
mosquito mosquito
mostrador *m.* counter
mostrar (ue) to show; **mostrarse
  + adj.** to show oneself to be
mota mound, hill
motivado/a motivated
motivo motive, reason
motor *m.* motor, engine
mover(se) (ue) to move (*an object
  or body part*)
movible mobile, movable
movimiento movement
muchacho/a boy/girl; young
  man/young woman
mucho *adv.* a lot
mucho/a much; *pl.* many; **mucha
  gente** many people; **muchas
  gracias** thank you very much;
  muchas veces many times
mudarse to move (*from one location to another*)
mudo/a *adj.* mute
muebles *m. pl.* furniture
mueca funny face; **hacer muecas**
  to make faces
muelle *m.* pier
muerte *f.* death
mujer *f.* woman; wife
mulato/a mulatto (*person of
  mixed African and European
  ancestry*)
multiplicarse (qu) to multiply
multitud *f.* multitude
mundial *adj.* world, worldwide
mundo world; **todo el mundo**
  everybody
municipio municipality, town
muñeco figure; scarecrow; puppet
mural *m.* mural
muralista *m./f.* muralist

muralla wall; rampart
museo museum
música music
musicalidad *f.* musicality
músico/a musician
muy very; **muy bien** very well,
  very good

N
nacer (zc) to be born
nacimiento birth
nación *f.* nation
nacional national
nacionalidad *f.* nationality
nada nothing; **como si nada** as if
  nothing were wrong; **nada de
  eso** nothing of the kind; **nada
  más** nothing more
nadie no one, nobody, not anybody
naranja orange (*fruit*); orange
  (*color*)
nariz *f.* nose
narración *f.* narration
narrador(a) narrator
narrar to narrate
natación *n. f.* swimming
natal *adj.* native
nativo/a native
natural natural; **recursos** (*pl.*) **naturales** natural resources
naturaleza nature
náusea nausea
navegar (gu) to sail
Navidad *f.* Christmas
navideño/a *adj.* Christmas
neblina fog
necesario/a necessary
necesidad *f.* necessity
necesitar to need
negar (ie) (gu) to deny
negativa denial, refusal
negativo/a negative
negocio business
negrilla bold face (*type*)
negro/a *n.* African, black; *adj.* black
negroide: poesía negroide
  poetry about black people and
  their culture
nene, nena baby, infant
nervioso/a nervous

nevar (ie) to snow

ni neither; nor; even; **ni que** not even if

nicaragüense *m./f.* Nicaraguan

niebla fog, mist

nieto/a grandson/daughter; *m. pl.* grandchildren

nieve *f.* snow

ningún, ninguno/a none, (not) any; **de ningún modo** in no way; **de ninguna manera** no way

niñez *f.* childhood

niño/a boy/girl; child; *m. pl.* children

nivel *m.* level

no no; not

Nobel: comité (*m.*) **Nobel** Nobel committee; **Premio Nobel** Nobel Prize

noche *f.* evening, night; **de noche** at night; **por la noche** in the evening, at night

Nochebuena Christmas Eve

noción *f.* notion

nomás (*coll.*) just, only

nombrar to name

nombre *m.* name

nominar to nominate

norma norm, rule, standard

noroeste *m.* northwest

norte *m.* north

Norteamérica North America

norteamericano/a North American

noruego/a Norwegian

nos *d.o.* us; *i.o.* to/for us; *refl. pron.* ourselves

nosotros/as *sub. pron.* we; *obj. of prep.* us

nostalgia nostalgia; homesickness

nota note; grade (*academic*); **sacar buenas notas** to get good grades

notar to note; **notarse** to be evident

noticia piece of news; *pl.* news

notorio/a well known

novedad *f.* novelty; surprise

novela novel

novelista *m./f.* novelist

noviembre *m.* November

novio/a boy/girlfriend; fiancé(e); groom/bride

nube *f.* cloud

nublar to cloud (over)

nudo knot

nuestro/a *poss.* our

nuevo/a new; **de nuevo** again

numerar to number

número number

numeroso/a numerous

nunca never; not ever; **casi nunca** very rarely

nupcial nuptial, wedding

nutriente *m.* nutrient

ñanigo/a black

O

o or

obispo bishop

objeto object

obligación *f.* obligation

obligado/a obliged; forced, compelled

obligar (gu) to oblige; to force, compel

obra work (*of art, literature*); **obra maestra** masterpiece

obrero/a worker; **obrero/a de fábrica** factory worker

observación *f.* observation

observador(a) observant

observar to observe, watch

observatorio observatory

obsesión *f.* obsession

obtención *n. f.* obtaining

obtener (*irreg.*) to obtain, get

obvio/a obvious

ocasión *f.* occasion

océano ocean

ochenta eighty

octubre *m.* October

ocultamente hiddenly, secretly

ocultar to hide, conceal

oculto/a hidden

ocupación *f.* occupation

ocupado/a busy

ocupar to occupy

ocurrir to occur, happen

oeste *m.* west

ofender to hurt someone's feelings; to offend

oferta offer

oficial *m./f.* official

oficina office

oficinista *m./f.* office worker

oficio job, profession; trade

ofrecer (zc) to offer; **ofrecerse** to present oneself (*for work*)

ofrecimiento offer, offering

ofrenda offering

oír (*irreg.*) to hear

ojalá (que) I wish (that); I hope (that)

ojera dark circle (*under the eye*)

ojo eye

ola wave (*ocean*)

Olimpíadas *f. pl.* Olympics

Olímpico: Juegos Olímpicos Olympic Games

olmo elm tree

olor *m.* odor

oloroso/a fragrant

olvidar(se) (de) to forget (about)

olvido oblivion; forgetfulness; **pasar al olvido** to pass into oblivion, to be forgotten

ondulante *adj.* undulating, wavy

ondular to undulate

onomatopeya onomatopeia

ópera opera

opinar to think, have an opinion about

opinión *f.* opinion; **cambiar de opinión** to change one's mind

oportunidad *f.* opportunity, chance

oportuno/a opportune, timely

oposición *f.* opposition

optimismo optimism

optimista *n. m./f.* optimist; *adj.* optimistic

opuesto/a opposite

oración *f.* sentence; prayer

orden *m.* order (*chronological*); *f.* order, command

ordenar to order, command; to arrange

oreja ear

organismo body

organización *f.* organization

organizar (c) to organize

orgullo pride
orgulloso/a proud
oriental eastern; oriental
origen *m.* origin
originalmente originally
originar to originate
originariamente originally
orilla bank, shore
orinarse to urinate on oneself
oro gold
orquesta orchestra
os *d.o.* you (*inf. pl. Sp.*); *i.o.* to/for you (*inf. pl. Sp.*); *refl. pron.* yourselves (*inf. pl. Sp.*)
osadía daring, boldness
oscurecer (**zc**) to darken
oscuro/a dark
oso bear
otoño autumn
otro *n.* and *adj.* other, another; **otra vez** again; **por otro lado** on the other hand
oxígeno oxygen

P

pachulí *m.* patchouli (*perfume oil*)
paciencia patience
paciente *n. m./f.; adj.* patient
pacífico/a peaceful
padecer (**zc**) to suffer
padre *m.* father; priest
padrino godfather; *pl.* godparents
pagar (**gu**) to pay (for)
página page
pago payment
país *m.* country
paisaje *m.* countryside
pájaro bird
palabra word
palacio palace
pálidamente palely
palidecer (**zc**) to become pale
pálido/a pale
palita small shovel
palma: palma real royal palm tree
palmadas *pl.* applause
palmiche *m.* palm seed
palmito beautiful woman
paloma pigeon, dove; **paloma habanera** type of dove

palpable palpable; tangible; concrete
palpitar to quiver, to beat (*heart*)
pan *m.* bread
panamericano/a Panamerican
pandereta tambourine
pantalón *m.* pants
pantufla slipper
paños *pl.* clothes
pañuelo handkerchief
papa *f.* potato (*Latin America*)
papá *m.* papa, dad
papel *m.* paper; role
paquete *m.* package
par *m.* pair; **a la par** at the same time
para *prep.* for, in order to; **para eso** just for that; **para que** *conj.* so that; **¿para qué sirve?** what is it used for?
parada stop
paraguas *m. inv.* umbrella
paraguayo/a Paraguayan
parar(se) to stop
pardo/a brown; **oso pardo** brown bear
parecer (**zc**) to look; seem; **parecerle (a uno)** to seem (to one); **parecerse (a)** to look alike; to resemble
parecido *n.* likeness
parecido/a *adj.* similar
pared *f.* wall
pareja pair, couple; **en parejas** in pairs
paréntesis *m. inv.:* **entre paréntesis** in parentheses
pariente *m./f.* relative
parir to give birth
parlamento parliament
parpadear to blink
párpado eyelid
parque *m.* park
párrafo paragraph
parroquial *adj.* parish
parsimoniosamente carefully; slowly; deliberately
parte *f.* part; **de todas partes** everywhere; **ir por partes** to proceed step by step; **la mayor parte** the majority; **por otra parte** on the other hand

participación *f.* participation
participante *m./f.* participant
participar to participate
partícula particle
particular *adj.* particular; *n.* (particular) point, matter; **en particular** in particular
partido game, match
partir to split; to divide
pasado *n.* past
pasado/a *adj.* past, last; **la semana pasada** last
pasaje *m.* passage
pasar to pass; to happen; to go on; to spend (*time*); **al pasar los años** as the years go by; **lo que pasa es...** what happens is ...; **pasar al olvido** to pass into oblivion; **pasar tiempo** to spend time; **pasar un examen** to pass an exam
pasatiempo pastime, hobby
pasear to go for a walk; to take a ride; **pasear en barca** to take a boat ride
paseo trip, excursion; walk, stroll; **dar paseos en barca** to go for boat rides
pasión *f.* passion
pasivo/a passive
paso step; pace; passage
pastel *m.* turnover made mainly from green bananas and pork (*Puerto Rico*); pastry, cake
patear to kick
patente evident, clear; **hacer patente** to show clearly, establish
patinar to skate
patio patio
pato duck
patria country, homeland
patrón *m.:* **santo patrón** patron saint
pausa pause
pausadamente slowly, deliberately
pavimentar to pave
paz *f.* (*pl.* **paces**) peace; **dejar en paz** to leave alone
pecho chest; breast
pedagógico/a pedagogical

pedazo piece
pedir (i, i) to ask for, request; **pedir un favor** to ask for a favor
pegado/a stuck
pegajoso/a sticky
pegar (gu) to hit, strike; to stick; **pegar un tiro** to shoot
pcinar to comb; **peinarse** to comb one's hair
pelear(se) to fight
película movie
peligro danger; **en peligro de extinción** in danger of extinction
pelo hair
pelota ball
pelotero baseball player
pelusa down
pena suffering, pain; **dar pena** to grieve, cause pain; **¡qué pena!** what a shame!
pendiente: estar pendiente de to be anxious about
penetración f. penetration
penetrante penetrating; deep
pcnctrar to penetrate
penosamente painfully
pensamiento thought
pensar (ie) to think; **pensar +** infin. to plan to (do something); **pensar en** to think about, focus on; **pensar que** to think that; **pensarlo** to think about it
pensativo/a thoughtful
pentatlón m. pentathlon
peor worse; worst
pequeño/a n. child; adj. small
percusión f.: **instrumento de percusión** percussion instrument
percusionista m./f. percussionist; drummer
perder (ie) to lose; **perderse** to get lost
pérdida loss
perdido/a lost
perdón m. pardon; pardon/excuse me
perdonar to excuse, to forgive;

perdóname pardon me
perecer (zc) to perish, die
peregrinar to make a pilgrimage
perennemente everlastingly, constantly; perennially
perfecto/a perfect
periódico newspaper
periodismo journalism
periodista m./f. journalist
periodístico adj. newspaper, journalistic
período period
permanecer (zc) to remain
permanente permanent
permitir to allow, permit; **permitirse** to be allowed
pero but
perseguir (i, i) (g) to pursue, chase; to persecute
perseverante persistant
persiana venetian blind
persistente persistent
persistir to persist
persona person
personaje m. character (in a work of literature)
personalidad f. personality
personificación f. personification
personificar (qu) to personify
perspectiva perspective
persuasivo/a persuasive
pertenecer (zc) to belong
pertinente pertinent
perturbar to disturb
pesado/a heavy
pesar to weigh; **a pesar de** in spite of
pesas: levantamiento de pesas weightlifting
pescador m. fisherman
pesimista n. m./f. pessimist; adj. pessimistic
peso peso (monetary unit of Mexico, Colombia, Cuba, etc.); weight
petaca leather tobacco pouch
petardo firecracker
petróleo petroleum; oil
pez m. (pl. **peces**) (live) fish
pianísimo soft playing

picado/a curious
pie m. foot; **dedo gordo del pie** big toe; **estar de pie** to be standing
piedra rock
pierna leg
pimienta pepper
pino pine
pintar to paint; to depict
pintor(a) painter
pintura painting
pipa pipe
pirámide f. pyramid
pisar to step on
piso floor; apartment
pista trail; **pista y campo** track and field
pistilo pistil
pistola gun, pistol
pito whistle
pizarra chalkboard
placer m. pleasure
plan m. plan; **plan de clase** lesson plan, syllabus
planchada gangplank
planificar (qu) to plan
plano/a flat
planta plant
plantación f. plantation
plástico plastic
plata silver; money
plátano banana; plantain
platillo culinary dish
plato plate; culinary dish
playa beach
plazo period of time; **a corto/largo plazo** short/long term
pleito dispute
plenamente fully, completely
plenitud f. plenitude, abundance
pliegue m. fold, crease
plomería plumbing
población f. population
poblado village; town
poblado/a filled
pobre n. m./f. poor person; adj. poor; unfortunate
pobreza poverty
poco n. little bit; **un poco** a little;

adv. a little; **poco a poco** little by little

poco/a *adj.* little; *pl.* few

poder (*irreg.*) *v.* to be able to, can; **poder** (+ *infin.*) to be able to (*do something*); *n.* power

poderoso/a powerful

podrir to rot

poema *m.* poem

poemario book of poems

poesía poetry

poeta *m./f.* poet

poético/a poetic; **voz** (*f.*) **poética** poetic voice

poliestireno polystyrene

político/a political

Polonia Poland

polvareda cloud of dust

polvo dust

pompa pump

pompón *m.* pompom

pomposo splendid; majestic

pómulo cheekbone

poner (*irreg.*) to put, place; **poner cara** (**de**) to take on the appearance (of); **poner cuidado** to take care of; **poner de manifiesto** to make clear; **poner en peligro** to place in danger; **poner énfasis** (**en**) to place emphasis (on), emphasize; **ponerse** + *adj.* to become + *adj.*; to put on (*clothing*), **ponerse +** *infin.* to begin to (*do something*); **ponerse al día** to become up to date

popularizado/a popularized

popularizar (**c**) to popularize

poquísimo/a very few

poquito: un poquito slightly; **un poquito de** a small amount of

por by; through; because of; for; per; around, about; on; because of, on account of; **ir por partes** to go step by step; **por aquí** around here; **por ciento** percent; **por completo** totally; **por dentro** on the inside; **por ejemplo** for example; **por eso** that's why; **por favor** please; **por fin** finally; **por la mañana/tarde/noche** in the morning/afternoon/evening/at night; **por lo general** in general; **por lo menos** at least; **por lo tanto** therefore; **por más que** no matter how much; **por medio de** by means of; **por otra parte** on the other hand; **por otro lado** on the other hand; **por primera vez** for the first time; **¿por qué?** why?; **¿por qué no?** why not? **por... que sea** no matter how . . . it may be; **por sí mismo/a** self-sufficient; **por supuesto** of course; **por teléfono** by telephone; **por todas partes/todos lados** everywhere; **por último** finally

porque *conj.* because; for; as

portarse to behave

portero doorman; porter

portugués, portuguesa *n.* Portuguese

porvenir *m.* future

posada inn

poseer (**y**) to possess

posesión *f.* possession

posible possible; **en la medida de lo posible** as far as possible

posición *f.* position

positivo/a positive

posterior subsequent; back; later

posteriormente afterward

postre *m.* dessert

postular to hypothesize, suggest; to nominate

practicar (**qu**) to play a sport; to practice

práctico/a practical; **enfermería práctica** practical nursing

precario/a precarious, shaky; uncertain

precastrista *m./f.* pre-Castro

precaución *f.* precaution

preceder to precede

precio price

precisamente exactly

preciso: es preciso it is necessary

precolombino/a pre-Colombian

predecir (*irreg.*) to predict

predicción *f.* prediction

predominantemente predominately

preferido/a favorite

preferir (**ie, i**) to prefer

pregunta question; **hacer preguntas** to ask questions

preguntar to ask (*a question*)

preliminar preliminary

premiado/a awarded a prize

premio prize; **Premio Nobel** Nobel Prize

prendido/a fastened

preñada pregnant

preocupación *f.* concern, worry

preocupado/a worried

preocuparse (**de**) to be worried (about)

preparación *f.* preparation

preparar to prepare; **prepararse** to prepare oneself

preparativos *pl.* preparations

presencia presence

presentar to present; to introduce (*one person to another*)

presente *n. m.* present

presentir (**ie, i**) to predict, sense ahead of time

preservación *f.* preservation

preservar to preserve

presidencia presidency

presidencial presidential

presidente, presidenta president

presionado/a pressured, pressed

preso/a *n.* prisoner; *adj.* arrested, imprisoned

prestado/a polite, undeserved (*applause*)

prestar to lend

prestigio prestige

prestigioso/a prestigious

presupuesto budget

pretender to seek, endeavor; to claim

pretexto pretext, excuse

prevención *f.* prevention

previamente previously

prieto/a very dark in color (*term of endearment in the Caribbean*)

primario/a primary; **(escuela) primaria** elementary school

primavera *n.* spring (*season*)

primer, primero/a first; **el primer día, la primera semana, el primer mes** the first day, week, month; **lo primero** the first thing; **por primera vez** for the first time; **primer ministro** prime minister

primeramente primarily

primo/a cousin; **primo/a por afinidad** cousin by marriage

princesa princess

principio beginning; **al principio** in the beginning; **a principios de** at the beginning of; principle

prioridad *f.* priority

prisa: tener prisa to be in a hurry

prisiones *f. pl.* shackles, fetters

privacidad *f.* privacy

privado/a private

privilegiado/a privileged, favored

probablemente probably

probar (ue) to taste

problema *m.* problem

procedencia source

procedente coming, originating

proceder (de) to come (from); to originate (in)

procedimiento process

procesión *f.* procession

proceso process

proclamar to proclaim

procurar to endeavor, try; **procurarse** to obtain for oneself

producción *f.* production

producido/a produced

producir (*irreg.*) to produce

producto product; **producto agrícola** agricultural product; **producto alimenticio** food product

profe *m./f. inf.* **profesor(a)** "prof"

profesar to declare, profess

profesión *f.* profession

profesional professional

profesor(a) professor

profundamente profoundly

profundo/a deep

programa *m.* program

progresar to make progress; to progress

progreso progress

prohibir (prohíbo) to prohibit

prolífico/a prolific, abundant

promedio average

promesa promise

prometer to promise

promiscuo/a mixed up

promisorio/a: la tierra promisoria the promised land

promoción *f.* (sales) promotion; advancement

pronto *adv.* soon; **de pronto** soon; **tan pronto como** as soon as

pronto/a *adj.* ready

pronunciar to pronounce

propagar (gu) to spread

propietario/a owner

propio/a own

proponer (*irreg.*) to propose

propósito aim, purpose

prosa prose

protección *f.* protection

protector(a) protecting

proteger (j) to protect

protesta protest

protestar to protest

provenir (*irreg.*) to come from, arise from

provincia province, region

provocar (qu) to provoke

próximo/a next, following

proyecto *n.* project; plan

prueba test

publicación *f.* publication

publicar (qu) to publish

público/a public; **salud** (*f.*) **pública** public health

pudrir to rot

pueblecito *dimin.* **pueblo** small town

pueblito *dimin.* **pueblo**

pueblo town; people, nation

puerco pig

puerta door; **puerta de servicio** service door

puerto (sea)port

puertorriqueño/a *n.* and *adj.* Puerto Rican

pues then; well

puesto *n.* job, post; **puesto que** *conj.* because, since

puesto/a (*p.p.* of **poner**) placed, put

pulsera: reloj (*m.*) **de pulsera** wristwatch

punta tip, end

punto point; **a punto de** on the point of

puntuación *f.* score; grade

puñal *m.* dagger

pupitre *m.* student's desk

pureza purity

purga purge

purificación *f.* purification

purificado/a purified

puro/a pure

puyita shoot (*of a tree*)

Q

que that, which; than; **lo que** that which, what; **por más que** no matter how much; **por... que sea** no matter how ... it may be; **puesto que** because, since; **ya que** since

¿qué...? what...?; **¿por qué?** why?; **¿por qué no?** why not?

quebrada stream

queda: toque (*m.*) **de queda** curfew

quedar to be left; to have left; **quedar en** to agree to, upon; **quedarse** to stay, remain; **quedarse dormido/a** to fall asleep

quehacer *m.* chore

queja complaint

quejarse to complain

quejumbroso/a complaining

quemadura burn

quemar to burn

querer (*irreg.*) to want, wish; to love; **querer decir** to mean

querido/a dear; beloved; **ser** (*m.*) **querido** loved one
quicio door frame
quien(es) who, whom
¿quién(es)? who?, whom?
químico/a chemical
quinceañera fifteenth birthday party
quinto/a fifth
quiosco kiosk
quirúrgico/a surgical
quitarse to take off (*clothing*)
quitasol *m.* sunshade, parasol
quizá(s) perhaps

R
rabia anger; madness
rabillo corner (*of the eye*)
rabito small tail
racimo cluster, bunch
racional rational
racismo racism
radio *m.* radio (*receiver*); *f.* radio (*broadcasting*)
raíz *f.* (*pl.* **raíces**) root
rama branch (*of a tree*)
ramita *dimin.* **rama** small branch
ramo bunch
rana frog
ranchero rancher; farmer
rancho ranch, farm
rápidamente fast, rapidly
rapidez *f.* rapidity, **con rapidez** rapidly
rápido/a *adj.* rapid, fast
raqueta racket
raro/a strange
rasgar (**gu**) to tear, tear open
rasgo feature, characteristic
raspar to scratch
rastro trail, trace
rato (short) time, while
rayo ray; flash of lightning
raza race (*ethnic*)
razón *f.* reason; **razón de ser** reason for being; **tener razón** to be right
reacción *f.* reaction
reaccionar to react

reafirmación *f.* reaffirmation
real real; royal; **palma real** royal palm
realeza royalty
realidad *f.* reality
realista *m./f.* realistic
rebelión *f.* rebellion
recaudar to collect
recepción *f.* reception
recepcionista *m./f.* receptionist
receta recipe
rechazar (**c**) to reject, refuse
rechazo rejection
recibir to receive, get
reciclar to recycle
recién + *p.p.* recently, newly + *p.p.*
reciente new, recent
recipiente *m.* container
reclutar to recruit; to round up
recobrar to recover, regain
recoger (**j**) to collect; to pick up; to take in
recogida collection
recolección *f.* harvesting, gathering
recolectar to gather, collect
recomendación *f.* recommendation
recomendar (**ie**) to recommend
reconciliación *f.* reconciliation
reconciliarse to become reconciled
reconocer (**zc**) to recognize
reconocimiento recognition
recordar (**ue**) to remember
recorrer to traverse, go through; to travel
recreación *f.* re-creation
recto/a straight
recuerdo memory; remembrance
recurrir (**a**) to appeal; to resort (to); to fall back (on)
recurso resource; **recurso natural** natural resource
red *f.* network
redescubrir (*p.p.* **redescubierto**) to rediscover
redimir to redeem
redondo/a round
reducido/a lessened, reduced
reducir (**zc**) (**j**) to reduce
reemplazar (**c**) to replace
reencontrar (**ue**) to meet again

reescribir to rewrite (*p.p.* **reescrito**)
referirse (**ie, i**) (**a**) to refer (to)
reflejar to reflect
reflexión *f.* reflection
reflexionar to reflect on, think about
reforma reform
refrescar (**qu**) to cool; to refresh
refresco cool drink
refrigeración *f.* refrigeration
refugio refuge, shelter
regalao (**regalado**)**: a caballo regalao no se le miran los dientes** don't look a gift horse in the mouth
regalar to give (*as a gift*)
regalo gift
regio/a majestic, regal
región *f.* region
regir (**i, i**) (**j**) to reign, preside over
registrar to record
regla rule
reglamento rules; regulations
regocijado/a joyful
regocijo rejoicing
regresar to return
regreso return
reguero line, trail
regular regular; average
regularidad *f.* regularity
reina queen
reinado reign
reinar to govern
reír(se) (**i, i**) (**de**) to laugh (at)
relación *f.* relationship
relacionado/a (**con**) related (to)
relacionar to relate, connect; **relacionarse** to get acquainted
relajadamente in a relaxed manner
relajado/a relaxed
relajante relaxing
relamerse to lick one's lips
relámpago lightning
relatar to relate, tell
religión *f.* religion
religioso/a religious
rellenar to fill out

reloj *m.* watch, clock; **reloj de pulsera** wristwatch
remedio solution, way out
remodelación *f.* remodeling
remontar (a) to go back (to) (*in time*)
renacido/a reborn
renacimiento rebirth
rendido/a exhausted
rendir (i, i): rendir homenaje to pay tribute; **rendirse** to surrender
renta income
rentar to rent
renunciar (a) to renounce; to give up on; to resign (from) (*a job*)
reparación *f.* repair
reparo doubt, hesitancy
repartición *f.* dividing up, division
repartir to distribute, to divide up
repasar to review; to reexamine
repelente repellent, repulsive
repentinamente suddenly
repetidamente repeatedly
repetir (i, i) to repeat
repleto/a (de) replete with, full (of)
reposo rest
repostería pastry making
representación *f.* representation
representante *m./f.* representative
representar to represent
represión *f.* repression
represivo/a repressive
reprimir to repress
reproducir (zc) to reproduce
república republic
República Dominicana Dominican Republic
reputación *f.* reputation
requerir (ie, i) to require
resbalar to slip, slide down (*fig.*)
rescatar to redeem; to rescue
reseña outline, sketch
resentirse (ie, i) to be resentful; to be offended
residencial residential
residente *m./f.* residing; resident
residir to reside, dwell
resistir to resist

resolver (ue) (*p.p.* **resuelto**) to solve
resonar (ue) to resound, blare
respectivamente respectively
respecto: al respecto about the matter; **respecto a** with respect to
respetable respectable
respetar to respect
respeto respect, deference, admiration
respiración *f.* respiration, breathing
respirar to breathe
respiratorio/a respiratory
responder to answer
responsabilidad *f.* responsibility
respuesta answer
restaurante *m.* restaurant
restaurar to restore
resto rest; *pl.* remains
restregarse (ie) (gu) to rub together
resultado result
resultar to turn out to be, prove to be
resumen *m.* summary
resumir to summarize
retirarse to retire; to withdraw, move back
retorcer (ue) (z) to twist, turn
retorno return
retozón, retozona playful, friendly
retratar to depict, portray; **retratarse** to have one's picture painted
retrato portrait
retroceder to go back
reunión *f.* meeting
reunir (reúno) to unite, assemble; **reunirse (con)** to meet, get together (with)
revelar to reveal
reventar (ie) to annoy; to not be able to stand
revisión *f.* review, reexamination
revista magazine
revolución *f.* revolution
revuelta commotion
rey *m.* king
rezar (c) to pray
rico/a *n.* rich person; *adj.* rich

ridiculizar (c) to ridicule, make fun of
riel *m.* rail
rigorista *m./f.* strict
rincón *m.* corner (*of a room*)
rinoceronte *m.* rhinoceros
río river
riqueza wealth
risa laugh
ristra line (*coll.*)
ritmar to set the rhythm, beat
ritmo rhythm
rito rite, practice
robusto/a robust
roca rock
roce *m.* social contact
rock *m.* rock music
rodante walking
rodar to go around, travel
rodear to surround
rodilla knee
rogar (ue) (gu) to ask, to beg
rojizo/a reddish, ruddy
rojo/a red
romántico/a romantic
romper (*p.p.* **roto**) to break up, dissipate
ron *m.* rum
ronda child's game; round (*type of song*)
ronquido *n.* snoring
ropa *sing.* clothes
rosa rose
rosado/a pink
rostro face
rubio/a *n.* and *adj.* blond(e)
rudo/a rude
rueda wheel
ruido noise
ruiseñor *m.* nightingale
rumba type of dance
rumbo direction
ruso/a Russian
ruta route
S
sábado Saturday
saber (*irreg.*) to know; to find out about; **saber + infin.** to know how to (*do something*) **saberse** to be known; *n. m.* knowledge

sabiduría wisdom; knowledge
sable *m.* sabre
sabor *m.* flavor, taste
saborear to savor
sabrosamente deliciously
sacar (qu) to take out; to get, receive (*grade*); **sacar buenas/malas notas/calificaciones** to get good/bad grades; **sacar fotos** to take photos
sacerdotal *adj.* of or pertaining to priests; priestly
saco bag, sack
sacudir to shake
sajón, sajona *n.* Saxon
sal *f.* salt
sala room
salario salary
salida exit
salir (irreg.) to leave; go out; **salir (con)** to go out (with) (*as on a date*)
salmo psalm
salón *m.* living room; **salón de baile** ballroom, dance hall; **salón de clase** classroom
salsa type of music
saltimbanque *m.* tumbler, acrobat
salud *f.* health
saludable healthy
saludar to greet, say hello
saludo greeting
salvación *f.* salvation
salvaje wild, savage
salvar to save
salvavidas *m. inv.* life preserver
san, santo/a saint, holy; **día (m.) del santo** saint's day; **santo patrón** patron saint
sanababiche *m.* son of a bitch
sanción *f.* sanction
sandalia sandal
sangrar to bleed
sangre *f.* blood
sanguíneo/a sanguine
sano/a healthy
sarcasmo sarcasm
sarcástico/a sarcastic

satirizar (c) to satirize
satisfacción *f.* satisfaction
satisfactorio/a satisfactory
satisfecho/a satisfied
se (*impersonal*) one; *refl. pron.* herself, himself, itself, themselves, yourself (*pol.*), yourselves (*pol.*)
sea: o sea that is; **por... que sea** no matter how . . . it may be
secador (*m.*) **de pelo** hair dryer
sección *f.* section
seco/a dry; dull
secretarial *m.* secretary(ship)
secreto *n.* secret
secreto/a *adj.* secret
secuencia sequence
secuestrar to kidnap
secundario/a secondary; (**escuela**) **secundaria** high school
seda silk
segrede *m.* traveling artist
seguida: en seguida immediately
seguir (i, i) (g) to follow; to continue; **seguir + -ndo** to go on (*doing something*); **seguir adelante** to go on, carry on
según according to
segundo *n.* second (*time*)
segundo/a *adj.* second
seguridad *f.* safety, assurance
seguro/a sure, safe
selección *f.* selection, choice
seleccionar to select
selvicultura forestry
semana week; **cada semana** each/every week; **fin** (*m.*) **de semana** weekend
sembrar to sow
semejante similar
semestre *m.* semester
senador(a) senator
sencillez *f.* simplicity
sencillo/a simple
sensación *f.* sensation
sensato/a sensible
sensibilidad *f.* sensitivity
sensualidad *f.* sensuality
sentado/a seated; (**estar**) **sentado/a** (to be) seated, sit-

ting down
sentarse (ie) to sit down; **sentarse en la diferencia** to care less, not care
sentido sense; **sentido del humor** sense of humor
sentimiento sentiment, feeling
sentir(se) (ie, i) to feel; to be sorry; **lo siento** I'm sorry
seña sign
señal *f.* signal
señalar to point out
señor *m.* sir; gentleman; Mr.; master
señora lady; madam; Mrs.; wife; mistress of the house
señorita young woman; Miss
separación *f.* separation
separar to separate
septiembre *m.* September
séptimo/a seventh
ser (irreg.) *v.* to be; **llegar a ser** to become; **o sea** that is; *n.* being; **razón** (*f.*) **de ser** reason for being; **ser humano** human being; **ser interior** inner self; **ser querido/a** loved one
serenata serenade
serenidad *f.* serenity
sereno/a serene, calm
serie *f. sing.* series
serio/a serious
serpiente *f.* serpent
servicial cooperative
servicio service; **puerta de servicio** service door
servidor(a) servant, worker
servidumbre *f.* servants, serving staff
servir (i, i) (de) to serve (as), be useful (as)
sesenta sixty
sesión *f.* meeting; conference
setecientos/as seven hundred
setenta seventy
sevillana type of Spanish music
sexo sex
sexto/a sixth
sexualidad *f.* sexuality
si if
sí yes

sí: en sí in itself; por sí mismo/misma self-sufficient; sí mismo/a oneself

siembra n. sowing

siempre always

siglo century

significar (qu) to mean

significativo/a significant

siguiente following, next

silbar to whistle

silencio silence

silencioso/a silent

silla chair

sillón m. armchair

simbólico/a symbolic

simbolizar (c) to symbolize

símbolo symbol

símil m. simile

simpatía affection, sympathy

simpático/a nice; kind

simple simple, mere

sin prep. without; sin embargo however; sin que conj. without

sinceramente sincerely

sincretismo syncretism (joining of different religious doctrines)

singular singular, exceptional

sinnúmero: un sinnúmero de a great many

sino (que) but, rather; except

sinónimo synonym

síntesis f. inv. synthesis

Sión Zion

siquiera even, ni siquiera not even

Siria Syria

sistema m. system

sitio place, location

situación f. situation

situado/a located

sobra left-over

sobre on, on top of; above; about; sobre todo above all, especially

sobresalir (irreg.) to excel

sobrevivencia survival

sobrevivir to survive

sobrino/a nephew/niece

social: bienestar (m.) social welfare

sociedad f. society

socioeconómico/a socio-economic

sociohistórico/a socio-historical

sol m. sun

solamente only

soldado soldier

soledad f. solitude

solemnemente solemnly

solidario/a shared in common; solidary

solidificación f. solidification; hardening

sólido n. solid

soliloquio soliloquy

solitario/a lonely

sollozo sob

sólo adv. only

solo/a adj. along; lonely; sole; by itself

soltero/a single (unmarried)

solterón m. confirmed bachelor

solución f. solution

solucionar to solve

sombra dream, shadow

sombrero hat

someter to subject

sonar (ue) to sound; sonarse to blow one's nose

sonoro/a sonorous

sonreír (i, i) to smile

sonrisa smile

soñador(a) n. dreamer

soñar (ue) (con) to dream (about)

sopa soup

sopera type of musician

soplar to blow

soportar to stand, put up with

sorbo sip; de un sorbo in a gulp

sordo/a n. and adj. deaf; muffled; silent

sorprender to surprise

sorpresa n. surprise

sortija ring (jewelry)

sostener (irreg.) to sustain; to support

su poss. his, her; its, their, your (pol. sing., pl.)

suave soft

suavemente gently

subcomisión f. subcomission

subdesarrollo underdevelopment

subir (a) to go up, climb; to get on

súbitamente suddenly

súbito/a sudden; de súbito suddenly

subscribir (p.p. suscrito) to agree to

subsidiaria subsidiary

subsistir to subsist

subvención f. subvention

suceder to happen, come to pass

sucesión f. succession

suceso event, happening

sucio/a dirty

suculento/a succulent

sudafricano/a South African

Sudamérica South America

sudar to sweat

sudor m. sweat

suela sole (of a shoe)

suelo ground, soil; surface

suelto/a loose

sueño sleep; dream

suerte f. luck; buena/mala suerte good/bad luck; tener suerte to be lucky

suficiente sufficient

sufrimiento suffering

sufrir to suffer; to bear, put up with

sugerencia suggestion

sugerir (ie, i) to suggest

suicidarse to commit suicide

Suiza Switzerland

sumamente extremely

sumar to add up

suntuosidad f. sumptuousness

superación f. transcending; improvement

superarse to excel

supervisor(a) supervisor

suplementario/a supplementary

suprimir to suppress; to eliminate

supuesto: por supuesto of course

sur m. south

surco wrinkle

surgir (j) to arise, come forth

surrealismo surrealism

suspender to suspend

sustancia substance
sustantivo noun (*grammar*)
sustituir (y) to substitute
suyo/a *poss.* your, of yours (*form. sing., pl.*); his, of his; her, of hers

T
tabaco tobacco
taberna tavern
tacón *m.* heel
tajada cut
tal such (a); **con tal (de) que** provided that; **de tal manera que** so that, in such a way that; **¿qué tal... ?** what about . . . ?; **tal como** such as; **tal vez** perhaps; **tal y como** exactly the same as
tala felling, cutting
talco talcum powder
talento talent
taller *m.* mill, factory; workshop
tamaño size
también also
tambor *m.* drum
tamboril *m.* small drum
tampoco neither, not either
tan so, as; such; **tan...como** as . . . as; **tan pronto como** as soon as
tanque *m.* tank
tanto *adv.* so much, as much; **mientras tanto** in the meantime while; **por lo tanto** therefore; **tanto... como...** as well . . . as
tanto/a so much; such, such a; *pl.* so many; **tanto(s)/tanta(s)... como** as many . . . as
tapar to cover
tararear to hum
tardar (en) to take (*time*)
tarde *f.* afternoon; *adv.* late; **de/por la tarde** in the afternoon; **llegar tarde** to arrive/be late; **más tarde** later; **toda la tarde** all afternoon long
tardío/a late; slow
tarea task; homework
taxi *m.* taxi

te *d.o.* you (*inf. sing.*); *i.o.* to/for you (*inf. sing.*); *refl. pron.* yourself (*inf. sing.*)
teatral theatrical
teatrero/a theatrical
teatro theater
techo roof
técnica technique
técnico/a *n.* technician; *adj.* technical
tecurucho shack
tejer to knit
tela cloth, material
telaraña spider's web
teléfono telephone; **hablar por teléfono** to speak on the phone; **llamar por teléfono** to phone; **por teléfono** on the telephone, by telephone
telegráfico/a telegraphic
telégrafo telegraph
televisión *f.* television
televisor *m.* television set
tema *m.* theme, topic
temblar (ie) to tremble
tembloroso/a trembling
temer to fear, be afraid of
temor *m.* fear
temperamento temperament
temporada season
temprano/a early
tenaz (*pl.* **tenaces**) tenacious
tendencia tendency
tender (ie) (a) to stretch out; to tend (to), have a tendency (to)
tendido/a stretched out
tenedor *m.* fork
tener (*irreg.*) to have, possess, hold; **tener... años** to be . . . years old; **tener buena/mala suerte** to have good/bad luck; **tener en cuenta** to take into account, keep in mind; **tener ganas (de)** + *infin.* to feel like (*doing something*); **tener hambre** to be hungry; **tener lugar** to take place; **tener miedo** to be afraid; **tener que** + *infin.* to have to (*do something*); **tener que ver con** to

have to do with; **tener razón** to be right; **tener trato con** to have a relationship, dealings with
tensión *f.* tension
tentación *f.* temptation
tentador(a) tempting
teñir (i, i) to dye
teoría theory
tercer, tercero/a third
terminado/a finished
terminar to finish
término term
ternura tenderness
terreno land, terrain
territorio territory
tertulia *regular informal gathering or discussion group*
testimonio testimony, evidence
ti *obj. of prep.* you (*inf. sing.*)
tibio/a lukewarm, tepid
tiempo time; weather; tense (*grammar*); **tiempo verbal** verb tense
tienda store
tiendita *dimin.* **tienda** small store
tierno/a tender
tierra earth; land; ground
tigre *m.* tiger
timbrado: voz (*f.*) **bien timbrada** with a nice sounding voice
timidez *f.* timidity
tímido/a timid
tío/a uncle/aunt
típico/a typical
tipo type, kind
tipógrafo/a typographer, printer
tira cómica comic strip
tirar to throw, fling; to shoot, fire
tiro shot; **pegar un tiro** to shoot; **tiro al blanco** target practice
titubeante hesitant, indecisive
titulado/a entitled
titular to title; **titularse** to be titled
título title, degree (*academic*)
tiza chalk
toalla towel
tocar (qu) to touch; to play (*a musical instrument, music*)
todavía still, yet

todo everything; **ante todo** above all; **con todo** nevertheless
todo/a all, every; **de todas maneras** whatever happens; **de todos modos** anyway; **en/por todas partes** everywhere; **por todos lados** everywhere; **todo el día** all day; **todo el mundo** everybody; **todos los días** every day
tomar to take; to drink; **tomar medidas** to take steps (*to solve a problem*); **tomar una copa** to have a drink; **tomar una decisión** to make a decision
tonelada ton
tono tone
tontamente foolishly
tonto/a *n.* fool; *adj.* silly, foolish
toque *m.*: **toque de queda** curfew
torcer (ue) (z) to twist, wring
tormenta storm; turmoil, upheaval; misfortune
tornillo screw
torno: en torno a/de around
torpeza clumsiness; slowness
Tortola *one of the British (in the Caribbean) Virgin Islands*
tortuga turtle
toser to cough
total *m.* total; **en total** in all
trabajador(a) *n.* worker; *adj.* hardworking; **trabajador(a) migrante/migratorio(a)** migrant worker
trabajar to work
trabajo job; work; paper (*academic*)
tractor *m.* tractor
tradición *f.* tradition
tradicional traditional
traducir (*irreg.*) to translate
traer (*irreg.*) to bring; **traer algo a la memoria** to recall something
tráfago drudgery, toil
tragar (gu) to swallow
tragedia tragedy
trago drink; **de un trago** in a gulp

traicionar to betray
traje *m.* suit (*of clothing*)
trama plot
trampa trap; trick
tranquilizar (c) to soothe, calm, reassure
tranquilo/a calm, peaceful
transcurrir to pass, go by (*period of time*)
transformación *f.* transformation
transformar to transform
transición *f.* transition
transitado/a traveled
transmitir to transmit; to broadcast
transportar to transport
transporte *m.* transportation; **medios de transporte** means of transportation
trapiche *m.* sugar mill
trapo rag
tras *prep.* after, behind
trasfondo background
tratar to treat, deal with; **tratar de + *infin.*** to try to (*do something*); **tratar de + *noun*** to deal with (*a subject*); **tratarse de** to be a question of, be about; **se trata de** it's a question of
trato relationship; **tener trato (con)** to have a relationship, dealings (with)
través: a través de through, by means of, across
treinta thirty
tremendo/a tremendous
trenza braid (*hair*)
trescientos/as three hundred
tribunal *m.* court
trigo wheat
trilogía trilogy
tripulación *f.* crew
triquinoso/a infected with trichinac
triste sad
tristeza sadness
triunfar to triumph
triunfo triumph
tronar (ue) to make a thunder-like sound

tronco trunk
trono throne
tropezar (ie) (c) to stumble; **tropezar con** to bump into
tropezón *m.* crash
trovador *m.* troubadour
trozo piece, chunk
trueno thunder
trunco/a truncated
tu *poss.* your (*inf. sing.*)
tú *sub. pron.* you (*inf. sing.*)
tumbar to shake down
tuna student music group (*Spain*)
tunecino/a Tunisian
túnel *m.* tunnel
tuntún *m.* onomatopoeic sound imitating a knock at a door
turbar to disturb
turista *n. m./f.* tourist
tuyo/a *poss.* your, of yours (*inf. sing.*)

U
u or (*used instead of **o** before words beginning with **o** or **ho***)
ubicado/a located
Ud. *abbrev. for* **usted**
Uds. *abbrev. for* **ustedes**
últimamente lately
último/a last, latest; **a última hora** at the last minute; **la última vez** the last time; **por último** finally
umbral *m.* threshold
umbría shade
un, uno/a *indefinite article* a, an; one; **unos/as** some
únicamente only, solely
único/a only; unique
unidad *f.* unit
unido/a united; attached
unión *f.* union
unir to join, unite; **unirse a** to join together
unitario/a unitary
universidad *f.* university
universitario/a of or pertaining to the university
universo universe

uña fingernail, toenail
urbanización *f.* urbanization; move toward the cities
usar to use; **usarse** to be used
uso use
usted (Ud., Vd.) *sub. pron.* you (*pol. sing.*); *obj of prep.* you (*pol. sing*)
ustedes (Uds., Vds.) *sub. pron.* you (*pol. pl.*); *obj. of prep.* you (*pol. pl.*)
útil useful
utilizar (c) to utilize, use

V
vaca cow
vacaciones *f. pl.* vacation; **ir de vacaciones** to take a vacation
vacilar to hesitate
vacío emptiness
vacío/a empty
vagar (gu) to wander, roam
vagón *m.* car (*of a train*); train
vainilla vanilla
valer (irreg.) to be worth; to cost; **valerse por sí mismo/a** to be self-sufficient
validez *f.* validity
valle *m.* valley
valor *m.* value; cost
vapor *m.* steam
variado/a varied
variar (varío) to vary
variedad *f.* variety
varilla stick
vario/a varied; varying; *pl.* several, various
vaso (*drinking*) glass
vasto/a vast, huge
¡vaya! well!; there!
vecinal pertaining to a community; local; neighboring
vecindario neighborhood
vecino/a *n.* neighbor; *adj.* neighboring
vegetación *f.* vegetation
vegetal *n. m.* and *adj.* vegetable; plant
veinte twenty
vejete *m.* doddering old man

vejez *f.* old age
vela candle
velación *f.* wake, vigil
velamen *m.* shell, exterior
veloz (pl. veloces) fast, quick, swift
vena vein
vender to sell
veneno poison
venerar to venerate
venir (irreg.) to come; **venir al caso** to be relevant
venta sale
ventaja advantage
ventana window
ventilación *f.* ventilation
ver (irreg.) to see; to watch; **a ver** let's see; **tener que ver con** to have to do with; **verse** to see oneself; to look, appear
verano summer
verbal *adj.* verb; **tiempo verbal** verb tense
verbo verb
verdad *f.* truth; **en verdad** really, truly
verdadero/a true, truthful
verde green
vergonzoso/a shameful, disgraceful
vergüenza shame, embarrassment; **darle vergüenza a uno** to be ashamed
verso line (*of a poem*)
vertiginoso/a rapid, sudden
vestido dress, garment
vestido/a dressed
vestimenta clothing
vestir (i, i) to dress; **vestirse** to get dressed
vez (pl. veces) time; **a la vez** at the same time; **a veces** sometimes; **alguna vez** sometime, ever; **algunas veces** sometimes; **cada vez que** whenever, every time that; **de vez en cuando** from time to time; **en vez de** instead of; **la última vez** the last time; **muchas veces** many times; **otra vez** again; **por primera vez** for the first time; **tal vez** perhaps; **una vez** once

vía road, route; method; **vía férrea** railroad track; **en vía de extinción** dying out, becoming extinct
viajar to travel
viaje *m.* trip; **hacer un viaje** to take a trip
viajero/a *n.* traveler; *adj.* traveling
vibración *f.* vibration
vibrante vibrant
vibrar to vibrate
vicepresidente; vicepresidenta vicepresident
víctima *m./f.* victim
victorioso/a victorious
vida life
vidrio window; glass
viejo/a *n.* old person; *adj.* old
viento wind
vigilar to watch over; to censure
vigoroso/a vigorous
villancico Christmas carol
vinculación *f.* link
vino wine
violación *f.* violation
violar to violate
violencia violence
violento/a violent
violeta *m./f.* violet
violín *m.* violin
virgen *f.* virgin
visión *f.* vision
visita visit; **ir de visita** to visit
visitante *m./f.* visitor
visitar to visit
vista view
visto/a (*p.p.* of **ver**) seen, viewed
vivencia experience, knowledge gained from experience
vívido/a vivid
vivienda dwelling, housing
viviente *m./f. adj.* living
vivir *v.* to live; **viva...** long live . . . ; *n. m.* life, way of life, living
vivo/a alive; lively; **de viva voz** personally, in person
vocablo word
vocabulario vocabulary
vocacional vocational
volar (ue) to fly

volcán *m.* volcano
volumen *m.* volume
voluntad *f.* will, desire
voluntariamente voluntarily
voluta spiral
volver (**ue**) (*pp.* **vuelto**) to return, come back; **volver a** + *infin.* to (*do something*) again; **volverse** to become, turn
vosotros/as *sub. pron.* you (*inf. pl. Sp.*); *obj. of prep.* you (*inf. pl. Sp.*)
voto vote
voz *f.* (*pl.* **voces**) voice; **en voz alta/baja** in a loud/low voice; **de viva voz** personally, in person; **voz bien timbrada** with a nice-sounding voice; **voz**

poética poetic voice
vuelco overturning, spilling
vuelo flight; **vuelo espacial** space travel
vuelta turn, return; **dar la vuelta** to go around, to circle; **dar vueltas** to go around
vuestro/a *poss.* your (*inf. pl. Sp.*), of yours (*inf. pl. Sp.*)

X
xambomba type of rustic drum

Y
y and; plus
ya already; now; **ya no** no longer; **ya que** since, because; **ya**

sea... whether it be . . .
yema del dedo fingertip
yerbabuena mint
yo *sub. pron.* I

Z
zafra sugar harvest
zambomba type of rustic drum
zanco stilt
zapato shoe
zar *m.* czar
zarpar to weigh anchor
zona zone
zoológico zoo
zumbido buzzing

ÍNDICE